# 기업의 성공을
## 이끄는
# Developer
# Relations

# 기업의 성공을 이끄는 Developer Relations

개발자 그리고 기술 커뮤니티를 잇다

**초판 1쇄 발행** 2022년 6월 3일

**지은이** 메리 셍발 / **옮긴이** 조은옥 / **펴낸이** 김태헌
**펴낸곳** 한빛미디어(주) / **주소** 서울시 서대문구 연희로2길 62 한빛미디어(주) IT출판부
**전화** 02-325-5544 / **팩스** 02-336-7124
**등록** 1999년 6월 24일 제25100-2017-000058호 / **ISBN** 979-11-6224-561-3 93000

**총괄** 전정아 / **책임편집** 박민아 / **기획** 이상복 / **편집** 고지연 / **교정** 박정수
**디자인** 이아란 / **일러스트** 조은옥 / **전산편집** nu:n
**영업** 김형진, 김진불, 조유미 / **마케팅** 박상용, 송경석, 한종진, 이행은, 고광일, 성화정 / **제작** 박성우, 김정우

이 책에 대한 의견이나 오탈자 및 잘못된 내용에 대한 수정 정보는 한빛미디어(주)의 홈페이지나 아래 이메일로
알려주십시오. 잘못된 책은 구입하신 서점에서 교환해드립니다. 책값은 뒤표지에 표시되어 있습니다.

한빛미디어 홈페이지 www.hanbit.co.kr / 이메일 ask@hanbit.co.kr

**지금 하지 않으면 할 수 없는 일이 있습니다.**
**책으로 펴내고 싶은 아이디어나 원고를 메일(writer@hanbit.co.kr)로 보내주세요.**
**한빛미디어(주)는 여러분의 소중한 경험과 지식을 기다리고 있습니다.**

# 기업의 성공을
# 이끄는

# Developer
# Relations

## 개발자
## 그리고
## 기술 커뮤니티를
## 잇다

메리 셍발 지음
조은옥 옮김

Apress® IB 한빛미디어
Hanbit Media, Inc.

지은이_ **메리 셍발** ⌂ *https://www.marythengvall.com/*

메리 셍발Mary Thengvall은 개인적으로나 직업적으로나 진심을 다해 사람과 사람 사이를 잇는 커넥터입니다. 개발자 커뮤니티를 만들고 키우는 전략에 대해 파고드는 일을 좋아한 지 10년이 넘었습니다. 오라일리 미디어O'Reilly Media, 셰프 소프트웨어Chef Software, 스파크포스트SparkPost에서 커뮤니티 프로그램을 만들었고, 지금은 디벨로퍼 릴레이션Developer Relations 전략을 수립하려는 기업을 위한 컨설팅을 하고 있습니다. 항상 함께하는 안내견 앰버 덕분에 '강아지와 함께인 사람'으로 유명합니다.

메리 셍발은 커뮤니티 구축에 대한 정보를 원하는 커뮤니티 관리자와 디벨로퍼 에반젤리스트Developer Evangelist들을 위한 팟캐스트인 '커뮤니티 펄스Community Pulse'를 만든 사람이자 공동 진행자입니다. 그녀는 '데브렐 위클리DevRel Weekly'라는 뉴스레터를 통해 매주 목요일마다 기사, 채용 공고, 행사 등의 정보를 큐레이션하고 있습니다. 그리고 데브렐 콜렉티브 슬랙 팀DevRel Collective Slack Team의 창립 멤버이며 '자비로운 여왕님'으로 불리고 있습니다.

그녀는 기술 분야에서 정신 질환에 대해 공개적으로 이야기할 수 있도록 장려하는 비영리 단체인 프롬프트Prompt의 회원이기도 합니다. 다양한 콘퍼런스와 행사에서 그녀는 기술 커뮤니티 구축 및 육성, 기술 전문가와 팀의 번아웃을 막는 방법 등에 대해 이야기하고 있습니다.

옮긴이_ **조은옥** ⓘ *jade.ceo*

개발자의, 개발자에 의한, 개발자를 위한 전략을 고민하는 비개발자입니다. '관계Relations'의 가치와 진정성을 기업 전략에 담아내고, 변화와 성과로 이어지게 하는 일을 고민하고 있습니다. 사람들의 삶과 행동에 변화를 주는 것이 좋아 광고회사 제일기획에서 디지털 마케터로 첫 커리어를 시작했습니다. 세상의 변화를 이끌어가는 IT 기술을 동경해 한국IBM으로 이직, 디벨로퍼 릴레이션의 길을 걷기 시작했습니다.

디벨로퍼 애드보케이트Developer Advocate 팀에서 IBM의 기술을 개발자와 기업에 알리고 잘 활용할 수 있도록 도우며, 개발자 행사와 기술 커뮤니티 프로그램을 이끌었습니다. 이후 우아한형제들 디벨로퍼 릴레이션 팀에 합류해, 현재 우아한형제들의 기술력을 알리고 기술 조직을 브랜딩하는 일을 하고 있습니다.

이 책의 '디벨로퍼 아보카도' 캐릭터를 그렸습니다.

아보카도인 이유는,

개발자Developer를 지지하니까Advocate

아보카도Avocado!

기술 리뷰어_ **조노 베이컨** ⌂ *https://www.jonobacon.com/*

조노 베이컨Jono Bacon은 뛰어난 커뮤니티 관리자이자 연설가, 작가, 팟캐스터입니다. 커뮤니티 전략 및 실행, 개발자 워크플로 및 여러 서비스를 제공하는 조노 베이컨 컨설팅Jono Bacon Consulting의 창립자이기도 합니다. 깃허브, 캐노니컬, X프라이즈, 오픈어드밴티지OpenAdvantage에서 커뮤니티 디렉터를 역임했으며 다양한 기관의 컨설팅과 자문을 해왔습니다.

커뮤니티 관리 및 성공 사례에 대한 저명한 작가이자 연설가로, 베스트셀러인 『커뮤니티의 기술The Art of Community』(O'Reilly Media, 2012)을 썼습니다. 커뮤니티 관리자와 리더들을 대상으로 매년 열리는 콘퍼런스인 '커뮤니티 리더십 서밋Community Leadership Summit'과 '오픈 컬래버레이션 콘퍼런스Open Collaboration Conference'의 설립자이기도 합니다. 또한 커뮤니티 관리, 조직 리더십, 성공 사례에 대한 행사에서 정기적으로 기조연설을 하고 있습니다. 그는 다양한 기관에 내·외부 커뮤니티를 위한 커뮤니티 관리 컨설팅을 제공해왔는데 깃랩, 인텔, SAP, 해커원, data.world, 삼성, 오픈 컴퓨트 프로젝트, IBM 등등 많은 기업에서 그의 컨설팅을 받았습니다.

조노 베이컨은 포브스 및 *opensource.com*의 칼럼니스트이기도 하며, 『무례함에 대처하는 법Dealing with Disrespect, Kindle Edition』(2014)의 저자이자 『리눅스 데스크톱을 위한 팁Linux Desktop Hack』(O'Reilly Media, 2005)과 『오피셜 우분투 북 개정판The Official Ubuntu Book, 2nd Edition』(Prentice Hall, 2007)의 공동 저자입니다. 12개의 출판물에 500개 이상의 글을 기고했으며 다양한 잡지에 정기적으로 글을 쓰고 있습니다. 인기 팟캐스트 '러그라디오LugRadio'를 비롯해 기술, 오픈소스, 정치 등의 테마로 인기를 끌고 있는 팟캐스트 '샷 오브 잭Shot Of Jaq', '배드 볼티지Bad Voltage'의 공동 운영자이기도 합니다.

한국에서 디벨로퍼 릴레이션 또는 데브렐DevRel은 아직 낯선 개념입니다. 데브렐이란 단어를 접하게 되더라도 이에 대해 개념부터 실전까지 정리된 자료는 많지 않아서 깊이 알기가 쉽지 않습니다. 그런 점에서 이 책은 데브렐을 처음 접하는 분도, 실무자들도 재밌게 읽으실 수 있는 내용을 담고 있습니다. 다만 여기에 실린 것이 외국 기업의 사례이다 보니, 국내 데브렐은 어떤지 궁금한 분들을 위해 저의 짧은 글과 함께 국내 데브렐 전문가와의 인터뷰를 실었습니다. 외국 사례와는 또 다른 흥미로운 이야기를 들으실 수 있을 겁니다.

책을 번역하며 많이 놀랐습니다. 데브렐 커리어를 이어오며 마주했던 어려움과 고민이 모두 들어 있었기 때문입니다. 그리고 개발자 및 기술 커뮤니티와 함께하며 느꼈던 보람, 성취감, 벅차오름, 열정 등이 제게만 있었던 감정이 아니라 데브렐 담당자라면 누구나 깊이 공감할 수 있는 것임을 알고 기뻤습니다.

이제는 여러분과도 데브렐의 놀라움과 기쁨을 함께 나눌 수 있으면 좋겠습니다. 이 책이 데브렐을 알아가는 첫 번째 가이드북으로서 여러분이 데브렐을 이해하는 데 도움이 되길 바랍니다.

번역을 시작할 땐 한국IBM에 있었지만, 원고를 마무리하는 지금은 우아한형제들에서 데브렐을 하고 있네요. 기술 프로덕트를 가진 외국계 IT 기업과 개발자라는 핵심 역량을 다루는 국내 기업을 경험하며 이 책을 번역할 수 있었던 것은 큰 행운이었습니다.

국내 데브렐 전문가로서 기꺼이 경험과 이야기를 나눠주신 최영락 님, 박민우 님, 문수민 님, 김상기 님, 인터뷰에 응해주셔서 다시 한 번 감사합니다. 그리고 디벨로퍼 릴레이션을 향한 길을 함께 개척했던, 이제는 그리운 이름으로 남은 팀, 한국IBM 디벨로퍼 애드보케이트 팀에서 함께한 공진기 실장님, 홍정석 실장님, 김민석 차장님, 저의 데브렐 여정에, 그리고 이 책을 옮기는 데 많은 도움을 주셔서 감사합니다.

조은옥

저는 커뮤니티에 대한 깊은 열정을 품고 있습니다. 처음 오픈소스에 참여했을 때에도, 영국에 살면서 몇몇 커뮤니티를 구성해보던 때에도 그랬습니다.

일찍이 시작된 이런 관심은 우분투Ubuntu라고 불리는 오픈소스 운영체제를 중심으로 한 글로벌 무브먼트를 구축하는 새로운 프로젝트에 뛰어들었을 때 절정에 달했습니다. 그로부터 8년 후 저는 방송을 하게 되었고, 전 세계 수백 명의 개발자, 수 백만 명의 유저, 전 세계 각지에 흩어져 있는 우분투 그룹, 문서화·번역·마케팅·테스트 등을 통해 매일 우분투를 적극적으로 발전시켜 나가는 사람들로 이뤄진 커뮤니티를 만들었습니다. 커리어 초기에 이런 일들을 경험함으로써 기술 인재와 능력들을 한데 묶을 수 있는 진정한 가능성을 느꼈습니다. 특히 미션이 명확하고 분명할 경우엔 더더욱 그랬습니다.

X프라이즈XPRIZE에서 일하기 시작하면서 이 점을 제대로 느낄 수 있었습니다. X프라이즈는 상금이 걸린 경진대회들을 진행하고 이끄는 비영리 단체입니다. 제가 처음 도전했던 '글로벌 러닝 X프라이즈Global Learning XPRIZE'의 주제는 아이들이 18개월 안에 선생님의 도움 없이 읽고 쓰는 것과 산수를 배울 수 있도록 하는 안드로이드 앱을 만드는 것이었습니다. 교육을 제대로 받지 못하는 전 세계 2억 5천만 명 이상의 아이들에게 교육을 제공하기 위해서였습니다. 누구나 좋아하는 과학계 기업가인 일론 머스크가 후원하는, 1천 5백만 달러라는 어마어마한 액수의 상금이 걸려 있었습니다.

X프라이즈에서 한 경험은 신기했습니다. 물 정화 문제 해결 방법, 제3세계의 시골 지역에서 재화와 용역을 개선하기 위한 운송 수단을 생산할 방법, 3D 프린터를 사용해 낮은 비용으로 많은 집들을 만들어내는 방법 등에 대해 점심시간을 훌쩍 넘기면서까지 이야기를 나누는 환경이었습니다. 제가 X프라이즈를 좋아했던 이유는 '어떻게 하면 이것을 현실로 만들 만큼 사람들에게 동기부여할 수 있을까?'라는 질문에 밑줄을 긋는, 진정한 '문샷 싱킹moonshot thinking'이 있었기 때문입니다. 그렇기 때문에

교육자부터 스타트업 창업자, 예술가, 번역가 등 정말 다양한 사람들이 글로벌 러닝 X프라이즈에 뛰어들었습니다.

많은 개발자가 합류했지만 상금이라는 경쟁 요소 때문인지 아이디어와 재능은… 글 쎄요, 다소 개인적인 수준이었습니다. 경쟁자들은 팀을 이뤄 열린 마음으로 챌린지 에 뛰어들었지만 이런 혁신은 공유된 일부 기초 프로젝트를 제외하고 대부분 개인적 인 영역에 그쳤습니다. 이처럼 여기엔 오픈소스 개발자 경험에 있어 매력적이고 친 숙한 요소가 이상하게도 빠져 있었습니다. 바로 개방적인 환경에서의 '문제 해결'과 다루기 쉬운 솔루션을 중심으로 한 '협업'이라는 요소가요.

이는 모두 예상한 것이었고 X프라이즈의 잘못도 아니었습니다. X프라이즈라는 단 체는 오픈소스 프로젝트가 아니었고, 사람들끼리 서로 경쟁하는 것이 인센티브 보상 모델의 핵심이니까요. 하지만 언젠가 엘리너 루즈벨트Eleanor Roosevelt가 "떨어져 있으 면 그리움이 짙어진다"라고 했듯이, 저는 함께 협력하는 기술 커뮤니티와 같이 폭넓 은 오픈소스 커뮤니티 문화가 그리워지기 시작했습니다. 이런 깨달음은 문화적인 것 만이 아니었습니다. 저는 개발자들이 느끼는 이면의 심리와 원동력에 대해 생각하기 시작했습니다. 무엇이 훌륭한 엔지니어들을 자극하는 것일까? 당시 엔지니어링 문 화들 간에는 분명한 차이가 있었습니다. 'GitHub 세대' 스타트업과 기업 Windows 샵의 차이처럼요. 하지만 공통점과 일관된 부분도 놀랄 만큼 많이 있었습니다.

앞으로 몇 년 동안 이런 것들이 두드러지게 나타날 것입니다. 저는 컨설턴트로서 기 술, 금융, 서비스, 소비재, 엔터테인먼트, 보안, 전문 서비스 등 다양한 산업의 커뮤 니티 전략을 구축하고 실행하고 있습니다. 제 업무의 상당 부분은 개발자들이 이미 플랫폼 위에 만들어놓았거나 핵심 플랫폼 자체에 기여하고 있는 곳에 개발자 커뮤니 티와 생태계를 구축하는 것에 초점이 맞춰져 있습니다. 이처럼 매우 다양한 고객과 일을 하면서 조직마다 업무 범위, 집중하고 있는 것, 문화, 규범 등이 달라도 어떤 일 관된 특징이 여러 유형의 개발자들에게서 나타난다는 것이 흥미로웠습니다. 저는 이런 공통점 가운데 중요한 것 하나가 '숙달mastery'하고자 하는 욕구라고 생각합니다.

목공, 기계공학, 화학공학, 생체 임상 의약, 로봇공학 등 어떤 분야든지 '학습'하고 '최적화'해 '숙달'하게 되는 일련의 과정이 있습니다. 배움을 숙달하는 기본적인 원칙은 일을 잘 해내기 위해 스스로 학습할 수 있어야 할 뿐 아니라, 어떻게 하면 일을 잘 해낼 수 있을지 가설을 세우고, 무언가 또는 누군가를 통해 이 가설을 검증하거나 기각할 수 있어야 한다는 것입니다. 다시 말해서, 실험을 할 수 있어야 하고, 그 실험이 효과가 있는지 확인할 수 있어야 합니다.

하지만 이런 실험을 하기엔 한계가 있습니다. 만약 여러분이 생명공학을 배우고 있다면 집에서 실험할 장비, 자격, 예산이 부족할 것입니다. 화학공학을 배우고 있다면 저는 여러분이 뒷마당에 정유소를 가지고 있을지 의문이네요. 그런데 이런 한계들이 소프트웨어 개발자들에게는 없습니다. 컴퓨터, 인터넷 연결, 호기심, 그리고 큰 바가지에 한가득 든 커피만 있어도 되죠. 개발자에게는 또 다른 무기가 있습니다. 다른 것들과 달리 코드는 낮은 비용으로 공유되고, 개선되고, 정제되고 반복될 수 있다는 점입니다. 깃허브GitHub 및 깃랩GitLab 저장소의 글로벌 패치워크patchwork에는 소프트웨어만 들어 있는 것이 아닙니다. 여기에는 공통된 관심사 및 문제 해결과 관련해 우리가 공유하는 이해와 협업이 포함되어 있습니다.

공통 도구tooling, 언제든 주변으로부터 받을 수 있는 리뷰, 스스로 시작하는 학습 및 협업 문화는 프로그래밍에 대한 사람들의 뜨거운 호기심을 좋은 보수를 받고, 보람차고, 수요가 많은 직업으로 도약하게 했습니다. 이 모든 것들의 영향은 엄청났습니다. 우리는 앞서 언급한 별거 아닌 커피 한 통과 자기 동기부여를 가진 실력 있는 개발자들이 산업 전반을 '파괴disrupt'하고 재구성하는 것을 보았습니다. 개발자들의 능력이 우리가 살고 있는 세계의 모습을 바꿀 뿐만 아니라 전문 영역과 사회 영역에까지 변화를 불러오는 것도 보았지요. 이는 정말 엄청나게 놀라운 일입니다.

그럼에도 불구하고 기술을 접하는 것에는 여러 가지 어려움이 있습니다. 여기서 커뮤니티와 디벨로퍼 릴레이션이 중요한 역할을 합니다. 이는 단순히 개발자를 대상으로 마케팅을 하거나 타기팅된 메시지를 보내는 것이 아닙니다. 디벨로퍼 릴레이션은 개발자들의 니즈와 목표를 이해하는 것뿐만 아니라 그들의 문화에 어떤 차이점과 공통점이 있는지를 근본적으로 이해합니다. 디벨로퍼 릴레이션을 잘 해낸다면 놀라운 결과를 얻을 수 있지만, 그렇지 못한다면 개발자들은 밥상 위 불청객인 파리를 쫓아내듯 여러분을 마음속에서 쫓아내버리게 될 겁니다.

이 책을 살펴보기 전에, 여러분에게 한 가지 조언을 드리고 싶습니다. 디벨로퍼 릴레이션, 그리고 우리가 커뮤니티에 광범위하게 참여하고 문화를 만들어내는 것은 아주 미묘하고 복잡하며 상황에 따라 변화하는 분야입니다. 모두를 만족시키는, 한 번에 모든 것을 해결하는 방법 같은 것은 없습니다. 이 책을 읽으며 인사이트를 얻고 혹은 다른 사람에게서 도움을 받을 수도 있을 겁니다. 하지만 이런 인사이트나 도움은 어디까지나 시작을 위한 가이드라인으로 생각하시고, 여러분만의 접근으로 발전시켜 나가기를 바랍니다. 저는 항상 제 고객들에게 이렇게 이야기합니다. 모든 커뮤니티는 제각각 다릅니다. 그리고 효과적이고 믿을 만한 기법이나 테크닉들이 많이 있더라도, 여러분이 배워야 할 가장 중요한 스킬은 여러분의 커뮤니티에서 어떤 일이 일어나고 있는지 관찰하고 이에 대응하여 최적화하는 것이라고 말이죠.

소프트웨어 엔지니어링 분야와 마찬가지로, 디벨로퍼 릴레이션도 학습하고 최적화한다면 여러분도 그 영역의 '달인'이 될 수 있을 것입니다. 이건 신나는 여정이 될 거예요. 행운을 빕니다!

조노 베이컨

이 책은 기술 커뮤니티란 무엇이며 회사가 성공하는 데 왜 기술 커뮤니티가 필요한지 알고 싶은 모든 사람을 위한 책입니다. 또한 디벨로퍼 릴레이션 담당자, 커뮤니티 관리자, 이사, 부사장, C레벨 임원 등, 계속해서 변화하는 기업의 목표와 우선순위 속에서 이와 관련된 팀을 이끌고 운영하려는 사람들을 위한 책이기도 합니다. 그리고 커뮤니티 구축에 대한 개념이 부족해 좌절을 겪은 분, 개발자라는 고객에 대한 이해가 있는 사람을 고용하려는 회사들이 늘어감에 따라 기대감을 품고 있는 분 등을 위한 책이기도 하지요. 디벨로퍼 릴레이션의 진정한 가치를 아직 발견하지 못한 분이나 그 가치를 알고 있지만 말로 표현하는 데 어려움을 겪고 있는 분들을 위한 책이기도 합니다.

그런데 디벨로퍼 릴레이션Developer Relations이란 무엇일까요? 근본적으로, 디벨로퍼 릴레이션(줄여서, 데브렐)의 목적은 '개발자 커뮤니티와 관계를 만드는 것'입니다. 데브렐 전문가들은 회사와 엔드 유저인 개발자 사이의 연결 고리입니다. 다른 분야의 전문가들은 일상적인 업무에서 의사결정을 내릴 때 비즈니스 측면의 최대 이익에 초점을 맞추는 반면, 데브렐 전문가들은 커뮤니티의 최대 이익에 중점을 둡니다. 물론 데브렐 전문가들도 비즈니스의 성공에 신경을 씁니다. 하지만 데브렐 전문가들은 커뮤니티 구성원들이 회사의 제품이나 서비스를 좋아하게 되고, 이를 사용해 성공하게 되는 것 또한 비즈니스의 성공에 더 가까워지는 길이라는 것을 압니다.

데브렐 팀이 성공하려면 회사의 확실한 지원이 반드시 필요합니다. 사업 목표와 회사가 기대하는 바를 명확하게 하고, 적절한 툴을 지원해야 하며, 데브렐이 가치 있는 일이라는 확신을 주고, 회사 내 이해관계자들의 적극적인 지지를 받고 있다는 것을 느끼게 해줘야 합니다.[1]

---

[1] 모든 회사가 성공적인 데브렐 팀을 갖는 데 필요한 요소는 아닐 대시(Anil Dash)가 쓴 '데브렐 권리장전(A Developer Relations Bill of Rights)'에서 더 자세히 살펴볼 수 있습니다.
*https://medium.com/glitch/a-developer-relations-bill-of-rights-21381920e273*

단순히 데브렐 팀을 만드는 것만으로는 부족하다는 것을 많은 기업들이 알고 있습니다. 이해관계자들은 데브렐 팀의 진정한 가치를 이해하고, 성공을 향해 달려갈 수 있도록 세팅해야 합니다.

그래서 이 책은 크게 1부와 2부로 나눕니다. 타 분야 전문가와 데브렐 전문가 모두에게 유용할 내용이지만, 1부와 2부는 각각 서로 다른 오디언스Audience를 대상으로 하고 있습니다.

1부(1~5장)에서는 기술 커뮤니티의 가치를 이해하고자 하는 회사의 의사결정자를 위한 내용입니다. 커뮤니티를 육성할 필요가 있을지, 적절한 측정 기준은 무엇인지, 디벨로퍼 릴레이션과 커뮤니티 구축의 차이점은 무엇인지, 어떻게 성공적인 데브렐 팀을 만들 수 있을지에 대한 질문들을 중심으로 다뤄봅니다.

1장에서는 기술 커뮤니티에 투자하기 전에 꼭 던져야 할 핵심 질문들을 짚어봅니다. 왜 기술 커뮤니티를 원하는지, 이루고자 하는 목표는 무엇인지, 어떤 사람들이 커뮤니티 멤버가 되었으면 하는지 등에 대해 이야기합니다.

2~4장에서는 기술 커뮤니티 구축을 위한 비즈니스 사례를 만드는 방법에 대해 설명합니다. 어떻게 하면 비즈니스 오너와 의사결정자들에게 개발자 커뮤니티와 연결을 만드는 것이 매우 중요한 투자임을 확신시킬지, 비즈니스와의 연계와 성공을 보장하기 위한 측정 기준에 대해 어떻게 합의할 것인지에 대한 이야기를 나눕니다.

디벨로퍼 릴레이션이 성공 전략 중 하나가 될 수 있도록 비즈니스 사례를 구축하는 방법에 대해 논의했다면, 이제 누가 이 역할을 수행할지를 알아볼 차례입니다. 5장에서는 누구를 먼저 채용해야 할지와 커뮤니티 관리자, 디벨로퍼 애드보케이트, 테크 에반젤리스트 간의 차이는 무엇인지, 이렇게 새로 만들어진 디벨로퍼 릴레이션 팀을 어느 조직에 배치해야 하는지에 대해서 다룹니다.

2부는 일상적인 업무에서 커뮤니티 구축을 담당하고 있는 디벨로퍼 릴레이션 실무자를 위한 내용입니다. 적절한 오디언스 찾기, 회사를 대표하는 것과 퍼스널 브랜딩(이지만 회사에게도 도움이 되는 것) 사이의 줄타기, 오프라인 행사를 하는 것 등 매일 마주해야 하는 업무들을 중심으로 살펴봅니다.

6~8장에서는 팀을 구성하고 난 후 어떤 성과를 달성할 수 있을지에 대해 설명합니다. 온·오프라인으로 어떤 세그먼트의 개발자들을 찾아내는 게 적합할지부터 어떻게 그들과 상호작용하면 좋을지까지 자세히 다룹니다.

9장에서는 갑자기 닥칠 수 있는 이슈에는 무엇이 있으며 이를 어떻게 예방할 수 있을지 알아봅니다. 10장에서는 회사 및 커뮤니티와 함께 퍼스널 브랜드를 구축하는 것이 어떤 의미가 있는지에 대해 이야기하며 마무리합니다.

각 장마다 여러 디벨로퍼 릴레이션 전문가들의 이야기를 담았습니다. 제가 제시하는 원칙들의 구체적이고 실제적인 사례를 살펴보실 수 있을 겁니다. 하지만 꼭 유념하세요. 커뮤니티를 만들고 특정 개발자 오디언스들과 성공적인 관계를 만드는 '만능열쇠'는 없습니다. 다른 회사가 성공했다고 해서 이를 똑같이 따라 하는 것은 좋은 방법이 아닙니다.[2]

책에 정리한 원칙들을 사용해 회사가 이루고자 하는 목적이 무엇인지 살펴보고, 그 프레임워크 속에서도 어느 부분에 디벨로퍼 릴레이션이 잘 맞을지 파악함으로써 여러분은 특정 커뮤니티에 맞춘 전략을 수립할 수 있을 겁니다.

---

2 *https://twitter.com/matthewrevell/status/1003477945707462656*

이 책을 차례대로 읽으며 처음부터 끝까지 프로세스대로 따르고, 일을 진행하면서 문서화하고 계획을 세우며 목적을 명확히 하는 것이 도움이 되는 분들도 있겠지만, 지금 겪고 있는 문제를 해결하고 싶으신 분들은 자유롭게 페이지를 넘기며 보셔도 됩니다. 제가 종종 이전 장에서 다룬 내용들을 언급하니, 여러분이 지나친 내용 중에 꼭 참고해야 할 자료가 있는지 아실 수 있을 겁니다.

책에서 제시한 URL들을 하나하나 입력하는 게 번거로우실 것 같아 이를 한곳에 정리해두었습니다. *https://github.com/silverjade/DevRel-Book* 링크를 참고하세요.[3]

제가 집필이라는 커다란 모험을 시작했던 것은, 커뮤니티라는 단어의 본질이 저에게 큰 영향을 주었기 때문입니다. 커리어를 쌓으며 모험을 하는 것부터 평생의 우정을 쌓고 내가 좋아하는 것을 매일의 업으로 만드는 것까지, 저는 개인적으로나 직업적으로나 커뮤니티를 만들고 육성하고 참여하고 사랑하는 일에 깊이 헌신하고 있습니다. 그래서 제 관점이 조금 독특하고 우리가 일반적으로 생각하는 '회사를 우선시하라'라는 사고방식과 다를 수 있습니다.

하지만 저는 커뮤니티를 먼저 생각한다면 회사도 성공한다고 믿습니다. 프로덕트를 사용하고 있는 커뮤니티보다 프로덕트에 더 가치를 둔다면, 우리 자신뿐 아니라 회사 전반에도 해를 끼치게 될 겁니다. 최악의 경우 언제 다가올지 모르는 실패에 대비해야 하고, 회사가 가지고 있는 커다란 잠재 역량에서 더 멀어지겠죠. 저는 이 책을 통해 여러분이 개발자 커뮤니티가 가진 고유의 가치를 알고 여러분의 비즈니스 핵심의 한 축에 관계 및 커뮤니티 구축을 포함하길 바랍니다.

자, 함께 시작해볼까요?

메리 셍발

---

## 감사의 말

이 책은 저 혼자만의 고독한 작업이 아니었습니다. 제 삶의 대부분이 그렇듯, 커뮤니티로 만들어진 책이죠. 모든 분께 감사 인사를 드릴 순 없겠지만, 몇몇 분에게는 꼭 스포트라이트를 비춰드리고 싶습니다. 먼저 제 파트너인 제레미 프라이스, 이 책을 쓸 수 있게(당신의 더 나은 판단에 반하는 결정이었을 수도 있지만) 응원해줘서 고마워요. 업무가 갑자기 엄청나게 늘어났는데도, 책을 쓰는 내내 내 곁에 있어줘서 고맙습니다. 당신의 지지와 격려가 내게는 세상의 전부였고, 이 여정을 함께 나누고 싶은 사람은 당신뿐이에요.

엄마 아빠, 제 글쓰기 능력을 믿어주셔서 감사합니다. 초등학교 시절 제가 동네 신문을 냈을 때부터 두 분에겐 익숙하지 않은 분야일 이 책에 대한 첫 검수를 해주시겠다고 말씀해주신 것까지, 두 분이 보내주신 지난 수년간의 격려가 오늘날의 저를 있게 했습니다.

사라 언니, 내가 하는 일이 무엇인지 정확하게 이해하지 못함에도 불구하고 ;-) 내 일을 자랑스럽게 여겨줘서 고마워. 그리고 형부 댄, 논문을 쓰는 와중에도 저의 버츄얼 글쓰기 파트너가 되어주셔서 감사합니다. 세상에서 가장 멋진 세 조카들을 만들어준 두 사람에게 감사해요. 에밀리, 에단, 한나, 온 우주만큼 너희들을 사랑해.

팀 오빠, 내가 바쁘든 전화를 못 받든 상관없이 한결같이 내 삶에 함께해줘서 고마워. 항상 나를 위해 거기 있어줘서 말로 표현하지 못할 만큼 고마워.

(감히 최고라고 말할 수 있는) 3명의 원조 디벨로퍼 아보카도들인 에이드리안, 에이비, 대니 그리고 대연 그리핀, '애드보케이트' 발음이 꼬였던 것이 제 프로페셔널 브랜드로 이어지게 되었네요. 함께하면서 정말 많은 교훈을 얻었고, 그중 많은 것들이 이 책 속에 녹아들었어요. 무엇보다 세상 그 무엇과도 바꿀 수 없는 우정을 쌓을 수 있었고요. 여러분은 제가 제일 좋아하는 디벨로퍼 아보카도 팀이에요. 이 말들을 쓰면서 행운을 빌기 위해 아보카도 양말을 신고 있습니다.

루이즈, 저의 멋진 편집장님, 이 책의 아이디어를 주시고 책을 쓰는 동안 지지와 격려를 보내주셨을 뿐만 아니라 필요할 땐 엉덩이를 걷어차면서까지 몰아붙여주셨어요. 그렇게 제가 벼랑 끝에서 여러 번 내려올 수 있도록 설득하셨지요. 함께하며 쌓아온 우정에 항상 감사합니다!

줄리 건더슨, 제이슨 예, 그리고 네 번째이자 마지막 저자가 되겠다며 자원한 네이든 하비, 결승선까지 함께하지는 않았지만 이 마라톤을 끝낼 수 있도록 배턴을 잘 넘겨주었죠. 쉽지 않은 일이었을 거예요. 여러분이 없었다면, 또 여러분의 인사이트와 경험이 없었다면 저는 이 자리에 없었을 거예요.

20대 신참에게 일생일대의 기회를 주신 오라일리 미디어의 로라 볼드윈 사장님, 사장님께선 제 여정을 한 단계 더 끌어올려주셨습니다. 그리고 제가 우리의 오디언스들과 단순한 이야기가 아닌 더 깊은 대화를 나눠보고 싶다고 요청드렸을 때, 저는 상상도 하지 못했던 큰 기회를 열어주셨죠. 사장님, 사라와 사라, 코트니, 브래디, 마시, 존, 벳시, 케이트, 사이먼, 토니, … 모든 오라일리 가족 분들, 우리가 함께한 8년의 시간에 감사합니다!

인생의 스승이신 캐럴 애덤스 선생님, 아무나 할 수 없을 선생님만의 방법으로 저에게 배움에 대한 사랑을 키워주셔서 감사합니다. 저에게 주신 쪽지를 3학년 앨범 속에 아직도 간직하고 있어요. 그리고 마침내 제 사인이 들어간 첫 번째 책을 선생님께 보내드립니다. 우편함을 잘 체크해주세요!

조디, 피트, 매트, 캐린, 네 분은 제가 언제라도 도움을 부탁할 수 있는 가장 친한 친구들이에요. 여러분의 격려, 웃음, 기도 그리고 '이 또한 지나가리라'를 상기시켜 주었던 것이 지난 몇 달 동안 제 정신을 온전하게 지켜줬어요.

그리고 폴, 디벨로퍼 릴레이션이 왜 아보카도와 비슷한지에 대한 제 설명을 당황스러워하면서도 들어주고 '퍼시 컨설팅Persea Consulting'이라는 멋진 이름을 떠올려주셨

## 감사의 말

죠. 재배포 계획을 동시에 세우면서 이 책을 마무리 짓게끔 한 당신의 인내심은 감사하다는 말로는 부족할 정도예요.

마지막으로, 이 책을 완성할 수 있는 능력과 재능과 기회를 주신 하나님께 감사합니다. 다른 사람들이 저를 어떻게 보든, 어떤 종교적 판단을 내리든 상관없이, 지금도 그리고 앞으로도 항상 제가 당신에게 속해 있음을 깨닫게 해주셔서 감사합니다.

# 목차

# PART 01 기술 커뮤니티의 가치

## CHAPTER 01 커뮤니티란

# CHAPTER 05 데브렐 팀 구성하기

CHAPTER
08

# 오프라인 모임:
# 어떻게, 왜, 어디서 해야 할까?

# 자주 생기는 커뮤니티 이슈 다루기

CHAPTER

# 10 퍼스널 브랜드 만들기

# 기술 커뮤니티의 가치

# CHAPTER 01 커뮤니티란

구글에서 '커뮤니티community'를 검색하면 다양한 검색 결과가 나옵니다. 동명의 인기 TV 시트콤부터 사전적 정의, 특정 브랜드의 개발자 커뮤니티 웹사이트, 확성기 판매 업체까지 검색 결과만 거의 50억 개에 이르죠. 그 속에서 실제로 커뮤니티가 무엇인지, 커뮤니티는 어떤 사람들로 구성되어 있는지, 커뮤니티에서 어떻게 협력해야 하는지를 알기란 기술 업계에 있는 사람에게도 어려운 일입니다.

'비즈니스 딕셔너리는[1]'는 커뮤니티를 '공통된 주제, 동기, 관심사를 가진 사람들이 아이디어, 정보, 여러 리소스를 공유하며 자발적으로 구성된 네트워크'로 정의하고 있습니다. '메리엄 웹스터Merriam-Webster[2]'는 '개인의 집합체부터 사회 전체 또는 사회적 상태에 이르는 모든 것'이라고 말합니다. '딕셔너리.com[3]'은 커뮤니티를 '공통된 특성과 관심사를 공유하는 사회적 · 종교적 · 직업적 집단'이며 '어떤 측면에서는 큰 사회집단 속에서 구별되거나 자신들 스스로 구별하는 것'이라 정의합니다. 이는 곧 그룹 내 모든 구성원이 같은 신념을 가지며 서로 비슷한 배경을 지니고 있음을 뜻합니다.

이 중 어떤 것이 기술 커뮤니티Technical Community에 대해 더 올바른 정의라고 말하기는 어렵습니다. 이들 정의를 종합하자면, 기술 커뮤니티는 특정 기술, 역할, 툴, 프로그래밍 언어에 대해 공통된 관심을 가지고 있거나 활용하는 모임이라 할 수 있습니다. 기술 커뮤니티는 특정 소프트웨어를 사용하는 사람들의 모임으로 시작하기도 합니다. 하지만 이 점이 기술 커뮤니티를 특별하게 만드는 것은 아닙니다. 처음엔 단

---

1 https://businessdictionary.info/definition/community/

2 https://www.merriam-webster.com/dictionary/community

3 http://www.dictionary.com/browse/community

순히 유저끼리 질문하고 답하는 것으로 시작했다가 나중에는 서로 멘토링해주기도 하고 협업 프로젝트를 만들기도 합니다. 이런 프로젝트를 통해 나온 프로덕트Product 가 때로는 엄청난 성공을 거두기도 합니다.

앞서 나온 여러 정의와 해당 분야에 대한 오랜 경험을 바탕으로, 테크니컬 오디언스 Technical Audience와 관련된 커뮤니티에 대해 제가 제안하는 정의는 다음과 같습니다.

> **공통의 원칙을 공유할 뿐만 아니라 경험과 노하우를 발전시키고 공유함으로써 그룹 구성원들이 성장할 수 있도록 돕는 집단**

책을 읽으며 이 정의를 꼭 기억해주세요. 여러분이 어떻게 부서의 목표를 정의할지, 팀의 방향을 설정할지, 커뮤니티와 교류할지 고민할 때마다 이 정의가 도움이 될 겁니다.

## 유연한 경계 세우기

여러분은 커뮤니티가 유·무료 고객 또는 프로덕트를 적극적으로 사용하는 사람들 뿐 아니라 누구에게나 열린 커뮤니티이길 원할 것입니다. 어디서 온 누구이든, 현재의 기준에 의문을 제기하든 상관없이 (존중할 만한) 의견과 인사이트를 받아들이는 그런 커뮤니티 말이죠. 하지만 그건 쉬운 일이 아닙니다. 사람들을 환영하는 분위기와 안전한 환경을 만들어 누구나 커뮤니티의 일원이라고 느낄 수 있게 하려면 많은 고민과 공감, 내가 틀리더라도 이를 받아들일 수 있는 겸손함이 필요합니다. 다양성을 존중하는 회사일수록 더 뛰어난 프로덕트와 건강한 업무 환경을 만들어낸다는 연구 결과가 있는데[4], 이는 커뮤니티에서도 마찬가지입니다.

---

4  https://www.mckinsey.com/business-functions/people-and-organizational-performance/our-insights/why-diversity-matters
   https://hbr.org/2018/03/5-things-we-learned-about-creating-a-successful-workplace-diversity-program

책의 뒷부분에서 더 자세히 다루겠지만 넓고 다양한 고객층(유·무료 계정 고객, 엔드 유저와 바이어, 회사 규모별·성별·지리적/인구통계학적 분류에 따른 고객 등)으로부터 받는 피드백feedback은 정말 중요합니다. 다양한 고객층이 없다면 편향된 피드백을 받을 수밖에 없습니다. 편향된 피드백을 바탕으로 프로덕트를 개발한다면 다른 고객층의 니즈needs를 반영하지 못하거나, 최악의 경우 교류하고자 하는 커뮤니티와 관계가 틀어질 수도 있습니다.

이처럼 포용력을 가지는 것도 중요하지만 그보다 먼저 커뮤니티에 누가 적극적으로 참여했으면 하는지, 디벨로퍼 릴레이션Developer Relations(이하 데브렐DevRel)이 어디서 어떤 역할을 했으면 하는지에 대해 정의할 필요가 있습니다. 아직 우리 회사 프로덕트를 써보지 않은 새로운 고객과 교류하고 싶은지, 아니면 기존에 활발하게 관계를 맺고 있던 고객들에게서 피드백을 받아 엔지니어링 팀과 함께 프로덕트를 개선하는 것이 우선순위인지 등을 말이죠.

데브렐 전략을 세우다 보면 회사의 인지도를 높이고 우리 회사와 관련된 커뮤니티를 서포트해줄 회사 바깥의 지지자Advocate들로 구성된 커뮤니티를 구축해야 할 수도 있습니다. 또 아직 우리 회사 프로덕트를 사용하지 않지만 앞으로 사용할 가능성이 있는 사람들을 더 큰 규모의 개발자 커뮤니티 속에서 찾아내야 할 수도 있습니다.

이런 활동들은 구체적인 비즈니스 가치로 이어집니다. 예를 들면, 유저 이탈률을 감소시키거나 프로덕트 로드맵을 개선하거나 유저 확보 비용을 줄이거나 개발자를 채용하는 등의 다양한 회사 목표와 연결될 수 있습니다. 그러나 가장 중요한 것은 데브렐이 비즈니스 가치에 기여할 수 있는지 여부가 아니라 '현재 어떤 비즈니스 가치에 집중하려고 하는가'입니다.

커뮤니티와 어떻게 교류하고 관계를 만들어갈지에 대해 주요 목표를 설정하면 여러분의 커뮤니티가 어떤 모습이어야 하는지, 중점적으로 집중해야 할 부분은 무엇인지를 아는 데 도움이 됩니다. 모든 영역을 포용하는 커뮤니티를 추구하는 것도 좋지만 이 경우 데브렐 팀이 '우리 프로덕트를 사용할 가능성이 있는 고객 또는 이미 사용하고 있는 모든 유저'를 커버해야 하는 문제에 처할 수 있습니다. 그러면 커버해야 하는 고객 범위가 너무 넓을 뿐만 아니라 회사 내 수많은 이해관계자들과 얽히게 되어, 쏟아지는 업무 속에서 어떤 것이 우선순위인지 파악하는 데 시간을 다 보내게 될 수 있습니다. 어떤 부서 밑에 있든 데브렐 팀은 마케팅, 프로덕트, 엔지니어, 고객 지원 그리고 고객의 관심을 끌기 위해 고군분투하는 영업 역할을 모두 하게 될 수밖에 없습니다. 데브렐 팀이 회사에 가져다줄 구체적인 가치와 커뮤니티 속에서 집중해야 할 대상을 명확히 이해한다면, 여러분은 한꺼번에 쏟아지는 업무들 중 우선순위를 매기고 때로는 상충하는 요청들을 적절히 넘길 수 있을 것입니다.

그렇기 때문에 제일 먼저 회사의 목표를 이해하는 것이 중요합니다. 목표가 명확해졌다면, 활발한 커뮤니티를 만드는 것이 회사의 목표를 달성하는 데 어떻게 도움이 될 수 있을지 생각해보세요. 다음과 같은 질문을 해볼 수 있습니다.

- 커뮤니티를 원하는 이유는 무엇인가요?
- 커뮤니티를 통해 이루고 싶은 것은 무엇인가요?
- 어떤 사람들이 커뮤니티 멤버가 되었으면 하나요?
- 해당 커뮤니티에서 어떤 사람들에게 먼저 집중하고 싶나요?
- 목표를 달성하기 위해 데브렐 팀이 꼭 필요할까요? 이 질문은 이 책 전체에서 다루는 내용들과 깊은 관련이 있습니다. (힌트: 정답은 '아니요'일 수도 있어요!)

## 커뮤니티를 원하는 이유는 무엇인가요?

우선, 커뮤니티를 '왜' 만들어야 하는지에 대해 생각해야 합니다. 여러분은 이 질문을 커뮤니티에 대한 새로운 전략을 세울 때마다 떠올려야 합니다. 왜 이 질문이 중요할까요? 여러분의 '왜'가 커뮤니티와 상호작용하는 방향을 이끌기 때문입니다. 뿐만 아니라 누가 커뮤니티의 어느 부분을 담당하고 책임질지, 어느 부분에 집중적으로 인력을 배치할지 등 팀의 구조에도 영향을 미칩니다.

좀 더 분명히 얘기하면, 이 질문은 커뮤니티를 만들지 말지를 선택하기 위한 것이 아니라 이미 있는 커뮤니티를 육성하는 데 적극적인 참여자가 될지 말지를 결정하기 위한 것입니다. 프로덕트마다 현재 고객과 잠재 고객으로 구성된 커뮤니티가 있습니다. 여러분이 그 커뮤니티를 직접 키웠을 수도 있죠. 하지만 앞서 말했듯이, 여러분의 '왜'가 커뮤니티와 어떻게 상호작용할지를 결정합니다.

커뮤니티가 필요한 이유를 꼭 정량적인 지표로 나타낼 필요는 없습니다. 추상적일 수도 있죠. 하지만 그 이유는 반드시 조직의 목표와 일치해야 하고, 커뮤니티를 위해 노력하는 목적에 대해 설명할 수 있어야 합니다. 그리고 여러분의 '왜'는 결과가 아닌 이유로 움직여야 합니다. 예를 들어, '수익 창출'은 고객과의 관계를 발전시키고 리드Lead를 육성하고 멋진 프로덕트를 만든 '결과'이지 여러분이 커뮤니티를 원하는 '이유'가 아닙니다. 커뮤니티를 만드는 이유는 사람들의 참여를 이끌어내거나 더 나은 프로덕트를 만들거나 고객 유지와 관련된 부문을 개선하기 위한 것일 수 있습니다.

## 산업 전반의 향상을 목표로 하는 페이저듀티

매트 스트래턴Matt Stratton은 페이저듀티PagerDuty의 DevOps 에반젤리스트Evangelist입니다. 페이저듀티는 디지털 운영 관리 플랫폼으로, 회사가 실시간으로 데이터에 엑세스할 수 있게 해주고 비즈니스에 미칠 수 있는 사고를 미연에 방지하고 해결하며 머신러닝Machine Learning으로 워크플로Workflow를 자동화할 수 있도록 합니다. 매트 스트래턴은 에반젤리스트로서 이슈에 대응하고 문제를 예방하며 페이지듀티의 혁신을 돕는 일을 합니다. 뿐만 아니라 기계와 사람이 가지고 있는 데이터를 합쳐 더 나은 결과물을 만들며 전반적인 산업의 향상을 돕고 있습니다.

"이슈 대응과 예방에 대한 페이저듀티의 철학은 프로덕트의 DNA에도 녹아들어 있습니다. 우리가 진행하는 '이슈 대응 훈련 워크숍'에선 페이저듀티를 가지고 뭘 하지 않습니다. 워크숍에서 다루는 이론과 원칙이 우리 회사의 바탕이 된다는 점만 이야기할 뿐이죠. 원칙과 프로덕트는 서로 공생 관계에  있습니다. 그래서 페이저듀티의 기술이 이슈 대응을 효과적으로 하기 위해 꼭 필요한 것은 아니지만, 페이저듀티가 이슈 대응에 대한 기본적인 방향성을 제시한다는 것을 사람들에게 자연스럽게 보여줄 수 있죠."

"제가 처음에 페이저듀티에 끌렸던 이유는, 9년 동안 이슈 대응과 관련해 수집한 막대한 데이터 때문이었습니다. 우리는 이제 그 데이터를 분석하고 인사이트를 뽑아내기 시작했는데, 아마 이 결과들이 Ops 커뮤니티에 도움이 될 겁니다. 우리 팀은 정보를 모으고 내부에서 테스트를 한 후, 큰 커뮤니티에 우리가 얻은 정보와 인사이트를 공유합니다. 이를 통해 전체 산업이 발전하는 데 도움을 주고 있죠. 또 커뮤니티에 인사이트를 공유하면 사람들에게서 더 많은 데이터와 피드백을 얻을 수 있습니다. 이렇게 받은 피드백을 회사의 프로덕트 담당 부서에 전달합니다. 그러면 해당 부서에서는 이를 바탕으로 프로덕트를 계속해서 업그레이드하고 다듬어, 엔드 유저에게 더 유용한 프로덕트가 될 수 있도록 합니다."

"이를 통해, 다시 회사에 가치를 가져다주는 선순환이 만들어집니다. 그리고 이 데이터와 피드백들은 더 좋은 트레이닝 세션을 만들거나, 우리가 내부적으로 이런 원칙을 어떻게 사용하고 있는지 보여줄 수 있는 자료를 만드는 데 사용됩니다. 우리는 이 분야의 전문가로 자리매김하여 노하우를 전수함으로써 커뮤니티에 직접적으로 영향을 주고 있습니다."

"페이저듀티가 이런 일을 하는 이유는, 이슈 대응과 예방을 더 쉽게 할 수 있도록 도움을 주고 싶기 때문입니다. 우리의 일과 원칙이 매우 멋지고 뛰어나다고 인식된다면, 이러한 인식은 사람들을 자연스럽게 페이저듀티로 이끄는 원동력이 될 것입니다."

커뮤니티가 필요한 이유는 회사의 목표와 명확하게 연결되어야 합니다. 커뮤니티를 원하는 이유를 알았다면, 이제 우리가 얻어야 할 결과는 무엇인지를 다음 질문을 통해 알아볼 차례입니다.

# 커뮤니티를 통해 이루고 싶은 것은 무엇인가요?

이 질문은 '커뮤니티를 원하는 이유는 무엇인가요?'라는 질문과 비슷하지만, 여러분이 고객 커뮤니티를 만들려는 것인지, 아니면 단순히 시장을 정의하려는 것인지를 알아내는 데 도움을 줄 수 있습니다. 이 질문에 대한 답은 IT 업계의 여러 회사마다 다를 수 있습니다. 예를 들어, 클라우드 인프라 회사와 프로그래밍 프레임워크 회사, 개발자 툴에 초점을 맞추고 있는 회사는 서로 다른 오디언스Audience에 관심을 가지고 있을 것입니다.

같은 분야에 속한 회사라도 커뮤니티를 만들려는 이유는 다양합니다. 어떤 회사는 주기적으로 피드백을 받을 핵심 고객군을 찾고 싶어서 일 수도 있고, 어떤 회사는 새로운 분야에서 인사이트를 가진 리더로 자리 잡고 싶어서일 수도 있습니다. 니치마켓 속의 트렌드를 따르고 싶어서일 수도 있고, 커뮤니티 멤버들에게 개발 상황을 계속해서 알리고 싶어서일 수도 있습니다.

무료 고객과 유료 고객을 모두 가지고 있는 회사의 경우, 고객 유형에 따라 대응하는 시나리오도 조금씩 다릅니다. 데브렐은 흔히 '깔때기'라고 말하는 마케팅 퍼널Funnel의 가장 위와 가장 아래를 모두 커버합니다. 그래서 브랜드 인지도뿐만 아니라 고객도 신경 써서 관리해야 하죠. 무료 고객은 깔때기의 가장 윗부분에 해당합니다. 기업이 관계를 만들고, 일관성 있게 대하고, 신뢰를 줌으로써 무료 고객이 생깁니다. 데브렐 팀의 목표 중 하나는 이런 무료 고객들을 지원하고 현재 직장에서든 그다음 직장에서든 상관없이 유료 고객이 될 수 있도록 독려하는 것입니다.

이 모든 시나리오를 하나로 묶는 핵심 원칙은 무엇일까요? 몇몇 사람들은 고객과 관계를 맺는 궁극적인 목표가 비즈니스를 더 키우는 데 있다고 말합니다. 물론 이것도 훌륭한 전략이긴 합니다. 또 강한 커뮤니티를 가졌을 때 얻을 수 있는 결과이기도 하고요. 하지만 이런 식의 목표 설정은 데브렐 팀에 도움이 되지 않습니다.

잠시 커뮤니티의 정의를 다시 살펴보겠습니다.

> 공통의 원칙을 공유할 뿐만 아니라 경험과 노하우를 발전시키고 공유함으로써 그룹 구성원들이 성장할 수 있도록 돕는 집단

이 문장의 뒷부분이 바로 일반적인 고객과 커뮤니티를 구분하는 포인트입니다. 서로 활발한 교류는 없지만 같은 원칙을 공유하는 사람들을 모으는 것은 쉽습니다. 예를 들면 고객을 대상으로 원활하게 메일을 보내고 싶은 사람들이나, 빠른 조직 운영을 위해 자동화를 원하는 사람들처럼요. 하지만 경험과 노하우를 발전시키고 공유함으로써 다른 사람들을 도우려는 사람들 없이는 진정한 커뮤니티를 만들기 힘듭니다.

진정한 커뮤니티는 서로를 돕고 싶어 합니다. 그래서 오픈소스 SDK, 예제 코드, 문서에 기여하거나 다른 커뮤니티 구성원들에게 멘토링을 해주기도 하죠. 이러한 성과들 중에서 무엇이 여러분의 프로덕트에 가장 잘 맞을지 알아내는 것이 매우 중요합니다. 몇 년 후의 성공을 담보할 끈끈한 커뮤니티를 만드는 것만큼 고객 기반을 키우는 데 도움이 될 만한 것으로 또 무엇이 있을까요?

## 어떤 사람들이 커뮤니티 멤버가 되었으면 하나요?

어떤 사람이 여러분에게 자신들의 커뮤니티는 누구에게나 열려 있다고 이야기한다면 조심하세요. 앞서 이야기했듯이, 누구에게나 열린 커뮤니티도 좋지만 서로에 대한 헌신과 관심이 있어야 한다는 점도 중요합니다. 그 관심이라는 것이 이 프로그래밍 세계에서 서로 성공하기를 바라는 것만큼 넓은 의미더라도요. 이런 관심은 서로 돕고자 하는 욕구로 이어져 누군가의 멘토가 되거나 힘을 주거나 가능한 데까지 도움을 주려는 행동이 되기도 합니다. 이런 것들이 커뮤니티의 끈끈함을 만들고, 사람들이 커뮤니티에 더 오래 머물고 싶게 만듭니다. 그런데 왜 어떤 사람들은 모두가 환영해주는 개방적인 커뮤니티를 떠나는 걸까요? 왜 어떤 사람들은 어려움을 겪고 있는 사람들을 기꺼이 도와주는 걸까요?

그 이유는 모두에게 열린 커뮤니티이더라도 한계점이 있기 때문입니다. 여러분의 프

로덕트가 '모든 개발자를 위한 것'이라고 하면 너무 광범위할 뿐만 아니라 사실 그렇지 않은 경우가 더 많습니다. 여러분의 프로덕트는 정말로 처음 써보는 개발자들도 스스로 모든 걸 익혀서 사용할 수 있을 만큼 쉽게 만들어졌나요? 팀 단위로 쓰는 프로덕트인가요, 아니면 작은 스타트업의 개발자 한 명이 써도 유용한 프로덕트인가요? 경험 많은 개발자 또는 모든 일을 수작업으로 해야만 했던 옛 시절을 알고 있는 노련한 시스템 관리자를 찾고 있나요? 아니면 학교를 갓 졸업한 신입 레벨로 여러분의 API에 놀라워하고 계속해서 다음 릴리스release를 기다리는 개발자를 찾고 있나요? 모든 것을 아는 척하며 돌아다니는 사람들의 태도를 참을 수 있나요? 또는 기술 수준에 상관없이 모든 사람을 수용하는 사람만 커뮤니티 멤버로 받아들이고 싶나요? 복잡한 주제를 쉽게 풀어서 설명해줄 능력이 있으면서도, 개념을 처음 접하는 사람들에게 잘난 척 거들먹거리는 전문가들은 어떤가요?

우리 커뮤니티에 모일 사람들이 어떤 사람들일지에 대해 고민하기 시작했다면, '모든 사람을 환영해요!'라는 여러분의 입장에 대해 다시 생각해봐야 할 때입니다. 공식 커뮤니티를 만들기 전에 커뮤니티 가이드라인과 회칙을 만들거나, 어떤 사람들을 커뮤니티에 가입시킬지를 다시 정해야 할 때인 거죠. 이 작업을 꼭 하시길 추천합니다. 이 부분에 대해서는 7장에서 다뤄보도록 하죠. 어쨌든 다시 말해, 여러분이 키우고자 하는 커뮤니티에 적합하지 않은 사람들이 최소한 몇 명이라도 있을 수 있다는 점을 생각해야 합니다. 여러분이 커뮤니티에서 이런 사람들을 만난다면, 그들도 이 커뮤니티가 자신에게 맞지 않는다는 것을 깨닫고 활동을 하지 않거나, 주변 사람들에게 맞춰 그들의 행동이나 기대를 바꾸게 될 겁니다.

그러니 '우리의 오디언스는 개발자'이더라도 실제로 어떤 개발자를 타깃으로 하려는지 생각해보세요. 실제로 오디언스가 프로그래밍 언어나 개발 경험 수준에 상관없이 모든 개발자들일 수도 있겠지만 그럴 가능성은 매우 희박합니다. 최소한 회사에 가장 큰 영향을 주고 이익을 가져다줄 1차 커뮤니티와 그 외에 어떤 특정 주제에 대해 깊이 다루는 2차 커뮤니티로 나눌 수 있어야 합니다.

# '데브렐 콜렉티브' 슬랙 팀의 가입 기준

저는 틈틈이 커뮤니티 운영자와 디벨로퍼 애드보케이트Developer Advocate[5]들을 위한 슬랙 팀 운영을 돕고 있습니다. 이 슬랙 팀은 데브렐과 관련된 일을 하는 몇 안 되는 사람들과 쉽게 온라인으로 연락하기 위한 목적으로 시작되었습니다. 처음에는 '아는 사람을 초대'하는 방식으로 운영했으며, 가입 기준에 대한 규칙이 전혀 없었습니다. 개발자 모임을 열었거나 콘퍼런스 운영을 도와줬거나 개발 주제에 대해 많이 발표했거나 심지어 막연하게 커뮤니티 운영에 관심이 있는 사람들까지도 누구든 들어올 수 있었습니다. 그러나 슬랙 팀이 점점 커지면서, 기준과 경계 없이 사람들을 받아들인 것이 오히려 슬랙 팀을 해친다는 것을 깨달았습니다. 어느 순간 대화의 중심은 '어떻게 하면 우리 커뮤니티 사람들을 독려할 수 있을까?'보다 '요즘 가장 핫한 콘퍼런스는 무엇인가?'로 넘어가 있었습니다. 이런 대화가 나쁜 건 아니었지만, 몇몇 운영자들은 이 문제를 어떻게 해결해야 할지 고민하기 시작했습니다.

어떤 콘퍼런스에 후원해야 할지, 어떤 콘퍼런스에서 발표하면 좋을지가 여전히 인기 있는 대화 주제이긴 하지만, 이제는 '데브렐 콜렉티브 커뮤니티'에 가입하기 위한 프로세스가 생겼습니다. 슬랙 팀에 초대하기 전에 가입하려는 사람이 누구인지, 어떻게 커뮤니티 관련 일을 하고 있는지, 소속 또는 직함은 무엇인지 등에 대한 정보를 요청하고 있지요. 커뮤니티 운영에 가볍게 관여하고 있거나 정기적으로 콘퍼런스를 개최하고 개발 주제에 대해 발표하는 사람들도 슬랙 팀에 들어오면 좋지만, 깊은 대화를 나누기엔 적합하지 않을 수도 있습니다. 예를 들어, 다양한 부서들과 함께 효과적으로 커뮤니케이션 하기 위해 해결해야 할 장애물들은 무엇인지, 내 직함에 '커뮤니티'가 들어 있는 경우 어떻게 하면 개발자 행사를 위한 발표자를 찾을 수 있을지에 대해 깊이 있게 이야기하긴 어렵죠.

---

5　만약 여러분이 데브렐 담당자라면 여기서 함께해요! *http://devrelcollective.fun*

가입 프로세스가 생기기 전에 들어온 멤버들 중 커뮤니티 성격과 잘 맞지 않는 사람들에게 커뮤니티에서 나가달라고 이야기하지는 않았습니다. 하지만 그들 스스로 이 커뮤니티가 자신과 맞지 않는다는 것을 깨달았을 거예요.

포용력이 점점 더 커지는 세상(좋은 일이죠!)에서 커뮤니티를 배타적으로 만드는 움직임은 조금 의외일 수도 있습니다. 하지만 이러한 배타성은 꼭 필요할 뿐만 아니라 커뮤니티에 훨씬 더 이롭습니다.

## 커뮤니티에서 어떤 사람들에게 먼저 집중하고 싶나요?

만약 여러분의 회사가 생긴지 얼마 안된 회사라면, 여러분의 주요 오디언스는 아마 여러분의 프로덕트를 사용하고 있는 모든 사람일 것입니다. 주요 오디언스들과 연결고리를 만들기 위한 계획을 세우세요. 이메일, 화상회의, 대면 기회 등을 통해 피드백을 듣고, 프로덕트에 대한 이슈뿐만 아니라 일상 업무 속에서 마주하는 이슈를 모두 문서화하고, 어떻게 하면 더 좋은 서비스를 제공할 수 있을지에 대해 메모하세요. 어떤 문제를 해결할 수 있을 것 같나요? 어떤 툴을 만들 수 있을까요? 어떻게 하면 더 좋은 경험을 줄 수 있을까요? 사람들이 여러분 회사의 툴을 버리고 다른 옵션을 선택하는 이유는 무엇일까요? 이런 '이탈 유저 인터뷰'도 소중한 학습 경험이 될 수 있습니다.

유저층이 늘어나면서 여러분의 주요 오디언스는 스스로 그 모습을 드러냅니다. 여러분의 프로덕트에 이끌리는 사람들의 패턴을 발견할 수 있게 되지요. 프런트엔드 개발자, 프로젝트 매니저, 시스템 관리자, 경험 있는 앱 개발자, 오픈소스 개발자 등. 어떤 유형의 사람이든, 그 사람들의 문제에 여러분이 귀 기울이고 있다는 것을 보여주고 싶을 겁니다. 깃허브GitHub, 지라JIRA, 구글 버그 리포트 등에서 디스커션이나 투표 기능을 통해 공감하거나 중요하다고 생각하는 것에 '+1'을 더할 수 있는 버튼이 인기 있는 것을 보면 사용자 경험 문제, 버그, 기능 요청 등에 대한 리포트를 올리느라 시간을 들이는 사람들마다 이들과 비슷한 생각을 하고 있는 사람들이 10명씩은 있다고 볼 수 있을 겁니다.

이런 데이터를 모을 때 '+1' 투표를 많이 받은 기능 요청을 살펴보든, 서포트 티켓의 구체적인 태그를 살펴보든, 개발자 행사에서 직접 사람들을 만나 피드백을 받든, 하나하나 듣고 답하는 것이 매우 중요합니다. "감사합니다"라는 간단한 인사말이라도요. 아주 사소하다고 생각하는 응대라 할지라도, 경쟁사의 프로덕트 대신 여러분의 프로덕트를 사용하기로 결정하게 만드는 계기가 될 수 있습니다.

그 밖의 오디언스들은 회사의 영업 구조, 프로덕트의 특성과 같이 여러 곳에서 찾을 수 있습니다. 만약 여러분의 프로덕트가 엔터프라이즈용이라면, 여러분의 2차 오디언스는 1차 오디언스의 매니지먼트 라인으로 이루어져 있을 수 있습니다. 프로덕트의 엔드 유저는 아닐지라도 초기 투자를 만들어내기 위해서는 이러한 사람들에게 확신을 주어야 합니다.

의사결정권이 있는 사람들을 주요 오디언스로 설정하는 것은 논리적으로 타당할 수 있지만, 그렇게 하면 여러분은 아주 어려운 길을 걷게 될 수 있습니다. 이런 오디언스들은 다양한 영업 수법에 이미 익숙한 상태입니다. 커뮤니티를 구축하려면 관계를 형성하고 발전시키는 많은 노력이 필요합니다. 영업은 절대로 데브렐 팀의 주 목적이 되어서는 안 됩니다.

여러분의 오디언스들은 서로 다른 부서의 사람들로 이루어져 있을 수도 있습니다. 만약 여러분의 주요 오디언스가 서비스를 자동화하고 싶은 시스템 관리자라면, 자동화 스크립트를 짜는 웹 개발자도 오디언스에 포함됩니다. 이 경우, 시스템 관리자와 웹 개발자 둘 다 명확하게 이해할 수 있는 도큐먼트를 만들어야 하며, 프로덕트를 처음 탐색할 때 개발자뿐만 아니라 시스템 관리자에게도 도움이 되는 레퍼런스들을 넣어줘야 합니다.

성공적인 프로덕트란 개발자들에게 사용 편의성과 툴의 매력, 커뮤니티의 끈끈함을 어필하는 동시에 의사결정자들에게 가격, 비즈니스 솔루션, 실용성을 인정받는 프로덕트입니다.

# 그래서, 데브렐 팀이 필요한가요?

이쯤에서 꼭 여러분 스스로에게 다시 던져야 할 질문입니다. 앞서 이야기해왔듯이 커뮤니티는 핫한 키워드가 되고 있습니다. 커뮤니티 매니저, 테크니컬 에반젤리스트, 디벨로퍼 애드보케이트를 채용하는 것이 모든 스타트업의 체크리스트에 들어갈 정도죠. 그런데 정말 그래야 할까요? 오픈소스 코드가 없는 회사, 유저가 가입만 하면 스스로 모든 것을 알아서 할 수 있는 회사라면 소셜 미디어와 콘퍼런스를 통해 사람들과의 연결 고리를 만들어 커뮤니티에 존재감을 드러내는 것만으로도 충분할 수 있습니다. 그러나 오픈소스 회사나 협업 프로젝트의 경우, 커뮤니티를 육성하는 것이 성패를 가르는 중요한 일이 되겠죠.

만약 여러분의 회사가 첫 번째 유형의 회사라고 생각되어도, 이 책을 덮진 마세요. 자사 서비스의 유저로 이루어진 커뮤니티를 만들든, 단순히 특정 고객층과 교류를 하든 상관없이 고객들과 주기적으로 만나는 건 여러분이 올바른 방향으로 나아가는 데 꼭 필요한 일입니다. 피드백을 자주 받고, 고객이 원하는 바와 회사의 의사결정 방향이 서로 일치하는지 확인하고, 이탈한 고객뿐만 아니라 남아 있는 고객을 살펴보는 일련의 활동은 여러분에게 소중한 교훈과 큰 성공을 가져다줄 것입니다. 고객과 상호작용할 기본적인 계획을 수립하는 법(7장), 고객이 어디에 있는지 파악하고 찾아가는 법(6장), 여러분의 오디언스들이 자주 모이는 행사를 찾는 법(8장)을 아는 것이 매우 중요합니다. 또한 고객과의 상호작용에 대한 아무런 계획 없이 고객 기반을 만드는 것은 득보다 실이 될 가능성이 큽니다. 이에 대해서는 2장에서 다루겠습니다.

| 인<br>터<br>뷰 | **시너슈레이더가 데브렐 체제로 전환한 이유** |
| --- | --- |

10여 년 전, 펠리시타스 커글랜드Felicitas Kugland가 HTML, CSS, 자바스크립트로 개발을 시작했을 때 그녀는 개발자 커뮤니티가 큰 도움이 된다는 사실을 금세 알아챘

습니다. 요즘 그녀는 디지털 에이전시 시너슈레이더SinnerSchrader에서 자신의 경험을 바탕으로 독일의 기술 회사들을 벤치마킹하고 재밌는 오픈소스 프로젝트들을 만들고 있습니다. 에이전시에서의 데브렐은 SaaS 또는 오픈소스 회사들의 데브렐과는 조금 달랐는데, 펠리시타스는 이렇게 말했습니다.

"시너슈레이더는 디지털 트랜스포메이션을 위한 프로덕트를 만드는 에이전시로, 기업들이 프로덕트를 사용하는 방식을 바꾸고 실제 비즈니스에 변화를 주는 일을 하고 있습니다. 우리 회사의 오디언스는 개발자가 아니지만, 데브렐은 굉장히 중요합니다."

"콘퍼런스에 참여하고, 밋업을 열고, 유럽 전역에 걸쳐 열리는 다양한 개발자 행사를 운영하는 데 도움을 주면서 우리가 개발자들의 관심사에 흥미가 있다는 것을 커뮤니티에 보여주고 있습니다. 우리는 개발자들이 시너슈레이더가 어떤 회사이며 무엇을 하는지 알았으면 합니다. 가능하다면 시너슈레이더에 합류해 함께할 수 있으면 더 좋고요. 또 우리가 무엇을 위해 존재하는 사람들인지를 보여주고 싶어요. 우리 목표는 시너슈레이더를 기술 회사의 표준으로 만들어 다른 회사들이 따라야 할 포용력, 다양성, 커뮤니티 서비스 등의 대표적인 예가 되는 것입니다. 커뮤니티와 함께 하면서 행사를 조직하고, 오픈소스 소프트웨어에 기여하고, 오픈소스 툴을 제공하고, 이뿐만 아니라 네트워킹을 통해 우리 팀에 적합한 사람을 찾기도 합니다."

"저희는 사내 개발자들이 이 모든 것을 할 수 있도록 장려하고 있습니다. 이를 통해 개발자들은 지식을 더하고 회사는 이익을 얻죠. 더 중요한 건, 우리 개발자들이 커뮤니티를 통해 배우고 성장할 수 있다는 사실입니다. 요즘 저는 데브렐 팀의 수석 프로덕트 엔지니어로서 개발자 채용 프로세스에서 핵심적인 역할을 하고 있습니다. 하지만 그 무엇보다도 수년간 제가 성장할 수 있도록 도움을 주고, 스스로를 믿을 수 있는 힘을 주었던 커뮤니티에 다시 보답할 수 있다는 점이 가장 뿌듯합니다."

이처럼, 데브렐 전문가를 채용하려면 명확한 방향을 제시해야 합니다. 커뮤니티와 교류하려는 목적은 무엇인지, 이러한 목적을 둘러싼 측정 기준은 무엇인지를 알아야 합니다(이에 대한 자세한 내용은 4장에서 다루겠습니다). 다시 한 번 강조하자면, 데브렐의 '필요성'은 회사가 설정한 목표에 따라 달라집니다. 여러분의 목표는 새로운 지역으로 진출하거나, 책상에서 벗어나 커뮤니티와 소통하려는 것일 수도 있고, 단순히 브랜드 인지도를 쌓는 것일 수도 있습니다. 데브렐 팀을 만들기 전에 목표를 명확히 하세요.

이렇게 목표를 설정하면 여러분이 데브렐 팀을 구성할 때, 어떤 역할의 포지션이 가장 필요할지 정하는 데 도움이 됩니다. 5장에서 설명하겠지만, 팀을 구성할 때 포함하면 좋을 다양한 역할들이 있습니다. 개발 경험은 없지만 프로덕트에 대한 지식을 가지고 온·오프라인으로 이야기할 수 있는 기술 커뮤니티 매니저부터 샘플 애플리케이션을 빌드하고 문서화할 디벨로퍼 애드보케이트, 중간 다리 역할을 하면서 발표도 잘하는 사람까지. 여러분의 목표에 따라 누구를 먼저 채용할지가 달라집니다.

이것이 어떤 의사결정을 할 때 '왜'에서 시작하는 것이 중요한 이유입니다.[6] 언제든 다시 돌아볼 수 있는 기반이나 기준이 없는 상태에서 여러분의 로드맵에 대해 의문이 생긴다면, 데브렐 팀은 서로 공존할 수 없는 너무나 많은 지시에 떠밀릴 리스크를 겪게 될 겁니다. 이런 리스크는 비즈니스 가치를 증명하기 위한 역량을 희석시킵니다. 커뮤니티 매니저, 디벨로퍼 애드보케이트, 또는 이와 비슷한 포지션의 데브렐 전문가를 왜 채용해야 하는지에 대한 이유가 없다면 둥근 구멍에 네모난 블록을 밀어 넣으려는 것과 같은 리스크를 감수해야 할 겁니다. 각각의 역할을 하는 사람들에게 기대하는 바가 명확하지 않기 때문입니다.

데브렐 전문가를 채용하기로 결정했다면, 그들이 자신에게 적합한 의사결정을 내릴 수 있도록 충분한 여유를 주고 원하는 툴을 제공해줌으로써 수많은 니즈 중에서 우선순위를 매길 수 있도록 도와야 합니다. 이 팀이 단순히 마케팅, 프로덕트, 영업 등

---

6  사이먼 사이넥의 TED 강연 'Start with Why'에서 이 개념을 더 깊이 있게 설명합니다.
   https://www.ted.com/talks/simon_sinek_how_great_leaders_inspire_action

을 지원하는 역할과 시스템으로 고착되는 상황을 만들어서는 안 되며, 성공에 집중하여 일할 수 있도록 팀을 세팅해야 합니다. 이에 대해서는 5장에서 더 이야기를 나눠보겠습니다.

## 변화를 만들고자 하는 의지

커뮤니티를 만드는 초기 단계에서, 회사에 팀에 대한 신뢰와 가치를 심어주려면 빠르게 즉각적으로 성과를 만드는 것이 중요합니다. 이제 막 커뮤니티에서 자리를 잡은 상황이라 성공을 보장하기 가장 힘든 때이긴 하지만요.

여기서 커뮤니티의 핵심 구성원과 연계하는 것이 중요합니다. 주요 오디언스가 원하는 것은 무엇인지, 그들에게 동기를 부여하는 것은 무엇인지, 어떤 행사에 참여하고 어떤 행사를 조직하고 있으며 그중에서 여러분이 후원할 만한 곳은 어디인지를 알고 잘 활용한다면 여러분의 시도가 성공할 기회도 더 많아지겠죠.

어떤 식으로 커뮤니티와 교류하는 것이 여러분의 회사에 더 적합할지 알아내는 데에는 많은 시행착오가 있을 수 있습니다. 특정 콘퍼런스에 참여하면 잠재적인 커뮤니티 구성원들과 연결 고리를 만들 수 있을 것이라 생각했는데 막상 참여하고 나니 원하는 결과를 얻지 못하거나, 회사 바깥의 지지자들로 이뤄진 커뮤니티를 만들려고 했는데 이런 기회에 관심이 있는 고객을 찾지 못할 수도 있죠. 주요 오디언스에 대한 인사이트와 지지가 있다면 성공할 확률을 높이고 실패를 줄일 수 있습니다.

4장에서 빠르게 팀의 성공을 만드는 법에 대해 더 이야기하겠지만, 초반에 이뤄낼 수 있는 작은 성과를 목표로 하는 것이 성공적인 팀 운영에 매우 중요합니다. 커뮤니티를 위한 지원과 좀 더 많은 예산, 부서의 신뢰를 얻을 때까지 큰 성공을 목표로 하는 것은 잠시 미뤄둡시다. 멋진 성과로 스타가 되는 것도 좋지만, 큰 성과를 추구하다 보면 팀이 회사에서 쌓아올릴 수 있었을 작은 사회적 자본을 놓칠 수도 있습니다.

같은 업계에 있는 다른 회사의 데브렐 팀에도 의견을 물어보세요. 여러분의 비법을 공유하고 싶지는 않겠지만, 가장 치열한 경쟁 관계에 있는 사람은 어쩌면 가장 가까운 협력자가 될 수도 있습니다. 좋은 콘퍼런스나 밋업에 대한 인사이트를 공유해줄 수도 있고, 팀을 운영하면서 겪은 어려움이나 위기들에 대해 알려줄지도 모릅니다.

자, 융통성은 항상 성과를 가져다준다는 점을 기억하세요. 경험이 쌓여감에 따라 전략을 검토하고 변경할 준비를 항상 하세요. 이제 커뮤니티 관리에서 가장 어려운 단계로 들어가고자 합니다. 바로 커뮤니티를 여러분의 회사에 어필하는 것입니다.

# 02 커뮤니티를 회사에 어필하기

데브렐이 가치 있고 투자할 만한 영역임을 회사 내 이해관계자들에게 설득하는 일은 앞으로 여러분이 계속해서 마주칠 가장 큰 어려움이자 보람일 것입니다. 이 일은 한 번 해냈다고 해서 끝나지 않습니다. 여러분은 커뮤니티 구축과 데브렐이 갖는 가치와 영향력에 대해 계속해서 증명해야 할 겁니다.

하지만 낙담하지 마세요. 영업 팀은 계속해서 파이프라인을 확보해 가치를 증명해야 하고 마케팅 팀은 적절한 오디언스에게 유용한 콘텐츠를 제공해야 하는 것처럼, 데브렐 팀도 회사에 어떤 가치를 가져올 것이라 기대를 받는 것뿐입니다.

먼저 해야 할 일은 팀의 목표와 목적을 회사의 방향과 일치하게 만드는 것입니다. 예를 들어, 회사의 목표가 '더 많은 기업에 프로덕트를 판매하는 것'이라면 데브렐 팀은 브랜드 인지도를 높이고 관계를 만들고 회사를 대표해 업계에서 인사이트를 제공하는 리더가 되어 이 목표를 달성할 수 있도록 도울 수 있을 것입니다.

하지만 이 점을 명확히 해둡시다. 데브렐 팀의 최우선 목표는 리드를 육성하는 것이 아닙니다. 책을 더 읽기 전에 이 점을 기억하세요. 세일즈 파이프라인의 증가는 데브렐로 얻을 수 있는 좋은 결과들 중 하나입니다. 하지만 이는 관계를 잘 맺고 브랜드 인지도를 잘 쌓았기 때문에 자연스럽게 따라오는 것입니다. 여러분의 프로덕트를 고객에게 '착 달라붙게' 만드는 것은 멋진 일입니다. 착 달라붙는 프로덕트를 만들면 고객은 여러분을 대신해 브랜드 홍보대사가 되고 업계에 여러분의 프로덕트를 널리 알릴겁니다. 이런 것들은 여러분의 활동으로 따라오는 긍정적인 부가효과이자 이전과는 다른 방식으로 펼쳐온 노력의 가치를 보여주는 방법일 수 있습니다. 하지만 절대로 이것이 여러분의 최우선 목표가 되어선 안 된다는 점을 강조하고 싶습니다. 다시 말해, 데브렐 팀은 리드 수나 파이프라인 금액의 규모 등 영업 목표 달성을 위한 KPI

를 절대 가져선 안 됩니다. 개발자 커뮤니티에서 여러분의 데브렐 팀이 계약서에 사인을 받아내는 것에 관심이 있다는 것을 알아차리는 순간, 여러분은 그들의 신뢰를 잃게 될 것입니다.

데브렐은 퍼널의 맨 위와 맨 아래에 모두 해당되기 때문에 브랜드 인지도뿐만 아니라 고객을 돌보는 일에도 신경써야 합니다. 고객과의 관계는 퍼널의 가장 위에서 시작해서 관계 구축, 일관성, 신뢰를 통해 '무료 고객'층으로 이동합니다.

무료 고객이 되면 데브렐 팀뿐 아니라 사내 여러 부서의 지원을 받습니다. 이러한 지원들은 고객이 유료 계정으로 전환하도록 장려합니다. 무료 및 유료 고객에 대해 데브렐 팀은 커뮤니티의 니즈를 파악해 지원하고, 프로덕트 로드맵에서 커뮤니티의 니즈를 지지하고, 이를 서로 연결합니다.

커뮤니티 리더로서 이몬 레오나르드Eamon Leonard는 이렇게 말합니다.

> 데브렐 팀은 기찻길을 만드는 사람들이다.
> 마케팅 팀에서 기차역을 만들면, 엔지니어들이 기차를 만들고,
> 영업 팀은 기차가 굴러가게 한다.
> 이 중 어느 한 팀이라도 없으면 기차는 아무 데도 가지 못한다.

데브렐의 가치를 보여줄 수 있는 가장 좋은 방법(측정 지표에 대해서는 4장에서 자세히 다루겠습니다)이 무엇일지 정하기 전에, 한발 물러서서 봅시다. 어떻게 해야 데브렐이 필요하다는 것을 회사가 확신할 수 있을까요?

## 이해관계자 모으기

회사의 매출과 파이프라인에 간접적으로만 영향을 미치는 이 비싼 팀에 회사가 더 투자하길 원한다면, 우리가 해야 할 가장 중요한 일은 바로 이해관계자들과 상의하는 것입니다. 이해관계자들은 말 그대로 비즈니스에 지분이 있는 사람들입니다. 구

체적으로 누가 이해관계자인지는 회사마다 다르겠지만요. 초기 단계의 스타트업 같은 경우, 창업자와 이사회가 이해관계자일 가능성이 높습니다. 대기업에서는 CTO와 CMO일 가능성이 높고요. 간단히 말해, 이런 사람들은 데브렐이 어떤 중요한 업무를 맡을지와 함께 그 가치를 증명하기 위해 어떤 지표들을 사용해 성과를 트래킹할지에 대해서도 관심이 있습니다. 또 이들은 데브렐 팀의 활동에 직접적인 영향을 받을 것입니다.

그렇다면, 우리 회사에서 데브렐과 관련된 이해관계자는 누구일까요? 아래와 같은 질문을 통해 알아낼 수 있습니다.

- 직속 부서 외에 누가 이 프로젝트에 관여하고 있나요?
- 프로젝트 결과에 영향을 받는 팀은?
- 데브렐 팀의 성공으로 누가 이득을 얻거나 잃나요?
- 그 이해관계자와의 관계가 데브렐 팀에 어떤 이점이 있을지 명확한가요?
- 그 이해관계자와 관계가 좋아지면 데브렐 팀에 긍정적인 영향이 있나요?

팀 또는 회사에서 누가 어떤 역할을 하고responsible, 누가 문제에 책임을 지고accountable, 누가 일에 대해 알려줄 수 있고consulted, 누가 정보를 제공하는지informed에 대해서 알 수 있는 'RACI 매트릭스[1]'는 이해관계자를 찾아내는 효과적인 방법입니다. 이렇게 구체적인 관계를 만드는 데 집중함으로써 회사의 모든 사람을 만족시키려 힘을 쓰기 보다, 팀을 위해 그리고 팀에 대해 의사결정을 내릴 수 있는 사람들과 함께 성공적인 데브렐을 만들어갈 수 있습니다.

이해관계자가 누구인지 파악했다면, 다음으로는 이들이 데브렐 팀의 가치를 이해할 수 있도록 돕는 것이 여러분이 필요한 지원을 확보하는 데에 매우 중요합니다. 그러려면 몇 가지 조사를 해야 합니다. 여러분은 데브렐이 회사 내의 어느 영역에 도움을 주고, 전문성을 발휘하고, 가치를 줄 수 있는지에 대해서뿐만 아니라 회사의 목표가 무엇이고 이러한 목표가 어디서 오는지에 대한 이해를 공고히 하고 싶을 겁니다. 더

---

1 https://www.projectsmart.co.uk/raci-matrix.php에서 더 자세히 알아볼 수 있습니다.

많은 일을 해내고 싶지만 인원 충원을 받지 못한 부서는 어디인가요? 조금만 손을 본다면 간소화할 수 있는 프로세스로는 어떤 것이 있나요? 다양한 부서의 업무 영역에서 벗어난 것들이 있나요? 예를 들면, 마케팅 팀의 경우 기술 콘텐츠를 만드는 것, 프로덕트 팀의 경우 프로덕트와 개발자에 대해 이해하고 있는 담당자로서 커뮤니티 사람들과 일대일 대화를 나누는 것, 엔지니어링 팀의 경우 다양한 콘퍼런스에서 회사를 대표해 발표하는 것 등이요. 데브렐은 이 모든 일이 가능하도록 아름다운 벤다이어그램을 그려줄 수 있습니다.

## 인터뷰 CoreOS의 데브렐, 바퀴에 기름칠을 하다!

폴 버트Paul Burt는 CoreOS에서 커뮤니티 매니저와 프로덕트 마케팅 매니저로 일하다가, CoreOS가 레드햇에 인수된 뒤에는 레드햇의 기술 담당자로 합류했습니다. CoreOS는 컨테이너와 분산 시스템 소프트웨어를 혁신했는데, 폴은 데브렐이 기계가 매끄럽게 돌아갈 수 있게 기름칠하는 것과 같은 역할을 한다고 말합니다.

"비즈니스가 기계라면, 데브렐은 모든 기능이 안정적으로 돌아가도록 하는 바퀴에 기름칠하는 역할을 합니다. 데브렐은 모든 일이 더 효율적으로 돌아갈 수 있도록 해줍니다. CoreOS에 들어왔을 때, 제가 크게 새로운 일을 맡은건 아니었습니다. PR, 마케팅, 엔지니어링 등 각 팀이 각자의 전문 영역에 집중할 수 있도록 하는 일을 했죠. 그리고 커뮤니티와 관계를 맺고 피드백을 모으는 일에 집중했습니다."

"'커뮤니티 팀 없이도 회사는 잘 굴러가!'라고 할 수 있겠지만, 이건 어떤 문제에 불이 붙어 걷잡을 수 없이 커졌을 때, 그 불을 제어할 수 있는 장비가 없다는 말과도 같습니다. 불을 끄는 데 필요한, 커뮤니티와의 신뢰를 충분히 쌓지 못했을 테니까요."

"많은 데브렐 팀과 시스템 관리자, QA 사이에서 공통으로 나오는 이야기인 것 같은

데요. 사람들은 일이 잘 풀릴 때, 여러분이 어떤 일을 하는지, 여러분이 어떤 가치를 제공하고 있는지 궁금해합니다. 하지만 문제가 터졌을 때, 여러분이 문제를 막기 위해 더 열심히 일하지 않았다며 맹렬하게 비난합니다. 심지어 여러분은 제대로 일하는 데 필요한 툴이나 지원을 받지 못했는데도 말이죠. 이런 책임 때문에 리스크에 효과적으로 대처하며 싸우고 있긴 하지만 여러분이 하는 일의 가치를 정량적인 숫자로 나타내기가 너무 어렵다 보니, 인력 충원이나 리소스를 추가로 요구하는 것도 그 만큼 매우 어려워지게 됩니다."

"데브렐이 없으면 일이 얼마나 어려워질지 깨닫게 하는 것이 관건입니다. 어떤 것들이 무너질까요? 어떤 관계들을 잃게 될까요? 얼마나 프로세스가 더 어려워질까요? 문제를 해결할 시간이나 전문 지식이 없는 사람에게 일이 가게 되진 않을까요? 바로 이런 것들 때문에 데브렐 팀이 꼭 필요합니다. 데브렐 팀은 다른 사람들이 기계가 고장날 걱정 없이 흥얼거리며 일을 처리할 수 있도록 돕는 동시에 결과적으로 비즈니스의 전반적인 성공에 일조하고 있다는 것을 사람들이 알고 확신하도록 해야 합니다."

이런 핵심 포인트에 대해 이해하고 나면, 데브렐 팀이 하는 일과 책임이 무엇인지에 대한 것뿐만 아니라 회사 전체의 목표가 무엇인지에 대한 공감대가 형성될 수 있습니다. 공감대를 형성해야 하는 사람으로서, 여러분은 각 부서가 회사 전체 목표와 어떤 관계를 맺고 있는지 이해해야 합니다. 또 다른 부서들을 도우면서 전반적인 회사 목표와 업무 연관성을 파악해야 합니다.

몇 가지 핵심 질문을 던지는 것으로 시작해볼까요? 이 질문들을 통해 데브렐이 여러분의 회사에 어떻게 도움이 될지 이해할 수 있을 겁니다.

## 성취하고자 하는 것이 무엇인가요?

가장 중요한 질문입니다. 왜냐하면 이 질문에 대한 대답이 목표와 이니셔티브를 주도하고 회사의 정책과 우선순위를 탐색하는 데 기준점이 되기 때문입니다. 데브렐에는 일반적으로 세 가지 옵션이 있습니다. 어느 것을 선택하느냐는 주로 회사와 판매하고자 하는 프로덕트에 따라 달라집니다.

- **우리 회사 프로덕트를 사용하는 유저들이 모여 있는 커뮤니티를 만들려 하나요?**
  이는 흔히 오픈소스 회사 또는 콘텐츠 공유에 초점을 맞춘 회사들(유튜브, 핀터레스트 등)에서 볼 수 있습니다. 이런 회사들의 프로덕트는 사람들이 프로덕트를 사용하고, 공유하고, 기여하고, 브랜드 홍보 대사가 되는 것에 크게 좌우됩니다. 이 경우 커뮤니티는 '선택'이 아니라 '필수'입니다.

- **개발자 경험을 향상시킬 방법을 찾고 있나요?**
  개발자 오디언스를 가진 기술 회사(예를 들어, API 기반 SaaS 또는 PaaS 회사)라면, 개발자 경험(DevEx 또는 DX라고도 합니다)은 개발자가 프로덕트를 사용하는 초기에 겪는 경험으로, 프로덕트의 고객이 될지 말지를 결정하는 핵심 요소입니다. 쉽게 온보딩 할 수 있게 도와주는 문서부터 예제 코드, SDK에 이르기까지, '가치 창출 시간(4장에서 더 자세히 다룹니다)'을 줄이기 위한 노력을 통해 세일즈 사이클 시간과 이탈 가능성을 크게 줄일 수 있습니다. 5장에서 자세히 설명하겠지만, 개발자 경험은 데브렐의 부분집합이라고 할 수 있습니다. 개발자 경험과 데브렐에는 특정 개발자 오디언스의 요구를 이해하고 이를 명확하게 문서화된 기술 콘텐츠로 만들 수 있는 능력을 가진 사람이 필요합니다. 여기서 콘텐츠라 하면, 마케팅이나 세일즈 메시지부터 문서화를 위한 블로그 포스팅과 샘플 앱에 이르기까지 모든 것이 해당합니다.

- **회사와 개발자 오디언스가 서로 잘 커뮤니케이션할 수 있도록 도움을 주고 싶나요?**
  사실, 기술 회사라면 거의 모든 구성원이 커뮤니티와 어떤 방식으로든 접촉하고 있습니다. 영업을 위한 전화 통화, 소셜 미디어를 통한 상호작용, 고객 인터뷰 등을 통해서요. 그렇다면 데브렐 팀과 이들의 차이점은 무엇일까요? 간단히 말해, 데브렐은 커뮤니티를 중심으로 업무를 수행하는 유일한 팀입니다.

데브렐 전문가에게 항상 똑같은 하루는 없지만 언제나 고객으로 시작해서 고객으로 끝납니다. 여기서 말하는 고객에는 현재 고객과 예비 고객, 잠재 고객이 포함됩니다. 고객은 언제나 마음속에서 최우선이어야 합니다. 마케팅 팀에 가장 최신 메시지를 전달해 도움을 주거나, 개발자 커뮤니티에서 사람들에게 도움을 주고 이후에도 잘 해내고 있는지 지켜보거나, 고객과 함께 일하며 어려운 통합 작업을 해결하거나, 콘퍼런스에서 회사를 대표해 발표를 할 때에도 말이죠. 즉, 데브렐 전문가들은 개발자 오디언스와 커뮤니케이션하는 일의 프로이며, 어떤 언어가 개발자들에게 잘 다가올지 어떤 콘텐츠가 가치 있는지도 알고 있습니다.

## 나만의 방법 찾기

대부분의 기업에서는 우리가 방금 이야기한 시나리오들을 복합적으로 사용합니다. 프로덕트가 100% 오픈소스가 아니라 SDK나 오픈소스의 다양한 추가 기능일 수도 있고, 커뮤니티는 이러한 코드 기반에 기여하는 일에 가치를 느낄 수도 있습니다. 고객 외의 사람들과 지속적으로 연결되기 위한 방법으로 오픈소스 커뮤니티를 활용하는 것도 도움이 될 수 있습니다. 왜냐하면 보통 이런 사람들은 원하는 기능을 회사에서 구현해주길 기다리기보다 자신들이 먼저 빠르게 만들어내기도 하기 때문입니다.

어떤 회사들은 오픈소스 프로젝트를 최소한으로 유지하면서 데브렐 팀을 통해 메시지를 내보내고, 브랜드 인지도를 향상시키고, 사상적 리더십을 펼칠 뿐만 아니라 특정 지역의 개발자들과 일대일로 만날 수 있기를 기대하기도 합니다. 한편, 데브렐은 플랫폼 사용율을 유지시키기 위한 계획의 일부가 될 수도 있습니다. 영업 기회의 포착이라는 관점뿐 아니라 고객과 관계를 맺고 그들이 겪고 있는 문제를 이해하는 데 도움이 되기 때문입니다. 커뮤니티에서 신뢰를 높이고 일대일 관계를 늘려나간다면 이탈률을 낮출 수 있습니다.

---

인터뷰 | ## 고객(과 고객의 고객)의 성공을 돕는 RapidAPI의 데브렐

---

RapidAPI에는 '고객의 성공이 회사의 성공이다'라는 전제가 다른 회사보다 더 강하게 적용됩니다. RapidAPI는 개발자들이 하나의 집중화된 로케이션에서 API를 찾

고, 테스트하고, 연결할 수 있는 플랫폼입니다. 즉, 개발자뿐 아니라 API 회사들도 이 플랫폼의 커뮤니티 일원이 된다는 뜻이죠. 디벨로퍼 애드보케이트인 알렉스 월링 Alex Walling은 이것이 자신의 일에 어떤 의미가 있는지에 대해 이렇게 이야기합니다.

"제가 최우선으로 하는 목표는 API 회사들의 성공을 장려하는 것인데, 이들의 성공이 우리에게도 이익이 되기 때문입니다. 대부분의 커뮤니티처럼, 우리 커뮤니티도 고객으로 이루어져 있습니다. 하지만 우리는 다양한 API 회사들뿐만 아니라 그들의 커뮤니티도 지원하고 있습니다. API 회사들이 RapidAPI 플랫폼에 대한 좋은 경험을 얻을 수 있도록 임거imgur, 풀컨택FullContact, 슬랙Slack 등을 통해 교류하는 한편, 그들 고객의 경험도 원활하게 이루어지도록 돕고 있습니다."

"제 역할에는 영업, 마케팅, 사람들이 플랫폼에 열광하도록 만드는 일이 섞여 있습니다. 저는 신규 가입 계약을 체결하는 사람은 아니지만, 종종 API 회사들과 어떻게 하면 그들의 커뮤니티를 성장시키고 API에 대한 인지도를 높일 수 있을지에 대해 이야기를 나누곤 합니다. 개발자 중심 회사들의 관심을 효과적으로 끌 수 있는 방법이 무엇일지 파악하기 위해 파트너십 팀과 함께 일하는 것 또한 제 업무의 일부가 되어가고 있습니다. 잠재 고객에게 우리 프로덕트에 대해서 이야기하는 일이 많기 때문이죠. 저는 개발자로서 문제에 접근하기 때문에 저만의 관점을 가지고 있습니다. 다른 개발자들이 어떤 것에 잘 반응하는지 알 수 있고, 그 정보를 가지고 팀원들이 더 성공적으로 커뮤니케이션하도록 도움을 줄 수 있죠."

"작은 회사에서 근무하기 때문에 제 역할은 다른 데브렐 팀보다 복잡합니다. 어떨 때는 영업 팀과 함께 개발자들이 우리 플랫폼을 통해 해결하고자 하는 문제가 무엇인지에 대해 심도 있는 이야기를 나눌 때도 있고요. 어떨 때는 마케팅 자료나 케이스 스터디에 집중할 때도 있습니다. 또 어떨 때는 서포트 티켓들을 들여다보면서, 가장 크게 문제가 되는 영역이 어디인지 파악하고 해당 데이터를 엔지니어링 및 프로덕트 팀에 가져가 그들의 로드맵에 도움을 주기도 합니다."

"결국, 저는 개발자 커뮤니티와 회사 동료들이 서로 소통할 수 있도록 중간다리 역할을 함으로써 API 회사와 그들의 고객이 우리 플랫폼에서 최고의 경험을 할 수 있도록 해야 합니다. 이는 제 기술적 지식과 대인관계 능력, 관계 형성 능력이 완벽하게 조화를 이뤄야 가능한 일이라고 생각합니다."

## 기대치 설정하기

데브렐 팀이 무엇을 달성할지, 회사에 어떤 가치를 제공할지 파악했다면 이제 이해관계자들을 불러 모아야 할 때입니다.

여러분의 계획을 이야기하는 것도 좋겠지만, 데브렐 팀에 대한 이해관계자들의 기대가 무엇인지 알아보는 일도 필요합니다. 데브렐 팀이 어떤 역할을 수행할 거라 생각하고 있을까요? 데브렐 팀이 집중해야 할 가장 중요한 일은 무엇이라 여기고 있을까요? 데브렐 팀을 어떤 프로젝트에 투입하려고 할까요? 데브렐 팀이 자신들에게 어떤 도움을 줄 거라고 기대하고 있을까요?

잠시 중요한 포인트를 설명하겠습니다. 정보를 모아 회사 내의 이해관계자들이 데브렐 팀을 어떻게 보고 있는지 이해한다고 해서, 이해관계자들이 요구하는 모든 사항을 반드시 반영해야 한다는 의미는 아닙니다. 불가피하게 회사의 여러 부서와 함께 일하게 되겠지만, 여러분이 달성하고자 하는 목표에 그들이 얼만큼 투자했는지에 따라 직접 상황을 체크하는 것이 좋습니다. 예를 들어, 여러분의 3분기 목표가 문서를 개선시키는 것이라면 고객 서비스 팀의 책임자와 자주 만나 문제가 어디에 있는지 파악하고 서포트 티켓 수를 줄이려는 적극적인 노력을 기울여야겠죠.

분기별 목표를 최우선으로 두고 일하면 불필요한 다른 일을 하지 않아도 됩니다. 데브렐 팀이 가진 다양한 스킬을 고려했을 때, 다른 방향으로 끌려가거나 데브렐 팀의 시각이 도움이 될 여러 프로젝트에 둘러싸이게 되는 일들이 자주 일어날 수 있습니다. 하지만 이런 일들은 데브렐 팀의 목표를 달성하는 데 중요하지 않습니다. 갑자기

끼어드는 업무를 피하세요. 이런 업무들은 팀이 집중하고자 하는 일에 위험 요소가 될 뿐만 아니라 그 가치를 트래킹하기도 어렵습니다.

여러분이 한 대부분의 일들이 다른 팀의 공으로 돌아간다면, 연말 보고서를 쓸 때 데 브렐 팀의 일이 가치 있다는 점을 증명하기가 어려워집니다. 스포츠에 비유하자면 어시스트는 승리에 중요한 요소이긴 하지만, 어시스트하기보다 득점을 더 많이 내야 하는 것처럼요.

커뮤니티에 대한 조언자가 되는 것과 전문가가 되는 것, 프로젝트에 필요한 사람이 되는 것과 없어서는 안 될 사람이 되는 것의 차이는 종이 한 장 차이입니다. 그래서 기록이 중요합니다. 정량적 데이터나 정성적인 데이터를 모을 때, 이 데이터들을 관 련된 이해관계자들에게도 전달해 그들이 메시징, 교육, 포지셔닝에 대해 의사결정할 수 있도록 해야 합니다.

앞서 이야기했듯이, 커뮤니티를 만드는 첫 번째 목표는 고객이 제품에 관심을 갖게 만드는 리드 제너레이션Lead Generation이 아닙니다. 하지만 좋은 데브렐 팀은 고객과 의 친분과 제품에 대한 애정 때문에 자연스럽게 새로운 고객을 끌어오곤 합니다. 여 기서 영업 팀과 관계를 구축하는 것이 성공적으로 기회를 넘겨주는 데 중요합니다. 커뮤니티 구성원들의 고민과 질문들을 파악하고 적절한 영업 담당자를 연결해주어 원활하게 커뮤니케이션을 마무리하는 것과 동시에, 고객과 '첫 접촉'을 한 팀은 데브 렐 팀이라는 점을 확실히 해야 합니다.

단지 특정 프로덕트에 관련되어 일하는 사람을 알고 있다는 사실만으로 그 프로덕트 를 사용하기 시작하거나, 최소한 그 프로덕트에 대한 좋은 인상이 생기는 것은 드문 일이 아닙니다. 각 지역 커뮤니티에 디벨로퍼 애드보케이트가 있다면, 오픈소스 프 로덕트가 아니더라도 엄청난 차이를 가져올 수 있습니다. 큰 계약을 체결하는 것부 터 브랜드 인지도를 높이기 위한 콘퍼런스에 후원하도록 협상력을 가지는 것까지 말 이죠.

초기에 이해관계자들과 이러한 대화를 나누면 그들의 기대치를 관리하고 회사의 니 즈를 더 잘 이해하는 데 도움이 됩니다. 데브렐 팀을 두는 것이 회사에 큰 변화를 줄 수 있지만, 모든 문제를 해결해주는 건 아닙니다. 지원 팀의 태도를 고칠 수도 없고, 프로덕트의 가동 시간 문제를 해결할 수도 없습니다. 하지만 회사의 전체적인 미션을 전달할 수 있고, 이질적인 팀들이 한데 모이는 데 도움을 줄 수 있습니다.

이러한 일들은 여러 팀의 도움을 받아 이뤄지곤 합니다. 성공적인 SEO<sup>Search Engine</sup> Optimization(검색엔진 최적화)나 홍보 자료에 대한 도움을 얻기 위해 마케팅 팀을 찾거나 큰 예산이 필요한 기술 아이템에 대해 문의하러 엔지니어링 팀을 찾거나 일상적인 지원 요청 때문에 고객 지원 팀을 찾는 것 또한 협업입니다. 이러한 상호작용이 원활하게 이루어지려면 데브렐 팀이 사내 여러 부서와 좋은 관계를 유지하는 것이 중요합니다.

계획을 가지고 들어가세요. 피드백을 모으세요. 팀 간의 합의를 이끌어내세요. 그리고 합의에 따라 적응할 준비를 하세요.

커뮤니티 팀은 가만히 놔둬도 멋진 일들을 해낼 힘이 있지만, 무엇보다 성공을 위해 팀을 세팅하고 팀을 믿어야 합니다. 5장에서 채용에 대해 다룰 때 더 자세히 이야기하겠지만, 데브렐 팀이 커뮤니티 전문가가 될 수 있도록 여러분은 팀을 신뢰해야 합니다. 데브렐 팀은 그 분야의 전문가입니다. 그게 여러분이 그들을 채용한 이유고요. 그렇죠? 데브렐 팀이 이야기하는 것을 이해하는 사람을 찾고, 적절한 툴과 리소스와 지원을 제공하고, 일을 잘 해낼 수 있도록 신뢰를 보내주세요.

## 문제에 대비하기

어떤 이해관계자들이 있느냐에 따라 데브렐 전략에 끌어들이는 것이 쉬울 수도, 힘든 과정이 될 수도 있습니다. 이해관계자들이 개발자 출신이거나 개발자에 대해 전반적으로 이해하고 있다면 개발자 경험과 가치 실현 기간이라는 개념이 잘 받아들여질 겁니다.

하지만 모든 일이 잘 풀리지만은 않죠. 중요한 것은 각 이해관계자들이 이해할 수 있는 언어로 이야기해야 한다는 점입니다. 예를 들어, 마케팅 팀과 프로덕트 팀과 엔지니어링 팀은 서로 전혀 다른 질문을 던질 수 있습니다. 이때, 각 팀의 관점에서 대화를 해나가는 것이 중요합니다. 그들이 품고 있는 의구심은 무엇인가요? 그들의 목표는 무엇인가요? 여러분이 피드백을 제공했을 때 이해관계자들이 팀에 대해 걱정하며 재촉하는 영역은 무엇인가요?

가능하면 빨리 논의를 시작해서 프로젝트의 목표와 범위를 명확하게 정의하는 것이 좋습니다. 여러분이 도움을 줄 수 있는 것은 무엇인지 설명하고, 그들의 일을 빼앗는 게 아니라는 확신을 주는 것이 중요합니다. 바로 이 포인트에서 좋은 업무 관계가 힘을 발휘하기 시작합니다. 데브렐 팀의 일이 전사적으로 도움과 이익이 된다고 인식될수록, 급성장하는 데브렐 팀에 많은 부서가 더 큰 가치를 매기게 될 것입니다.

마지막으로, 불확실성을 파악하고 관리해야 합니다. 어떤 리스크가 있을지 미리 안다면 어떤 질문이 오더라도 확실하게 대답할 수 있고 상대의 의심을 해결해줄 수 있을 겁니다. 다른 사람이 문제를 제기하기 전에 잠재된 함정들에 대해 인지한다는 것은 수립한 계획을 전체적으로 이해하고 있으며 혹시나 발생할 문제에 대해 충분히 고민해봤다는 확실한 지표입니다.

초기에 자주 이해관계자들의 의견을 듣고 커뮤니케이션함으로써 그들이 주는 의견과 제안이 가치 있고 소중하다는 것을 자연스럽게 알리세요. 이해관계자들과 계속해서 업무를 하려면, 피드백을 주고 정기적으로 상황을 공유해 팔로업하는 것이 중요합니다.


## 모두와 함께하세요

사내 이해관계자를 확보했다면 이제는 다른 회사와 함께할 차례입니다. 앞서 말했듯이, 기술 회사에 다니는 대부분의 사람들은 커뮤니티와 교류하고 있습니다. 하지만 데브렐 팀은 고객이 프로덕트뿐 아니라 웹사이트 경험, 지원 팀, 여러 행사, 온라인 리소스, 다른 부서 직원들과 상호작용하는 일에도 만족할 수 있게 해야 합니다. '한 사람, 한 팀이 감당해야 할 일이 너무 많은 게 아닌가요?'라고 물을 수 있습니다. 맞습니다! 회사 내의 모든 변화에 대해 책임을 지는 것과 변화를 이끄는 데 도움을 주는 '체인지 메이커'가 되는 것 사이에는 아주 미세한 차이가 있습니다.

댄 히스Dan Heath와 칩 히스Chip Heath가 쓴 『스위치Switch』(Crown Business, 2010)에서는 회사의 변화를 이끄는 과정 속 몇 가지 과제에 대해 다루고 있습니다. 책에서 제가 가장 좋아하는 문장이 있습니다.

> 처음에 시작할 때, 모두의 주목을 받는 센터 자리에 서려고 집착하지 마라.
> 막상 센터가 되고 나면 다르게 보이기 때문이다.
> 그저 강렬한 시작과 강렬한 끝을 찾아 움직여라.[2]

이 글을 읽고 있는 모든 데브렐 전문가에게 격려를 전하고 싶네요. 커뮤니티와 관계를 구축하는 일 외에도 커뮤니티에 대해 회사가 관심을 갖고 흥미로워하고 빠져들 수 있게 하는 것도 우리의 일입니다.

그리고 커뮤니티 전문가로서 커뮤니티 구성원이 누구인지, 왜 회사가 이들을 신경 써야 하는지 이해시키는 것도 우리의 일입니다.

쉽지 않지만, 이 일들을 해낸다면 아주 큰 결실을 거둘 수 있죠.

- 회사의 성공
- 좋은 커뮤니티
- 사람들의 삶에 도움을 주는 직업

이해관계자들을 여러분의 계획에 동참시키는 일은 여러분이 회사에서 '체인지 메이커'로서 직면하게 될 가장 큰 어려움이 될 겁니다. 하지만 이 작업은 건강한 공동체를 만들기 위한 첫 번째 단계이며 앞에서도 언급했듯이 매우 보람 있는 일이 될 겁니다.

---

2  댄 히스, 칩 히스 저. 'Chapter 4: Point to the Destination. p 93.' 『Switch: How to Change Things When Change Is Hard』(Crown Business, 2010)

# 03 커뮤니티를 활발하게 유지하기

2장에서 이야기했듯이, 단지 특정 프로덕트에 관련되어 일하는 사람을 알거나 존경한다는 사실만으로 그 프로덕트에 대해서 좋은 이미지를 갖는 것은 드문 일이 아닙니다. 마찬가지로, 여러분이 IT 쪽에 잠깐이라도 몸담은 적이 있다면 회사의 잘못된 조치와 대중의 눈높이에 어긋난 선택에 개발자들이 쉽게 등돌리는 것을 본 적이 있을 겁니다. 그래서 프로덕트에 대한 대중적 정서가 활기를 유지하도록 하는 것이 중요합니다.[1] 이는 데브렐 팀이 브랜드의 성공에 기여할 수 있는 방법 중 하나입니다.

데브렐 전문가들은 미묘한 줄타기를 해야 합니다. 데브렐 팀이 회사 이름으로 발송되는 모든 이메일을 발송 전에 항상 체크할 수 있는 것도 아니고, 소셜 미디어 계정을 완전히 관리할 수 있는 것도 아니며, 지원 팀과 영업 팀을 비롯한 타 부서 사람이 업무 시간 외에 무슨 말을 하고 다니는지 모두 파악할 수 있는 것도 아닙니다. 하지만 회사의 온 · 오프라인 행사의 얼굴로서 피드백을 제일 앞에서 받는 팀이고, 커뮤니티에서 나오는 좌절, 흥분, 비판 등의 결정체들을 다뤄야 하는 팀입니다.

데브렐 팀은 이런 피드백들을 비즈니스 용어로 해석해주는 역할을 합니다. 엔지니어링 팀뿐 아니라 영업 팀, 마케팅 팀, 프로덕트 팀에도 그 중요성을 어필할 수 있는 언어로 말이죠. 또 데브렐 팀은 피드백을 어디에 전달해야 적절할지 알고 있으며, 필요하다면 그들 스스로 '체인지 메이커'가 되기도 합니다.

스파크포스트SparkPost[2]의 데브렐 팀의 일원인 이완 데니스Ewan Dennis[3]는 다음과 같이

---

1 저와 제이슨 핸드, PJ 하제티가 함께 커뮤니티 전문가로서 여러 커뮤니티를 살펴보고 커뮤니티가 건강하게 잘 운영되고 있는지 관련 정보를 알려주는 팟캐스트의 이름이 '커뮤니티 펄스(Community Pulse)'인 이유이기도 합니다. *communitypulse.io*를 참고하세요.

2 개발자를 위한, 개발자에 의한 이메일 전송 API. 저는 2년 동안 해당 API의 커뮤니티 전략을 수립했습니다.

3 엔지니어링 매니저. 스카치를 조달해주는 스코틀랜드인(일명 스카치 엔젤). 트위터는 @ewanovitch

설명하곤 했습니다.

> 커뮤니티에서, 저는 회사를 대표합니다.
> 회사에서, 저는 커뮤니티를 대표합니다.
> 저는 항상 양쪽의 관심사를 염두에 두어야 합니다.

커뮤니티를 정확하게 대표하기 위해서 데브렐 팀은 어떤 프로덕트가 핫한지, 최신 언어는 무엇인지, 개발자 커뮤니티에서 추구할 가치가 있는(또는 없는) 주제는 무엇인지에 대해 잘 알고 있는 내부 전문가여야 합니다.

저는 오라일리 미디어에서 일하는 동안, 수많은 '핫 토픽'이 빠르게 뜨고 지는 것을 보았습니다. 제가 처음 커뮤니티 매니저 역할을 공식적으로 맡았을 때, 웹 퍼포먼스와 오퍼레이션 영역에 대한 어떤 토픽들이 계속해서 남아 있을지 알아내는 것이 제 업무였습니다.

커뮤니티 구성원들과 일대일 미팅을 하고 전 세계의 개발자 행사에 참석하면서, 저는 새롭게 '반짝' 뜨는 것과 기술 분야에서 실제로 변화를 일으킬 준비가 되어 있는 것의 차이를 느끼기 시작했습니다. 저는 이 정보를 출장 보고서 형식으로 만들어 오라일리 편집자와 콘퍼런스 의장에게 제출했습니다(부록 A를 참고하세요).

각 보고서에는 제가 간 지역[4]과 참석한 행사, 행사에 대한 내용과 그 가치에 대한 전반적인 요약, 여러 대화에서 나왔던 인기 토픽 리스트, 출장 중에 얻은 중요한 연락처 등에 대한 내용이 들어 있습니다. 연락처는 불릿 포인트(글머리 기호)로 나타내곤 했는데, 출장 중에 만난 사람들의 이름, 그들과 연결해줄 회사 내 다양한 담당자들(편집자, 콘퍼런스 의장 등)을 나열하는 것뿐만 아니라 만난 사람들이 왜 중요한지에 대해서도 써두었습니다. '이 사람은 X라는 주제에 대해서는 최고 전문가', '이 사람은

---

4  지리적인 요소도 기술 채택의 관점에서 볼 때 중요한 부분입니다. 일반적으로 기술 채택은 미국 서부가 동부보다 빠르고, 미국 동부는 유럽보다 빠르고, 유럽은 미국 중서부보다 앞서는 경향이 있습니다.

우리가 후원할 만한 멋진 모임을 운영 중' 등 다양한 설명을 덧붙이곤 했습니다.

저는 이렇게 연결을 만드는 일을 좋아했는데, 에이미 허미스Amy Hermes[5]가 지어준 직함인 '커뮤니티 네트워킹 디렉터'라는 성향을 제가 가지고 있기 때문이기도 했고 또 어떻게 보면 성공 지표로서 쉽게 보여줄 수 있기 때문이었습니다. 예를 들어, 어떤 특정 행사, 출장, 토픽과 관련해 얼마나 많은 사람들을 연결했는지와 같은 지표 말이죠. 다음 장에서 더 자세히 이야기하겠지만, 이것은 출장이 얼마나 성공적이었는지를 측정하는 좋은 방법이었습니다.

또한 여러 이야기를 수집하면서 이를 측정 지표로 삼기도 했습니다. '지난 2주 동안 우리 커뮤니티의 리더 5명이 새로운 토픽에 대해 이야기하는 것을 들음. 해당 주제를 더 살펴볼 필요가 있음'과 같은 것들이죠. 더 바람직한 방법은 직접 대화를 나누는 것이었는데, 새롭게 떠오르는 토픽을 쉽게 트래킹할 수 있을 뿐만 아니라 커뮤니티와 연계해 관계를 구축하거나 기존 관계를 더 강화할 수 있었습니다.

항상 사람들과 직접 만날 수 있는 것은 아니었습니다. 핵심 인플루언서를 만나기 위해 뉴질랜드를 방문하고 싶어도 예전엔 현실적으로 어려웠죠. 하지만 소셜 미디어(트위터, 페이스북, 구글 플러스)가 활성화되고 기술 주제를 다루는 개인 블로그들이 늘어난 덕분에, 서로 물리적인 장소에서 만난 적은 없어도 온라인상에서 만나 인간적인 관계를 발전시킬 수 있게 되었습니다.

구글 알리미나 구글 트렌드[6] 등을 사용하면, 커뮤니티에서 회사에 대해 어떤 이야기를 하고 있는지 동향을 살피고 추적하는 데 매우 편리합니다. 여기서 한 가지 주의할 점은 리스트를 잘 작성해야 한다는 것입니다. 쓸데없는 정보들을 가려내기 위해 몇

---

5  키뱅크 캐피탈 마켓(KeyBanc Capital Markets)의 부사장 겸 수석 모자이크 전문가. IBM의 전 테크니컬 에미넌스(eminence) 프로그램 디렉터. #CloudMinds를 만든 사람이자 멘토, 혁신가, 커뮤니티 네트워킹 디렉터이며 모든 면에서 멋진 사람. 트위터는 @amyhermes. 팟캐스트인 'Geek Whisperers'에서 만나 알게 되었습니다. 관련 에피소드는 링크를 참고하세요. *http://geek-whisperers.com/2015/08/bringing-people-together-is-not-marketing-with-amy-hermes-ep-93*

6  다시 말씀드리지만, 이 책 곳곳에서 소개한 여러 도구를 다룰 때와 마찬가지로 두 가지 주의 사항이 있습니다. ① 제가 소개한 도구보다 여러분에게 더 적합한 것이 있을 수 있습니다. ② 제가 언급한 도구들이 여러분에게는 적합하지 않을 수 있습니다. 제가 강조한 원칙들을 바탕으로 여러분의 목표, 커뮤니티, 회사에 적합한 도구는 무엇일지 파악해보세요.

시간 동안 의자에 앉아 있는 일이 없도록 필터링 시스템을 많이 활용하세요. 그렇지 않으면 진짜로 살펴보고 싶었던 기술 커뮤니티에 대한 뉴스들이 아닌, 함께 검색된 엉뚱한 기사들 수십 개를 삭제하고 있을 수도 있습니다.

## 커뮤니티 구축에서 소셜 미디어의 역할

제가 대학교 2학년 때 페이스북이 대세가 되었고, 4학년 때 트위터가 등장했습니다. 대학교를 졸업하고 오라일리 미디어에 신입 사원으로 입사했을 때 페이스북은 인터넷에서 시간을 보낼 수 있는 가장 힙한 곳이었고, 트위터는 기술 영역의 사고 리더 Thought Leader들과 정보를 공유하는 가장 핫한 방법이었습니다. 우리 회사는 다른 회사들처럼 트위터 계정과 페이스북 그룹을 빠르게 키웠고, 다양한 시행착오를 통해 팔로워들과 대화하는 법을 배웠습니다.

지난 수년간, 저는 두 가지 기본 원칙을 배웠습니다.

1. 개발자들은 마케팅에 이용당하는 것을 싫어하며, 자신이 영업 당하고 있다는 것을 아주 민감하게 알아차립니다.
2. 만약 회사가 진정성을 담아 홍보 활동을 하고 커뮤니티에 대해 명쾌하고 정량화할 수 있는 방법으로 관심을 기울인다면, 소셜 미디어에서 많은 팔로워를 구축할 수 있고 프로덕트 홍보를 위한 가치 있는 플랫폼으로 활용할 수 있습니다.

다시 강조하자면, 바로 이것이 데브렐 팀이 존재하는 이유입니다. 커뮤니티에 효과적으로 다가갈 수 있도록 회사의 메시지를 다듬는 데 도움을 줄 수 있는 커뮤니티 전문가로 데브렐 팀만 한 곳이 또 있을까요.

회사에서 다루는 기술에 어떤 일이 벌어지고 있는지 계속 주시하는 과정에서 팀은 커뮤니티를 통해 다음과 같은 흥미로운 정보를 얻을 수 있습니다.

- 흥미로운 뉴스 또는 진행 중인 연구
- 관련 분야의 중요한 발전
- 관련 이벤트 및 연사 모집Call for Paper (CFP)

(콘퍼런스 주최자가 행사에서 발표할 연사를 찾기 위한 공개 모집)

- 업적을 쌓아 표창을 받은 커뮤니티 구성원
- 잠재적인 파트너십
- 우리 회사의 새로운 기능으로 풀 수 있는 문제 영역들
  (4장에서 '빠른 성공'에 대해 자세히 다룹니다)
- 프로덕트에 사용된 언어, 현재 쓰고 있는 기술, 프로덕트가 속한 주제
  (예를 들어, SaaS, PaaS, API, DevOps 등)에 대해 활발하게 활동하고 있는 개
  발자 커뮤니티를 한층 더 발전시킬 방법

데브렐 팀에 소셜 미디어 계정을 적극적으로 관리하는 담당자가 있는지와 상관없이, 회사 어딘가에는 꼭 소셜 미디어 운영자가 있어야 합니다. 소셜 미디어 운영을 '누군가 시간이 있을 때마다' 하는 것은 계정을 방치하는 것입니다. 소셜 미디어 계정은 커뮤니티에 도달하기 위한 중요한 수단이기 때문에 더 관심을 쏟아야 합니다. 데브렐 팀은 고객 경험과 전문 지식을 바탕으로 소셜 미디어 계정을 통해 메시지의 방향을 이끌 수 있으며, 반드시 그렇게 해야만 합니다. 이러한 협업을 원활하게 할 수 있는 몇 가지 방법이 있습니다.[7]

## 톤 앤 매너 확립하기

제가 오라일리 미디어에 있었을 때, '오라일리 보이스O'Reilly Voice'라고 불리는 문서가 있었습니다. 이 문서에는 열거용 쉼표 사용에 대한 정책부터 축약을 사용하는 이유에 이르기까지 모든 내용이 자세히 설명되어 있습니다. 문서의 마지막에는 오라일리 작가들이 쓴 '극혐 리스트'가 있는데, 제가 가장 좋아하고 지금도 제 글에 영향을 주는 내용은 바로 이겁니다.

---

[7] 저는 트위터를 예로 들어보려고 합니다. 현재 대부분의 개발자들이 사용하는 소셜 미디어 플랫폼이기도 하고, 저의 전문 분야가 소셜 미디어 네트워크이기 때문입니다.

오랫동안 오라일리의 트위터와 페이스북 계정을 운영하고 블로그에 꾸준히 기여한 사람으로서, 어떻게 쓰고 말해야 할지 고민이 생길 때마다 그 답을 찾을 곳을 저는 알고 있었습니다. 어떤 토픽에 대해 제 개인적인 의견을 내더라도, 회사의 톤 앤 매너가 항상 더 돋보였기 때문에 제가 올린 메시지가 '오라일리시'하게 들리지 않을까 봐 걱정한 적은 한 번도 없었습니다.

슬랙은 회사의 톤 앤 매너를 매우 명확하게 확립하고 있는 또 다른 회사입니다. 편집 디렉터인 안나 피카드Anna Pickard는 여러 차례의 인터뷰[8]를 통해 어떻게 회사의 톤 앤 매너를 만들어냈는지, 담당자들이 늘면서 슬랙의 톤 앤 매너가 어떻게 발전했는지에 대해 이야기해왔습니다. 슬랙은 글로 표현하는 것의 어려움에 대해 공감하면서, 소셜 미디어가 일정한 규모 이상으로 성장하게 되면 여러 사람이 한 목소리로 운영해야 한다는 것에 동의했습니다.

오라일리와 슬랙 모두 소셜 미디어 계정을 관리하는 사람이 여러 명일 경우, 회사의 톤 앤 매너를 정의하기 위한 스타일 가이드가 중요하다는 것을 알고 있었습니다. 톤 앤 매너를 정의하는 것은 소셜 미디어를 관리하는 사람이 한 명일 경우에도 도움이 됩니다. 여러 다른 상황에서 무엇을 어떻게 말해야 할지를 정의해주기 때문이죠. 또 누군가 너무 바쁘거나 갑자기 업무를 하지 못하는 상황에서, 다른 사람이 일을 대신해야 할 때도 도움이 됩니다(9장에서 제가 3개월 동안 병가를 내야 했던 '2012년 자동차 대사고'와 번아웃 예방법을 소개하는데, 여기서 관련 내용을 볼 수 있습니다).

---

8 발표 영상: *https://youtu.be/-WSvqM23Z64*
  인터뷰 글: *https://www.contagious.com/news-and-views/slacks-editorial-soul-anna-pickard-on-writing-the-brand-experience*

3인칭이 아닌 2인칭으로 독자를 대하는 것과 같은 심플한 규칙만으로도 차이를 만들어낼 수 있습니다. 개발자들의 의견을 존중하고 있다는 느낌을 줄 수도 있고, 반대로 언팔로우하고 싶게 만들 수도 있죠.

## 플랫폼 선정하기

지난 10년 동안 많은 개발자들이 트위터를 통해 기술에 대해 이야기를 나누고, 리소스를 찾고, 업계 관련 뉴스로 대화하는 것을 보았습니다. 소셜 미디어 중에서도 트위터는 개인적인 이야기와 전문적인 커뮤니케이션을 모두 할 수 있는 플랫폼으로, 여러분의 커뮤니티와 여러 레벨에서 연결될 수 있는 방법을 제공합니다.[9]

일반적으로 페이스북은 친구와 가족 관계를 중심으로 일에서 벗어나기 위한 탈출구로 사용하지만, 페이스북 이벤트 기능은 콘퍼런스나 밋업을 알리는 데 효과적으로 쓸 수 있습니다. 구글 플러스와 같은 툴은 요즘 거의 사라졌지만, 몇몇 오픈소스 커뮤니티에서는 여전히 구글 플러스 페이지 또는 그룹을 이용하고 있습니다. 링크드인은 주로 업계 인사이트를 알리는 데 사용합니다. 링크드인은 업계에 대한 사고 리더십 자료나 회사에서 실시하는 설문조사 또는 인더스트리 리서치에 대한 진행 상황을 올리기 좋은 곳입니다.

플랫폼 선택은 커뮤니티의 성격에 따라 달라집니다. 7장에서 이야기하겠지만, 커뮤니티가 모여 활동하는 곳을 찾는 것이 성공의 핵심입니다. '만들면 오겠지'라고 생각하면 오산입니다. 레딧, 해커뉴스, 스택오버플로와 같은 포럼이나 트위터, 페이스북, 링크드인 같은 소셜 미디어 또는 커뮤니티 팀이 운영하는 슬랙 팀 등 이미 사람들이 편하게 이용하고 있는 곳에서 여러분의 커뮤니티를 찾고 적극적으로 참여해야 합니다.

레딧과 같은 포럼 사이트에 대해 한 가지 알아야 할 점이 있습니다. 일반 유저의 피드

---

9 이에 대해서는 댄 토마스의 팟캐스트에서 자세히 다루고 있습니다.
 https://tunein.com/podcasts/Business/The-Dan-Thomas-Podcast-p1088140/

백을 더 우선시하는 사이트에서는 기업 계정을 잘 노출하지 않는 경우가 많습니다. 하지만 회사의 엔지니어나 데브렐 팀 멤버라면 이런 포럼들을 예의 주시하면서 글과 댓글을 남길 수 있고, 개인의 진정성을 유지하면서 회사를 대표할 수도 있습니다.

## 함께 일하기

소셜 미디어 운영자가 데브렐 팀과 긴밀하게 협력하도록 하세요. 이를 통해 회사 계정이 적절한 사람을 팔로우하고 있는지, 중요한 토픽에 대해 이야기하고 있는지, 운영상의 문제는 없는지(있다면 발행 예정인 게시물에 영향은 없을지) 파악할 수 있게 해야 합니다. 제가 제일 좋아하는 기능은 트위터 리스트인데, 계속해서 스크롤이 넘어가는 트위터 피드를 따라잡을 수 있는 기능입니다. 리스트의 공개 여부를 설정할 수 있고, 경우에 따라 회사 밖 사람들에게 가치 있는 자료가 될 수 있습니다.

예를 들면, 곧 다가올 콘퍼런스의 연사 리스트를 만들 수도 있고, 특정 분야에서 최고로 권위 있는 리더들의 리스트를 만들 수도 있습니다. 어떻게 사용하든, 커뮤니티의 의견을 듣고 동향을 관찰할 때 트위터 리스트 기능은 매우 유용합니다.

- **여러분의 가장 큰 고객사가 중요하게 여기는 토픽이 무엇인지 알고싶다면?**
  그 고객사에서 일하는 개발자들의 리스트를 만듭니다.

- **기술 분야에 대한 큰 그림을 보고 싶다면?**
  기술 분야의 사상적 리더들의 리스트를 확인하세요.

- **경쟁사가 무엇을 하고 있는지 알고 싶다면?**
  해당 계정의 리스트(비공개일 수도 있지만)를 살펴보세요.

- **심심한 오후에 리트윗할 만한 콘텐츠를 찾는다면?**
  여러분의 회사에 속한 개발자들과 큰 개발자 커뮤니티 멤버들의 리스트를 통해 사람들이 새롭게 여기고 흥미로워하는 게 무엇인지 살펴보세요.

고급 검색 기능을 사용해서 트위터 검색 결과를 저장할 수도 있습니다. 긍정적인 트윗 또는 부정적인 트윗을 검색하는 것부터 여러분이 찾고 있는 용어에 대해 구체적으로 언급하고 있는 것(예를 들어, '생일'을 언급한 트윗에는 관심이 있지만 '생일 파티'에 대한 트윗은 제외하려는 경우)에 이르기까지, 고급 검색은 매우 유용한 기능이 될 수 있습니다.

데브렐 팀이 잠재적으로 회사 전략에 도움이 될 새로운 트위터 계정을 발견했다면 소셜 미디어 운영자에게 이 계정을 알려주거나 방금 언급한 여러 리스트에 해당 계정을 추가하세요.

소셜 미디어 운영자와 데브렐 팀 간의 지속적인 협업 관계는 회사에 도움을 줍니다. 소셜 미디어 관리자는 커뮤니티에 대한 인사이트를 얻기 위해 팔로우할 만한 좋은 계정들을 알 수 있고, 데브렐 팀은 이를 바탕으로 커뮤니티 구성원들과 커뮤니케이션하며 더 많은 정보와 리소스를 얻을 수 있습니다. 이렇게 얻은 정보는 프로덕트 및 엔지니어링 팀에 전해져 핵심 프로젝트와 우선순위를 정하는 데 활용될 수 있습니다.

소셜 미디어 운영자가 회사 내 여러 문제를 파악하는 일은 매우 중요합니다. 제가 스파크포스트에서 일하던 2016년 5월, API 지원이 갑자기 중단되었습니다. 이건 매우 드문 일이었는데, 여기에 유저들의 원성을 사는 일이 하나 더 생겼습니다. 운영이 중단된 동안 예약된 트윗이 포스팅되었는데, 그 내용은 ISP나 전송 등에 이슈가 생겨 이메일 발송이 지연되었을 때 해야 할 일에 대한 것이었습니다. 이 트윗은 회사 계정에서 발행하는 내용 중 가장 인기 있는 콘텐츠로, 딜리버리 이슈를 예방하는 가장 좋은 방법에 대해 다루고 있었습니다.

매우 유용한 자료였지만, 당시 상황에서 딜리버리 이슈로 인해 고객의 불만을 야기한 당사자는 바로 우리 회사였습니다. 회사에서 해당 문제를 내부에 더 잘 전달했다면 소셜 미디어 팀이 트위터를 빠르게 체크하고 고객의 불만을 더 키운, 그 예약된 트윗을 지울 수 있었을 것입니다.

# 기술에 대해 말하기

주요 오디언스가 개발자인 경우, 소셜 미디어 운영자가 기술 관련 오디언스들과 소통할 수 있는지 확인해야 합니다. 소셜 미디어 운영자가 개발자가 되어야 한다는 말은 아니지만 자바와 자바 스크립트의 차이를 알 정도는 되어야 합니다. 그 차이가 무엇인지 정확하게 알지는 못하더라도 말이죠.

소셜 미디어 운영자는 인기 있는 기술 주제들을 엮을 줄 알고, 사내 개발자들이 쓴 기술 블로그 콘텐츠로부터 핵심 내용을 뽑아 트윗으로 쓸 줄 알아야 합니다. 이를 위해서는 데브렐 팀이나 사내 개발자들의 도움과 지도를 받아야 합니다.

소셜 미디어 운영자 여러분, 기억하세요. 마케팅과 영업을 위한 여러분의 노력이 제때 이뤄졌는지 아니면 실패했는지 피드백을 줄 수 있는 사람들이 매일 회사에 앉아 있다는 사실을요.

만약 개발자들이 피드백을 주는 일에 주저하는 것 같다면, 친절하고 끈질기게 부탁해보세요. 개발자와 마케터가 잘 어울리지 못한다는 고정관념이 생긴 데에는 이유가 있습니다. 다른 부서의 의견을 존중하지 않거나 무시한 오랜 역사가 있기 때문이죠. 열린 마음으로 들으려 하고 변화를 받아들여보세요. 만약 많은 개발자들이 여러분의 아이디어가 개발자에게 잘 먹히지 않을 것 같다고 말한다 해도 기분 나빠하지 마세요. 대신 그 아이디어를 어떻게 바꾸면 좋을지 물어보고, 어쩌면 망할 수도 있었을 캠페인으로부터 구해준 것에 대해 감사 인사를 해보길 바랍니다.


# 개발자에게 집중하기

여러 오디언스(바이어 대 유저, 다양한 직무에 쓰는 여러 레벨의 프로덕트)가 있는 경우, 특별히 개발자를 위한 트위터 계정을 만들어보세요. 처음에는 오디언스를 갈라놓는 것이 아닐까 걱정되겠지만, 개발자들은 자신과 상관없는 계정을 팔로우하지 않는다는 것도 기억하세요. 오디언스에 개발자만 있는 경우라면 큰 문제가 되지 않을 수 있지만, 개발자만 타기팅하는 경우는 흔치 않으니까요.

1장에서 말했듯이, 개발자가 주요 오디언스라도 다음과 같은 그룹도 여러분의 고객이 될 가능성이 높습니다.

- **기술 리더십(엔지니어링 관련 이사 또는 부사장, CTO)**
  기술 관련 예산을 가지고 있는 사람들
- **프로젝트 매니저**
  프로세스를 더 빠르거나 더 쉽게 만들 수 있는 방법을 찾는 사람들
- **마케팅/영업/지원/프로덕트**
  개발자가 만들어내는 데이터를 사용하는 타 부서들

그렇다고 해서 개발자와의 관계를 소홀히해야 한다는 말은 아닙니다. 개발자들은 대체로 여러분의 프로덕트를 사용하며 지지해줄 사람들이다보니 이들과 관계를 만들고 유지하는 것이 중요합니다. 하지만 개발자와의 관계만으로 기업이 프로덕트를 구매하도록 유도하기에는 한계가 있습니다.

백서나 영업 자료는 마케팅 쪽에서 수요 창출을 위해 담당하는 경우가 많지만, 구매 오디언스(예를 들어, 수석 개발자, 엔지니어링 관리 등)가 누구인지에 따라 여러분도 해당 자료를 만드는 데에 의견을 제시할 수 있습니다.

이렇게 나눈 오디언스에 어떻게 접근할지에 따라 별도의 콘텐츠나 메시지, 트위터 계정이 필요할지를 결정할 수 있습니다. 경우에 따라서는 개발자의 요구를 들어주며 이들과의 관계에 기대어 판매를 촉진하는 것이 현명한 방법일 수 있습니다. 또 어떤 경우에는 바이어와 유저를 함께 타기팅해야 할 수도 있습니다.

후자에 해당한다면 메시지를 분리하는 것이 좋습니다. 바이어들이 코드나 기술 콘텐츠에 대한 리트윗에 관심 없듯이, 엔드 유저들도 마케팅을 위한 내용으로 가득한 콘텐츠는 보고 싶어 하지 않을 것입니다.

# @SPARKPOST와 @SPARKPOSTDEV 트위터 계정 통합하기

제가 스파크포스트에 입사했을 때, 회사에는 2개의 트위터 계정이 있었습니다. 개발자를 위한 계정에는 기술 콘텐츠 하이라이트, API 변경 사항, 후원하는 개발자 행사 등을 업로드했습니다. 기업 계정에는 의사결정권자들과 이메일 마케팅에 관심 있는 사람들을 위한 콘텐츠와 함께 기업 문화에 대한 정보를 올렸습니다.

 당시에는 두 계정을 분리하는 것이 타당했지만 회사가 엔드 유저인 개발자에 더 집중하기 시작하면서 두 계정을 따로 운영하는 것이 비즈니스 측면에서 적합하지 않게 되었습니다. 또 데브렐 팀의 업무량이 많아지면서 트위터 계정에 전념할 시간이 줄어들어 운영이 소홀해질 위험도 있었습니다. 그래서 계정을 전담해 운영할 사람을 채용하기보다는 기업 계정의 메시지들이 개발자에게도 적절하고 흥미를 끌 수 있도록 더 많은 노력을 기울이기로 결정했습니다.

마케팅 팀과 긴밀하게 협력하고, 개발자들과 교류하고, 내부 공유를 늘리고, 회사 곳곳에서 이뤄지는 대화를 활용하기 위한 계획을 세웠습니다. 한편, 기업 계정 트위터에서 아직 포스팅된 적이 없는 세 가지 카테고리의 콘텐츠를 발견했습니다. 이 세 가지 카테고리는 개발자들과 깊은 관련이 있을 뿐만 아니라 중요한 것이었습니다. 우리는 이러한 트윗들을 정기적으로 통합할 계획을 함께 세웠습니다.

### 체인지로그
- 프로덕트 팀과 함께 주간 체인지로그에 게시된 변경 사항에 대한 트윗을 씁니다.
- 패치가 준비되고, 풀리퀘스트Pull request가 승인되고, 새 버전이 클라이언트 라이브러리에 릴리스되면 이러한 변경 사항에 대한 트윗을 3~5개 정도 예약합니다.

### API에 대한 공지 및 운영상의 변경
- 전반적인 커뮤니케이션을 주도하는 사람과 협력해, 트윗에 변경 사항이 정확하고 올바르게 반영되었는지 확인합니다.

- 변경 사항이 적용되는 날까지 남은 시간에 따라 3~5개 정도의 트윗을 '필독' 등과 같은 메시지와 함께 예약합니다.

**행사**

- 후원한 행사 사이트에 회사 이름이 올라갔다면, 그때부터 행사 당일까지 해당 콘퍼런스와 후원에 대한 트윗을 5개 정도 예약합니다.
- 행사에 대한 트위터 계정과 해시태그를 찾아 팔로우하고 태그를 씁니다.
- 예정된 행사에 대한 비공개 트위터 리스트를 만들고, 콘퍼런스의 트위터 계정을 여기에 추가해 관련된 트윗들을 주시하고 답글을 달거나 인용하거나 리트윗합니다.

이를 통해 우리는 @SparkPostDev 트위터 계정을 우리의 상태에 대해 자동으로 업데이트하는 계정으로 전환하는 것에 성공했습니다. 이를 통해, 계정을 팔로우하는 개발자들이 중요한 알람을 받을 수 있게 하는 한편, 기업 계정을 팔로우하도록 장려하여 유용한 정보를 받아볼 수 있도록 했습니다.

---

개발자만을 위한 트위터 채팅을 통해 개발자들과 소통하는 옵션도 있습니다. 특정 유형의 콘텐츠를 보러 항상 찾는 곳으로서 여러분 회사의 브랜드를 구축하고 싶거나 1장에서 다룬 페이저듀티의 사례처럼 업계의 변화를 주도하고자 한다면 이 방법이 효과적입니다. 이 방법으로 성공하려면 꾸준히 해야 합니다. 헌신적으로 참여하는 커뮤니티 구성원 중, 트위터에 자주 접속해서 대화에 참여할 수 있는 믿을 만한 몇 명과 함께 시작하는 것도 도움이 됩니다.

여러 커뮤니티 이니셔티브와 마찬가지로 초기에 주요 커뮤니티 구성원으로부터 피드백과 의견을 얻는다면 신뢰를 쌓을 수 있고, 더 넓은 커뮤니티에 성공적으로 참여할 수 있을 것입니다. 소셜 미디어에서 팔로워를 많이 모으지 못하더라도 이러한 참여와 교류는 가치 있는 지표가 됩니다(4장에서 가치 있는 지표와 허무지표에 대해 다룹니다).

# 끌어올리고 퍼뜨리기

마지막으로 가장 중요한 것은 여러분의 기업 계정(트위터, 페이스북, 인스타그램, 기타 새로운 소셜 미디어 플랫폼 등)을 사용해 커뮤니티가 하는 일을 끌어올리고 퍼뜨리는 일입니다. 어떤 소셜 미디어를 사용하든 커뮤니티가 여러분의 회사에 도움이 되는 일을 하고 있을 때, 여러분이 사용하는 플랫폼을 이용해 커뮤니티가 하는 일을 강조해보세요. 커뮤니티에 감사하는 마음과 그들이 하는 일에 스포트라이트를 비춰주고 싶다는 의지를 보여준다면 여러분과 커뮤니티의 공생 관계는 오래 지속될 것입니다.

일반적인 소셜 미디어 플랫폼 외에도 기업 블로그 또한 개발자들에게 도달할 수 있는 좋은 수단이라는 점을 잊지 마세요. 많은 기업에서 자사 블로그를 회사와 관련된 '멋진' 뉴스를 홍보하기 위한 수단으로만 사용합니다. 프로덕트를 만들면서 마주했던 문제들과 어떻게 이 문제를 해결했는지에 대해 블로그에서 이야기한다면 개발자들에게서 훨씬 더 많은 트래픽을 유도할 수 있습니다. 하지만 많은 기업들이 충분한 시간과 수단이 있음에도 불구하고 이 사실을 깨닫지 못합니다.

글쓰기에 관심 있는 사내의 개발자들을 모으려면 노력이 들어가지만, 블로그 게시물을 중심으로 한 멘토링 프로그램을 만드는 것은 비교적 쉽습니다.

- 글쓰기 아이디어를 바탕으로 기본 템플릿을 정합니다.
  예를 들어 다음과 같습니다. 해결하고자 하는 문제는 무엇인가요? 어떻게 그 문제를 발견했나요? 왜 이것이 다른 사람들에게도 흥미로울까요? 어떻게 그 문제를 해결했나요? 사람들이 어떻게 이것에 공감할 수 있을까요?
- 일단 톤 앤 매너와 문법을 신경 쓰지 말고 스토리텔링에 집중하세요.
- 완성이 완벽보다 더 낫다는 것을 기억하세요.
  언제든 편집하고 다시 쓸 수 있는 여지가 있으니 먼저 작업을 시작할 수 있는 초안을 만드는 게 중요합니다.

사내 개발자들은 바쁘니 최대한 이 프로세스를 자동화하는 것이 좋습니다. 개발자나 프로젝트 매니저에게 블로그에 글을 쓸 의사가 있는지 물어볼 때, 그들이 지금 하고 있는 프로젝트가 언제 끝날지 기다리지 마세요. 엔지니어링 관리자와 협력해 블로그 포스팅을 공식적인 프로젝트 에픽에 포함시켜서 에픽이 종료되기 전에 완료될 수 있도록 해야 합니다.

왜 이것이 중요할까요? 자주 마주하는 문제나 특이한 문제를 해결하는 흥미로운 콘텐츠를 여러분이 발행한다는 것을 개발자 커뮤니티에서 알게 되면, 여러분 회사의 엔지니어들은 실력 있는 사람들로 인식되고 회사 프로덕트에도 간접적으로 가치가 부여됩니다.

> ○○ 회사에는 실력 있는 엔지니어가 있네!
> 제대로 된, 재미있는 프로덕트를 만들고 있는 게 분명해.

이러한 관심은 훗날 개발자들이 또 다른 문제를 해결하는 데 도움을 얻기 위해 여러분 회사의 블로그를 찾아오게 할 수도 있습니다.

콘텐츠에 대한 마지막 팁을 드리자면, 요즘처럼 콘텐츠가 어디에나 있는 정보 과부화의 시대에는 신디케이션이 핵심입니다. 개발자의 도움을 받아 특정 콘텐츠를 찾거나 어쩌다 우연히 발견하는 것이 가장 이상적이지만, 브랜드를 구축하기로 한 시점에서는 현실적이지 않습니다. Dev.to[10]는 기업뿐 아니라 커뮤니티에도 도움이 되는 신디케이션 사이트의 좋은 예입니다. 캐노니컬 링크를 사용해서 원래 웹사이트로 트래픽을 돌려주기 때문에, 페이지 조회수를 높일 수 있을 뿐만 아니라 호기심 많고 참여도 높은 개발자들로 이뤄진 멋진 커뮤니티를 통해 유용한 정보를 빠르게 찾을 수 있습니다.

---

10  벤 하펜, 제스 리, 피터 프랭크가 만든 Dev.to는 제가 개발자 커뮤니티 관련 일을 하면서 본 커뮤니티 중 가장 사람들을 반겨주고 포용력을 가진 커뮤니티 중 하나였습니다. 트위터는 @thepracticaldev

# 개인 브랜드 vs. 회사 브랜드

이제 데브렐 팀이 소셜 미디어를 일상적으로 활용할 방법에 대해 알아보겠습니다. 10장에서 더 자세히 이야기하겠지만, 기업 입장에서는 데브렐 팀이 자체적으로 커뮤니티를 키워나가길 원할 것입니다. 데브렐 팀의 인맥과 네트워크는 회사가 이들을 채용한 가장 큰 이유이기도 합니다. 이들을 채용함으로써 회사는 그들의 팔로워를 자연스럽게 얻을 수 있기 때문이죠. 만약 데브렐 팀이 가진 팔로워의 힘을 무시한다면, 데브렐 팀이 회사에 가져다주는 가치의 상당 부분을 잃게 될겁니다.

데브렐 담당자들이 기업 블로그 속 주요 콘텐츠를 리트윗하고, 트윗을 인용하거나 자신의 의견을 제시하는 것은 그들의 네트워크를 활용하는 좋은 방법입니다. 이는 기업 사이트의 콘텐츠를 홍보하는 데 도움이 될 뿐 아니라, 사람들을 기업 트위터 계정으로 안내하는 역할도 합니다.

때로는 개인의 목소리, 얼굴, 이름에서 나오는 것들이 더 잘 와닿을 때가 있습니다. 커뮤니티 멤버의 생일을 축하하거나, 잘못 작성된 코드에 대해 위로를 표하거나, 커뮤니티 행사에서 단체 사진을 찍어 올리는 것과 같은 것들이죠. 개인 계정으로 업로드하고 나서 회사 계정으로 생일 축하 메시지를 인용하거나 어떤 커뮤니티 멤버가 최근 공헌한 내용을 강조함으로써 커뮤니티 구성원의 사기를 높이고 그들의 기여를 인정하는 진정성 있는 모습을 보여줄 수 있습니다.

여러분은 데브렐 팀의 개인적인 트위터 활동과 회사를 위한 트위터 활동 사이의 균형을 찾고 싶을 겁니다. 제일 중요한 것은 앞서 언급한 커뮤니케이션 채널이 열려있어야 한다는 점입니다. 데브렐 팀원들을 위해 특별히 비공개 트위터 리스트를 만드는 것도 도움이 됩니다. 이 리스트를 통해 팀원들이 누구와 자주 대화를 나누는지, 어떤 유의미한 대화가 이뤄지는지 알 수 있습니다. 언젠가 팀원이 다른 회사로 이직할 때, 그 팀원이 가졌던 전체적인 네트워크를 잃고 싶지 않다면? 커뮤니티와 연결된 유일한 팀원이 없어지고 나서야 어떤 사람들이 커뮤니티에서 유의미한 구성원이었는지 다급히 찾기보다는 평소 커뮤니티를 잘 지원하고 활발하게 상호작용해서 구성원들에 대해 알고 잘 유지하는 쪽이 훨씬 수월할 겁니다.

데브렐 업무를 할 때 가장 어려운 일은 이 팀이 투자 가치가 있다는 것을 증명하는 것입니다. 만약 쉬웠다면 이 책을 쓸 필요도 없었겠지요! 이는 데브렐 팀들이 느끼는 고충 중 하나로, 여러 인터뷰와 기사에서 '가장 어려운 일'이라고 늘 언급되는 문제이기도 합니다. 데브렐 팀은 여러 개발자 행사와 다양한 커뮤니티, 프로젝트들을 후원하기도 하고 콘퍼런스에서 발표를 하기 위해 출장비를 쓰기도 하고, 커뮤니티 멤버들에게 커스터마이징한 굿즈를 보내기도 합니다. 이 때문에 데브렐 팀은 많은 비용을 쓰는 '가장 비싼 부서'가 될 수 있습니다. 이 같은 비용들을 지출할 가치가 있는지 이사회는 알고 싶어 할 것이고, 경영진이라면 여기에 답할 수 있어야 합니다.

회사의 전반적인 목표에 기여하고 있는 데브렐 팀의 가치를 설명할 수 있는 능력이 없다면, 팀을 유지하는 데 상당한 압력을 받을 것입니다. 게다가 팀원들에게 지속적으로 동기부여를 하는 데에도 어려움을 겪을 것입니다. 롭 스펙터Rob Spectre는 '데브렐 측정하기' 토크[1]에서 데브렐의 측정 지표를 트래킹해야 하는 가장 큰 이유는 "팀원 모두 자신이 하는 일이 어떤 변화를 만들고 있는지 알 수 있어야 하기 때문"이라고 말했습니다.

그렇다면 데브렐 팀의 놀라운 잠재력과 가치를 어떻게 보여줄 수 있을까요? 가치 측정 방식은 이전과 전혀 다른 형태일 수 있습니다. 마케팅이나 영업에서 자주 쓰이는 ROI, 생성된 리드 수, 사이트 트래픽 같은 것이 아니어도 됩니다. 엔지니어링 업무의 전형적인 측정 방식처럼 단순히 일이 완료되었는지 여부로 성공을 판단할 수도 없습니다. 여러분은 프로덕트 팀에서 몇 가지 힌트를 얻을 수 있을 겁니다. 프로덕트 팀에서는 일반적으로 고객 만족도, 피드백, 서포트 티켓 또는 버그 수에 대한 지표

---

1 https://github.com/RobSpectre/Talks/tree/master/Measuring%20Developer%20Evangelism

를 모읍니다. 고민 끝에 결국 데브렐 팀은 이러한 목표와 더불어 그들만의 독특한 목표를 갖게 됩니다. 분명히 어떤 결과가 있을 것이라는 데에는 의심할 여지가 없지만, 그 결과를 발견하게 되는 것은 아마 지금까지와는 전혀 다른 곳에서일 것입니다.

## 디벨로퍼 아보카도: 건강에 좋은 지방이 든 과일!

2015년 11월, 스파크포스트에 입사했을 때 데브렐 팀과 우리가 관리하는 여러 채널에서 '아보카도'를 언급하는 것을 꽤 여러 번 봤습니다.[2] 아보카도가 일종의 말장난이라는 것은 알고 있었지만[3] 도대체 뭘 뜻하는지 정확히 감을 잡을 수 없어서 결국 어느 날 아보카도에 대해 물어봤습니다. 한 프로젝트 매니저가 말을 빨리 할 때 '디벨로퍼 애드보케이트'를 제대로 발음하지 못해서 종종 '디벨로퍼 아보카도'라고 했다고 하더라고요. 제 동료인 아드리안 하워드Aydrian Howard[4]는 아보카도를 정말 좋아했기 때문에 이 별명을 거부감 없이 받아들였습니다. 이후에 디벨로퍼 아보카도는 데브렐을 가리키는 멋진 별명이 되었고, 그와 저는 수도 없이 이 별명을 사용했습니다.[5]

- 다들 알다시피, 아보카도는 건강에 좋은 지방이 들어 있는 과일입니다. 적절한 때에, 적절한 방식으로, 적절한 조합으로 사용한다면 매우 건강에 좋은 과일이죠.

---

2  *https://twitter.com/SparkPostOps/status/667420447345102848*

3  *https://www.sparkpost.com/blog/building-internal-community/*

4  스파크포스트에서 2년 동안 함께 일할 수 있어서 영광이던 멋진 친구.
   개발자들을 위해 일을 더 쉽게 만드는 데 열정적이죠. 트위터는 @ahoward

5  제 컨설팅 회사가 '페르세아 컨설팅(Persea Consulting)'이라고 불리는 이유이기도 합니다. 아보카도는 과학적으로 페르세아속에 속합니다. 저에게 있어 페르세아라는 이름은 인간(persons)에 대한 고찰로도 연결되며, 이는 나아가 커뮤니티 및 데브렐을 의미하기도 합니다. *https://www.marythengvall.com/blog/2018/1/31/developer-avocados-the-good-kind-of-fat*

- 아보카도는 비싼 과일에 속합니다. 로스엔젤레스의 몇몇 음식점에서는 아보카도 토스트를 '시가'로 판매할 정도입니다.[6] 앞서 이야기했듯이, 데브렐 팀은 비싼 부서 중 하나이지만 커뮤니티를 더 좋게, 건강하게, 매력적으로 만드는 목표를 가지고 있습니다.
- 아보카도는 다른 식재료의 맛을 받아들이며 잘 어우러집니다. 데브렐 팀도 회사의 니즈와 목적, 소속된 조직과 그룹의 구조에 맞춰 어우러지죠.
- 아보카도는 여러 종류의 요리와 잘 어울립니다. 멕시코 요리, 오믈렛, 스크램블에그, 클래식 샌드위치 등. 거의 모든 종류의 음식에서 아보카도를 볼 수 있습니다. 이는 데브렐 팀이 유동적이라는 점과 잘 부합합니다. 회사에 따라 데브렐 팀이 소속된 부서와 목표가 다를 수 있을 뿐만 아니라, 프로덕트 종류와 상황에 따라 커뮤니티를 구축하기 위해 사용하는 전략도 달라질 수 있습니다. 커뮤니티와 교류하는 데 정해진 방법은 없습니다. 여러분의 커뮤니티에 어떤 방법이 가장 적합할지는 다양한 방법을 실험해보고 결과를 관찰하면서 파악할 수 있을 것입니다.
- 아보카도는 익는 데 오랜 시간이 걸립니다. 아보카도 나무가 열매를 맺기까지 5년이 걸린다는 것을 생각한다면 훨씬 더 오랜 시간이 필요한 것이죠. 하지만 아보카도는 익으면 맛있을 뿐만 아니라 농부들에게 많은 수익을 가져다줍니다. 데브렐 또한 굉장히 긴 호흡을 갖고 있어서 매출에 바로 영향을 주진 않습니다. 하지만 선행 투자를 잘 하고 세심하게 키운다면 마지막엔 보람 있는 수확을 거둘 수 있습니다.

아보카도에 대한 연구와 데이터들을 들여다보면 볼수록, 아보카도가 얼마나 건강에 좋은지 알 수 있습니다. 마찬가지로 데브렐에 대해 더 많이 조사하고 데이터를 모을수록 데브렐이 비즈니스에 도움이 될 뿐만 아니라 좋은 프로덕트를 만들고 유지하는 데 필수적이라는 사실을 깨닫게 될 겁니다. 잘 운영되는 커뮤니티와 좋은 프로덕트

---

6 `https://twitter.com/sherlyholmes/status/938934404251971584`

야말로 회사의 심장부에 좋은 영향을 준다는 사실은 누구도 부인할 수 없을 겁니다. 마치 아보카도처럼요.

처음에는 명확하고 간단한 수치를 설정하는 것이 좋습니다. 일별, 월별 지표처럼요. 이 데이터는 다음과 같은 의사결정을 하는 데 도움을 줄 수 있습니다.

- 무엇이 잘되고 있나요?
- 무엇이 잘 안되고 있나요?
- 무엇을 다르게 해봐야 할까요?

이 세 가지 질문은 일반적으로 회고에서 사용하는 질문 중 일부입니다. 또한 커뮤니티를 포함해 회사에 기여하고 있는 가치를 측정하는 방법을 모색하기 시작할 때 생각해보면 좋은 것들이기도 합니다.[7]

질문에 대한 답변 중 일부는 정량적인 것들일 겁니다(예를 들어, 회사 블로그에 기술 콘텐츠를 월 2건 포스팅하여 많은 양의 트래픽 얻기). 또는 관찰이나 정성적인 트렌드가 될 수도 있습니다(예를 들어, 최근 후원한 세 번의 콘퍼런스에서 새로운 기술에 대한 트랙이 있었지만, 사람들은 다른 주제로 관심을 돌리고 있으니 그 주제에 대한 콘텐츠를 만들거나 프로덕트 팀에 해당 기능 요청하기).

센수Sensu 커뮤니티의 부회장인 매트 브로버그Matt Broberg[8]는 이에 대해 머리로 측정하느냐 직감으로 측정하느냐의 차이라고 이야기합니다. 머리로 측정하는 사람들은 깃허브 리포지터리의 풀리퀘스트 수, 트위터 인게이지먼트 수 등 로우 데이터raw data(미가공 데이터)를 중요하게 봅니다. 이는 커뮤니티의 상태와 팀이 기여하는 가치를 정량화할 수 있는 방법입니다. 직감으로 측정하는 사람들은 매일 커뮤니티와

---

7 월별 또는 분기별로 팀과 함께 해보면 좋습니다. 어떤 문제나 이슈가 처리할 수 없을 정도로 커지기 전에 미리 막을 수 있도록 도움을 줄 겁니다.

8 제 좋은 친구로, 오픈소스 커뮤니티에 대한 엄청난 인사이트와 열정을 지닌 에너지 넘치는 커뮤니티 빌더입니다. 트위터는 @mbbroberg

대화하며 보낸 시간을 바탕으로, 커뮤니티가 가진 니즈에 대한 전반적인 느낌뿐만 아니라, 적절한 일과 그렇지 않은 일에 대해 알고 있습니다. 이는 정량화할 수 있는 것은 아니지만 타당성이 높기 때문에 정량적인 것만큼 중요하게 다뤄야 합니다. 특히 모두가 공감하는 사항이라면 더더욱요.

## 스토리텔링은 직무 역량의 일부

제가 스토리텔링을 강조하는 이유는, 제가 데브렐과 커뮤니티 관리를 시작하게 된 계기와 관련이 있습니다. 저는 어렸을 때부터 글 쓰는 것을 좋아했습니다. 3학년 때 담임선생님은 첫 책을 쓰게 되면 사인본을 꼭 보내라고 졸업 앨범에 메모를 남기시기도 했죠.[9] 고등학생 때는 '작가가 되는 것'보다 좀 더 실용적인 꿈을 가질 필요가 있겠다는 생각을 하게 되어 특집 기사와 저널리즘 쪽으로 방향을 틀었습니다.

하지만 대학을 절반쯤 다녔을 때, 신문사들은 줄어든 구독자 수와 점점 떠오르는 온라인 블로그 때문에 많은 기자들을 해고하고 있었습니다. 저는 다시 홍보 쪽으로 방향을 틀었고, 오라일리 미디어에서 인턴을 하다가 대학 졸업 후 정규직으로 전환되었습니다. 개인적으로나 직업적으로나 계속해서 규칙적으로 글을 쓰고 있음에도 불구하고, 언론사의 '특집 기사' 지면이 그리웠습니다. 저는 깔끔한 보도 자료를 쓰고 프로그래밍 언어에 대한 최신 트렌드를 조사하는 일들을 했습니다. 프로그래밍 언어를 만들거나 위대한 기술 혁신을 만들어가는 사람들과 이야기를 나누는 것이 아니라요.

우리 회사의 콘퍼런스, 책, 웹캐스트에 다룰 만한 적절한 주제를 어떻게 알아볼지에 대해 몇 년 동안 고민했고, 이후 저는 오라일리의 사장인 로라 볼드윈Laura Baldwin 덕분에 커뮤니티 관리에 뛰어들었습니다. 그녀는 이 새로운 직무가 어떤 의미를 가지는지, 또 제가 하는 일의 가치를 증명하기 위해 어떤 정보를 가져와야 하는지 알 수 있도록 여유를 줬습니다.

---

9  https://www.marythengvall.com/blog/almostanauthor

3장에서 커뮤니티 멤버들과 만난 후 썼던 출장 보고서에 대해서 이야기했죠. 여기서 저는 저의 스토리텔링 역량을 활용할 수 있었고, 고객과 커뮤니티 멤버들을 어떻게 하면 잘 도울 수 있을지에 대한 동기부여와 추진력을 얻을 수 있었습니다. 한편, 예정된 행사에 참여하며 사람들과 교류하고, 새롭게 섭외한 콘퍼런스 발표자나 저자 수 등을 통해 제 업무의 성과도 보여줘야 했습니다. 만약 전국을 돌아다니며 개발자 행사에서 연설을 하고 업계의 리더들과 만나는 것이 가치 있는 일이라는 것을 증명할 수 없었다면, 저는 그런 기회를 계속해서 얻기 어려웠을 것입니다.

데브렐 팀은 프로덕트 및 엔지니어링 팀에 피드백을 전달하고, 마케팅 및 영업 팀이 오디언스를 위한 이야기를 구상할 수 있도록 지원하는 스토리텔러입니다. 스토리텔링은 '직감'으로부터 나오지만, 이를 뒷받침할 수 있는 분석 능력을 갖춤으로써 조직 위아래로 존중받을 수 있는 타당성을 스토리에 부여할 수 있습니다.

우리의 직감은 무엇을 해야 할지 정확하게 알고 있습니다. 하지만 여기에 지표와 분석이라는 양념을 뿌리지 않으면 데브렐 조직을 장기적으로 운영하고 보호하기 위해 필요한 비즈니스적 가치를 증명할 수 없습니다. 우리는 항상 스토리텔링을 해야 합니다. 심지어는 수치 데이터를 가지고요. 정성적인 내용에 정량적인 자료를 덧붙인다면 여러분의 이야기는 비즈니스적으로 더 설득력을 갖게 될겁니다.

누군가는 데브렐 팀과 관련된 비용과 예산을 대줘야 합니다. 커뮤니티는 우리가 흔히 보던 기존의 조직도(5장에서 더 자세히 다룹니다)와 잘 맞지 않아서 측정하기 어렵습니다. 그래서 데브렐을 하는 많은 사람들이 조직 개편과 팀 해체라는 가슴 아픈 일을 겪기도 합니다. 단순히 우리의 가치를 효과적으로 측정하지 못했다는 이유로요. 그리고 이로 인해 우리는 커뮤니티를 잃기도 합니다.

# 체크하고 균형 잡기

데브렐의 가치를 보여주고자 할 때 정성적 측정과 정량적 측정 둘 다 필요합니다. 왜 그럴까요?

## 직감을 믿으세요, 하지만…

스파크포스트에 있는 동안 후원한 행사들의 성공 여부를 측정하기 위해 이벤트 스코어 카드를 만들었습니다(부록 B 참고). 행사에 대한 직감적인 인상을 평가하는 '좋은 경험' 컬럼뿐만 아니라 생성된 파트너십 수, 행사장에서 직원이 발표했는지 여부, 부스 방문자 수, 경쟁사 및 스파크포스트에 대해 받은 피드백 수 등을 기입하는 컬럼도 있습니다. 이렇게 정량화할 수 있는 데이터들은 행사를 마친 후 흔히 하는 '행사가 잘 진행되었는가? 예/아니요'와 같은 질문에 답할 수 있도록 도와주었습니다. 또한 행사를 통해 만들어진 영업 기회 수만이 행사의 성공을 판단하는 지표가 아님을 이 데이터들을 통해 보여줄 수 있었습니다. 데브렐 팀이 후원하는 모든 개발자 행사가 리드를 생성할 수 있는 것도 아니고, 이러한 행사들이 꼭 리드를 생성해야만 하는 것도 아니기 때문에(이에 대해서는 8장에서 자세히 다루겠습니다) 이 데이터가 유용했습니다.

행사가 굉장히 잘 진행되었다고 느낀 적이 여러 번 있었는데, 막상 그 수치를 계산해 보면 그저 평범했던 것으로 나타나는 경우도 있었습니다. 반대로 자원봉사로 운영된 행사들 중 준비부터 운영하는 과정이 굉장히 어려웠지만, 리드 생성과 관계 구축의 관점에서 볼 때 정말 가치 있는 것으로 나타난 행사도 있었습니다. 두 경우 모두 수치를 측정함으로써 감정에서 한 발짝 물러나 객관적인 관점에서 콘퍼런스를 평가할 수 있었습니다.

## 데이터가 전부는 아닙니다

'머리'로 측정하는 지표에 너무 많이 투자하거나 트위터 팔로워 수, 깃허브의 별 개수, 슬랙 포럼 멤버 수(저는 '허무지표'라고 부릅니다)에 대한 데이터를 모으는 데 모든 시간을 쓰면 커뮤니티 구성원과 교류가 끊기는 매우 위험한 결과를 초래할 수 있습니다.

데브렐 팀이 탄생한 가장 큰 이유는 마케팅 · 프로덕트 · 엔지니어링 · 영업 팀뿐 아니라 개발자 커뮤니티와도 커뮤니케이션할 수 있는 독특한 스킬을 가지고 있기 때문입니다. 데브렐 팀이 연락망 역할을 잘 수행하려면 각 그룹과 함께 이야기를 나누고, 적절한 담당자에게 피드백을 전달하고, 올바르게 소개하고, 고객을 계속해서 예의 주시해야 합니다. 하지만 가장 중요한 것은 더 큰 개발자 커뮤니티와 계속해서 관계를 구축하는 일입니다.

어느 날 갑자기 측정 지표를 정의하고 만드는 임무를 맡게 된다면 가장 중요한 사람들, 즉 커뮤니티 구성원들과 교류가 끊길 리스크를 감수해야 합니다. 이들이 없다면 데브렐 팀은 일을 할 수가 없습니다. 그렇기 때문에 데브렐 팀의 가치를 입증하는 측정 지표를 계속해서 관리하는 것도 중요하지만, 데브렐 팀의 업무 중 가장 많은 시간이 들면서 가장 중요한 일인 커뮤니티와의 교류를 계속할 수 있도록 해당 프로세스를 자동화해야 합니다.

매트 브로버그Matt Broberg가 2017년 커뮤니티 리더십 서밋[10]에서 "커뮤니티 지표는 진정한 관계에 있어 트로이 목마같은 존재"라고 말한 바 있습니다.

> 페이지 조회 수를 커뮤니티의 성공 지표로 착각하기 시작하면요…. 커뮤니티의 멤버가 되어야 한다는 것을 잊고 조회 수를 측정하는 데 너무 많은 시간을 소모하게 될 것입니다. 그 누구도 커뮤니티의 일원이 아닌 사람을 리더로 앉히고 싶어하지 않습니다. 이런 사람을 독재자라고 하며, 독재자는 장기적으로 의미 있는 무언가를 성장시키는 것을 방해할 겁니다.

---

10  http://cls.mediaspace.kaltura.com/media/CLS+2017+-+Matthew+(Brender)+Broberg+-+Community+
Metrics+are+a+Trojan+Horse+for+Real+Relationships/0_ro0yrlfk

## 데브렐의 지표로 상기 어려운 ROI

직감이 말해주는 것을 정량화할 방법을 찾지 못하면 ROI^Return of Investment(투자 대비 수익)라는, 커뮤니티 팀을 측정하기엔 어려운 지표만 남게 될 것입니다. ROI는 보통 수익을 측정하는 지표로 사용됩니다. 수익을 투자한 총 비용으로 나눠 계산하면 그 결과가 비율 또는 백분율로 나타납니다. 이 비율은 투자가 가치 있었는지, 미래 투자를 고려할 가치가 있는지를 평가하는 데 사용됩니다. 마케팅 쪽에서 '좋은' ROI는 5:1의 비율입니다. 이는 마케팅 예산에 쓴 1달러당 5달러의 매출을 올렸다는 것을 의미합니다. ROI는 일반적으로 클릭당 지불 광고, 페이드 미디어^Paid media, 콘텐츠 제작비 등에 적용됩니다.

ROI는 마케팅 캠페인의 '성공/실패'를 간단하게 가늠할 수 있는 지표이며, 광고 캠페인을 측정할 때 특히 좋은 방법입니다. 두 명 중 한 명이 광고를 클릭하고 프로덕트를 구매하거나 구매하지 않았다고 합시다. 여기에도 여러 양상이 있습니다. 광고를 클릭해서 한 동안 그 웹사이트를 샅샅이 살펴봤지만, 막상 구매를 하지는 않았을 수도 있습니다. 마케팅 팀에서 멀티터치 어트리뷰트 소프트웨어를 사용하고 있는 경우 어떤 사이트에서 사람들이 유입되었는지, 웹사이트에 얼마나 머물렀는지, 다른 도메인으로 이탈했는지, 나중에 유저가 다시 돌아왔는지 여부를 확인할 수 있습니다. 이를 통해 마케팅 팀은 '초기 인게이지먼트'(유저의 웹사이트 첫 방문)를 최종 구매로 이어지게 할 수 있습니다. 해당 고객을 끌어들인 콘텐츠는 세일즈 여정에서 봤을 때 '첫 접촉'이라고 할 수 있는데, 이는 해당 콘텐츠의 가치를 높입니다.

---

| 인터뷰 | 개발자 인지도를 트래킹한 알골리아 |
| --- | --- |

브랜드 인지도의 측정 지표를 트래킹하기란 특히 어렵습니다. 알골리아^Algolia는 개발자가 웹사이트와 응용 프로그램에 정확하고 빠른 검색 기능을 빌드할 수 있도록 지원하는 플랫폼입니다. 알골리아는 이를 위해 개발자 인지도 트렌드를 파악했습니

다. 데브렐 팀장인 조쉬 지엘락Josh Dzielak은 개발자 인지도에 대해서 다음과 같이 설명했습니다.

"알골리아에서 개발자 인지도란 알골리아에 대해 들어본 적이 있는 사람의 수와 개발자들이 흥미로워할 웹 콘텐츠의 트래픽 증가치 등이며, 이는 기본적으로 기존의 마케팅 퍼널funnel보다 상위 혹은 더 초기 단계에서 얻을 수 있는 것들이라 할 수 있습니다. 개발자 인지도의 증가가 언젠가는 비즈니스 가치와 좋은 성과를 가져다 줄 것이라는 회사 차원의 믿음이 있었습니다. 개발자가 툴에 대해 알게 되는 시점과 툴에 대해 더 배우고, 적용해보고, 이를 유료로 사용하기로 결정하게 되는 시점 사이의 프로세스는 매우 비선형적이라는 것도 알려진 사실이었지요. 영업 기회와 수익으로 이어질 만큼의 인지도가 쌓이기까지는 몇 개월 또는 수년이 걸립니다. 때문에 퍼널을 통해 선형 단계를 거치는 기존의 분석 모델을 적용하기에는 문제가 있습니다."

"우리는 오가닉 검색 트래픽, 추천 트래픽, 직접 유입 트래픽 등 사이트 트래픽을 통해 인지도를 최대한 트래킹하려 했습니다. 하지만 수백 개의 오픈소스 프로젝트와 개발자 포털들이 우리 회사 프로덕트인 독 서치DocSearch를 사용하고 있어서, 트래픽의 대부분은 해당 사이트에서 직접 유입되거나 추천을 통해 들어오고 있었습니다."

"더 좋은 멀티터치 어트리뷰트 툴이 유용한 이유가 여기에 있습니다. 고객의 여정이 어디서부터 시작되는지를 보다 명확하게 알 수 있기 때문이죠. 저희가 어려움을 겪던 것 중 하나는, 초기 클릭에서부터 고객 확보까지 전 과정을 트래킹하는 것이었습니다. 앞서 말했듯이, 개발자들이 어떻게 알골리아를 알고 쓰게 되었는지에 대해 보고 들은 것을 바탕으로 개발자 인지도의 증가가 비즈니스 가치로 이어진다는 것은 알고 있었지만, 초기 인식이 어느 특정 링크에서 시작되는지 매핑mapping하는 것이 어려웠습니다."

"예를 들어, 독 서치를 사용하는 가장 큰 사이트인 부트스트랩으로부터 매일 유입되는 수백 명의 유저가 있었는데 이들 중 가입하는 사람은 0.5%도 채 되지 않았습니다. 즉, 알골리아에 대해 알게 된 사람들이 약 수천 명 정도 있고 이들 중 부트스트랩 문서에 있는 *algolia.com* 링크를 통해 고객이 된 사람도 있겠지만, 인지와 고객 확보가 동시에 일어난 곳은 수십 개밖에 되지 않기 때문에 전통적인 퍼널 중심의 마케팅 툴로는 그 효과를 확인할 수 없었습니다."

"가입한 사람들 중 몇 퍼센트가 이전에 개발자 콘텐츠를 봤는지, 몇 명이 콘퍼런스 발표 때 소개한 사이트를 클릭했는지, 몇 명이 우리의 검색 쪽 관련 행사에 참여했는지 등을 더 살펴보면 좋습니다. 기존의 선형 마케팅 퍼널로만 결과를 트래킹한다면, 개발자들이 궁극적으로 가입한 이유를 잘못 알게 될 수 있습니다. 데브렐은 관계 구축을 가장 최우선으로 하기 때문에, '가입'이라는 것은 사람들이 납득할 수 있는 유일한 지표처럼 보입니다. 실제로 개발자들과의 관계가 가입으로 이어지기도 합니다. 하지만 직접 만나 이루어지는 상호작용을 트래킹할 방법이 없기 때문에 관계 구축의 효과를 정량적으로 측정하기 어렵고, 그래서 전체 고객 여정에 걸쳐 이뤄지는 데브렐의 역할이 과소평가되기 쉽습니다."

이미 짐작했겠지만 ROI는 마케팅 캠페인에 접근하는 가장 심플하고 단적인 방법으로, 복잡하고 정신없는 관계 구축의 특성은 제대로 반영하지 못합니다. 커뮤니티 관리 및 지표와 관련해 맥킨지 포겔슨 Mackenzie Fogelson 은 다음과 같이 말했습니다.

커뮤니티를 만들기 위한 노력을 측정할 때 대부분 무형의 것을 측정하려 하는 문제가 있습니다. 커뮤니티 구축은 기본적으로 관계에 대한 것입니다. 어떻게 관계에 대해 손익 분석을 할 수 있을까요? 친구한테 가서 이렇게 말할 수는 없잖아요. '음, 우리가 친한 친구(친구는 공통의 관심사가 있고 서로 신뢰를 교환할 수 있는 사이로 정의함)가 되기까지 68시간 동안 대화를 나눴고, 내가 16잔의 커피와 생일 케이크 하나를 사줬구나. 그런데 너는 나한테 1.21기가와트 정도 되는 정서적 만족과 새로운 친구 소개 3명, 책 추천 8권, 저녁식사 초대 3번을 해줬네. 아, 지난달에 너희 집에서 저녁식사를 하지 않았다면 난 아마 고속도로 13중 연쇄 추돌 사고에 휘말렸을지도 몰라.' 이런 식으로 해서는 안 됩니다.

# 정성적 측정 + 정량적 측정 = 달콤한 성공!

우리가 트래킹할 수 없거나 트래킹하면 안 되는 것(리드 수, 완료 또는 완료하지 않은 목표), 머리와 직감의 밸런스를 맞추기 위해 정성적 측정과 정량적 측정 둘 다 트래킹하는 것이 왜 중요한지에 대해 지금까지 이야기했습니다. 그럼 우리는 앞으로 어떻게 해야 할까요?

## 온라인 인게이지먼트

온라인상의 인게이지먼트는 가장 쉽게 트래킹할 수 있습니다. 트래킹할 수 있는 모든 것을 트래킹하는 거죠. 단, 이를 자동화하기 위한 초반 투자가 필요합니다.

깃허브 풀리퀘스트와 포크부터 트위터 인게이지먼트와 콘텐츠에 달린 댓글에 이르기까지, 온라인 인게이지먼트는 윗사람들에게 성장과 수치적인 지표를 보여줄 수 있는 가장 쉬운 방법입니다. 이런 측정 지표들을 언급한 이유는 바로 트위터 팔로워 수나 깃허브 리포지터리에 얼마나 많은 별을 받았는지와 같은 허무지표가 아니기 때문입니다. 이런 큰 숫자들은 보여주기엔 좋을지 몰라도, 사람들이 실제로 우리 콘텐츠를 보고 있는지에 대해서는 말해주지 않습니다. 그리고 더 중요한 것은, 이런 허무지표는 커뮤니티 인게이지먼트를 보여주지 않는다는 것입니다.

이러한 정보를 취합하려면 많은 데이터를 수집해야 하지만, 유용한 API가 있는 도구[11]를 활용해 자동으로 멋진 그래프들을 만들고 조합할 수 있습니다. 이렇게 하려면 초반에 시간과 비용을 투자해야 하지만, 일별/주별/월별로 매번 이런 지표들을 계산하느라 쓸 시간을 절약하는 것이 훨씬 이득이죠. 각주에 유용한 도구들을 몇 가지 소개했는데, 여러분이 이 책을 읽을 때쯤에는 새로운 도구들이 생겼을지도 모릅니다. 도

---

11  만약 오픈소스를 많이 사용하고 있다면 비테르지아(Bitergia)를 추천합니다. 비테르지아가 제공하는 대시보드를 통해 누가 가장 큰 깃허브 컨트리뷰터인지 알 수 있고 메일링 리스트, 포럼, 버그 등에 대한 통계도 살펴볼 수 있습니다. 넷플릭스의 OSSTracker(https://GitHub.com/Netflix/osstracker)와 MeasureOSS(https://GitHub.com/MeasureOSS/Measure)와 같은 도구도 있습니다. 트위터 분석과 다른 API 지표들을 킨(Keen)이나 데이터독(Datadog)으로 가져오면 가시성 측면에서 매우 유용합니다. 지난 달의 트렌드를 파악하지 못한 상태에서 다음에 무엇을 해야 할지 정보에 입각한 의사결정을 내리는 것은 불가능할 겁니다.

구들은 하루가 다르게 바뀌거든요. 중요한 것은, 자동화해야 하는 지표들의 우선순위를 정하고 여러분에게 적합한 도구를 찾아 실행하는 것입니다.

이러한 분석은 가치를 증명하는 것 외에도 커뮤니티 내의 추세를 보여주는 데 사용할 수 있습니다. 예를 들어, 여러분 회사의 메인 프로덕트가 API인 경우 깃허브 검색 API[12]와 JQ[13]를 이용한 간단한 쿼리를 돌려 얼마나 많은 사람이 깃허브 리포지터리를 만들었고 제목과 내용에 여러분 회사의 프로덕트명을 썼는지 트래킹할 수 있습니다. 이렇게 하면 얼마나 많은 사람이 여러분 회사의 API를 사용해 툴을 빌드하고 있는지, 이와 같은 인게이지먼트 비율이 얼마나 증가하고 있는지를 한눈에 볼 수 있습니다. '조회한 사람' 수를 기준으로 정렬해 리포지터리의 인기도를 측정할 수 있고, '언어'를 필터로 추가해 어떤 프로그래밍 언어가 인기 있는지와 어떤 SDK를 추가하는 것이 여러분의 커뮤니티에게 유용할지도 알아볼 수 있습니다.

이러한 검색이 유저 에이전트 문자열과 함께 실행된다면, 특정 SDK 또는 도구를 사용하는 고객 수를 트래킹할 수 있습니다. 만약 고객 데이터베이스와 연결되어 있다면 어떤 고객이 어떤 툴을 사용하는지 정확히 파악할 수 있습니다. 이를 통해 수익 흐름을 파악하여 각 툴당 달러 가치를 부여할 수 있는데, 높은 달러 가치를 가질수록 더 많은 리소스를 이끌어냅니다.

## 멀티채널 전략

멀티채널을 사용할 경우 더 까다롭기는 하지만, 트래킹할 수만 있다면 그만한 가치를 가져다줍니다.

멀티채널 마케팅은 커뮤니티 멤버들이 이미 모여있는 곳을 활용하기 때문에 효과적입니다(커뮤니티를 찾는 방법은 7장에서 자세히 알아보겠습니다). 멀티채널 마케팅은 소셜 미디어, 이메일, 오프라인 행사, 옥외광고 등 다양한 형태로 고객에게 다가가는 것을 의미합니다.

---

12 https://developer.GitHub.com/v3/search

13 https://stedolan.GitHub.io/jq

이러한 채널들은 대부분 마케팅 팀이 트래킹할 가능성이 높지만, 행사(온라인 웨비나 또는 대면 콘퍼런스 등)에서 발표했을 때 여러분은 그 효과가 어느 정도였는지 확인하고 싶겠죠.

행사에서 발표를 할 때, 인게이지먼트를 추적하는 가장 좋은 방법은 온라인입니다. 대부분의 기술 콘퍼런스에는 사람들이 행사 기간 내내 사용하는 해시태그가 있습니다. 사람들이 발표자 이름을 언급하지 않더라도, 여러분이 발표를 끝낸 직후 해시태그를 통해 어떤 트윗이 여러분의 발표를 듣고 올린 것인지 알 수 있습니다. 이런 트윗들을 트위터 모멘트로 모으면 해당 해시태그를 쉽게 참조할 수 있을 뿐만 아니라 특정 이벤트에 대한 여러분의 참여를 공개적으로 보여줄 수 있습니다. 이는 여러분의 퍼스널 브랜드를 키우는 데에도 도움이 될 수 있습니다.

또한 현장에서 지표들을 트래킹할 수도 있습니다. 프로덕트에 친숙한 사람이 몇 명이나 있는지 손을 들게 할 수도 있고, 발표가 끝나고 질문을 몇 개 받았는지, 몇 명이나 찾아왔는지를 체크할 수도 있습니다. 만약 여러 개의 트랙이 있는 콘퍼런스라면, 각 룸에 있는 사람 수를 빠르게 체크하는 것도 도움이 됩니다. 하지만 콘퍼런스마다 참여자 수가 다르기 때문에 이런 숫자를 보고할 때는 사람 수를 그대로 적기보다 퍼센트로 나타내는 것이 좋습니다.

프로모션 코드도 행사장에서 유용하게 쓸 수 있습니다. 카드 형태로 부스에서 배부를 하든, 기억하기 쉬운 코드 형태로 만들어 발표 슬라이드에 넣든, 프로모션 코드를 통해 가입을 정확하게 트래킹할 수 있습니다. 여러 이벤트별로 특정 코드를 만들어 둘 수도 있고, 'DEVREL' 등 팀의 여러 활동에 전반적으로 사용할 코드를 만드는 것도 방법입니다. 어느 쪽이든 이는 여러분의 팀에 가치를 부여할 수 있는 간편한 방법입니다.

가입이 이뤄진 지리적 위치를 트래킹하는 것은 미팅이나 지역별 콘퍼런스를 자주 여는 경우에 유용합니다. 히스토리 데이터를 트래킹하면 발표하거나 후원한 행사가 어느 지역에서 가장 큰 영향을 미쳤는지 확인할 수 있습니다. 이 데이터를 행사 날짜와 비교해 직접적인 상관관계를 도출할 수도 있습니다. 이는 데브렐의 여러 양상들처럼 장기적인 목표에 해당하며 즉각적인 결과를 기대해서는 안 됩니다. 하지만 특정 지역에 시간과 에너지를 투자하면 가입과 커뮤니티 참여를 확인할 수 있을 것입니다. 한 가지 주의점! 이를 대규모 행사에 대한 지표로 사용하지는 마세요. 대규모 행사는 세계 곳곳에서 참여자를 끌어오는 경향이 있다 보니 데이터가 왜곡될 수 있기 때문입니다.

## 직접적인 만남

직접적인 만남은 정량적으로 추적하기가 거의 불가능합니다. 여기서 정성적인 분석과 스토리텔링 기술이 필요합니다.

3장에서 이야기했듯이, 커뮤니티 멤버들의 의견을 들음으로써 직접적으로 상호작용하고 관계를 구축하는 것은 데브렐에서 가장 중요한 부분입니다. 이는 정량적으로 추적하기 가장 어려운 것 중 하나이지요. 여기서 제가 활용했던 출장 보고서가 유용할 수 있습니다.

앞서 언급한 이벤트 스코어 카드와 같이, 출장 보고서는 단순히 '효과적이었음', '시간낭비였음'이라고 쓰는 것이 아닌, 출장이 전체적으로 어떻게 이루어졌는지를 분석하는 데 도움이 될 수 있습니다. 구체적인 질문은 회사의 목표에 따라 다르겠지만, 모든 업계에 적용될 수 있는 몇 가지 항목들을 소개합니다(출장 보고서 예시는 부록 A를 참고하세요).

- 참석자 유형
  - 지리적 · 인구통계학적 정보
  - 개발자 유형(프런트엔드, 백엔드, 선호하는 언어 등)
  - 직책(매니저, 컨트리뷰터, C레벨, 임원 등)
- 스폰서 인터랙션(사람들이 엑스포장에서 얼마나 많은 시간을 보냈는가?)
- 세션, 키노트 등에서 다뤄진 주제의 범위
- 세션 또는 주요 트랙에서 다뤄진 중요한 주제
- 콘퍼런스에 대한 전반적인 느낌

출장 보고서에는 (때로는 중요한) 투자에 대한 정성적인 분석뿐만 아니라 행사장에서 얻은 정보나 생긴 일을 어느 부서로 배턴 터치할 것인지도 포함됩니다. 영업 팀뿐 아니라 아래와 같이 다양한 그룹에 배턴 터치를 할 수 있습니다.

- **사업개발 팀, 파트너십 팀:** 파트너 또는 협력 관계가 될 수 있을 잠재 기업
- **마케팅 팀:** 케이스 스터디로 다룰 만한 고객 또는 프로덕트를 사용해 문제를 해결한 경험에 대해 블로그 글을 쓸 의향이 있는 커뮤니티 구성원
- **프로덕트 팀:** 새로운 기능에 대한 광범위한 피드백을 제공하고자 하거나 베타 테스트 기능에 관심이 있는 고객
- **엔지니어링 팀:** 해결하기 어려운 버그를 우연히 발견하고 버그의 진상을 규명하는 데 기꺼이 도움을 주고자 하는 고객

물론 영업 팀도 배턴 터치할 그룹에 포함되어야 합니다. 커뮤니티에서 만난 사람에 따라 정확히 어떤 영업 팀에 넘겨줄 것인지 결정해야 합니다. 솔루션 아키텍트(기술적 측면의 영업)에게 넘겨줄지 엔터프라이즈 영업 팀으로 연결해줄지는 여러분이 만난 커뮤니티 멤버의 니즈와 직함에 따라 달라집니다. 어떨 때는 여러분이 만난 그 커뮤니티 멤버가 아니라, 그 멤버의 매니저나 보고 라인의 팀장을 연결해줄 수도 있습니다.

이러한 배턴 터치를 트래킹하는 것은 여러 가지 이유로 매우 중요합니다. 물론 가장 중요한 이유는 데브렐 팀이 하는 활동에 가치를 부여하는 확실한 방법이라는 것입니다. 또한 전체적으로 어떤 활동이 장기적으로 더 효과적인지 확인할 수 있을 뿐만 아니라 업계 전반의 주요 테마를 트래킹할 수 있는 좋은 방법입니다.

이렇게 모은 연락처를 회사 CRM과 분리하여 사용할지 여부는 여러분에게 달려 있습니다. 만약 이 연락처를 한 DB에 모두 담는다면, 데브렐 팀이 모은 연락처와 영업 팀이 모은 연락처를 명확하게 구분해야 합니다. 이는 CRM이 이러한 구분을 제대로 할 수 있을지 여부와 영업 팀과 얼마나 좋은 관계를 맺고 있는지에 따라 달라집니다. 영업 팀이 개발자를 대상으로 영업을 하고 있더라도 너무 이른 단계에서 연락하지 않을 것이라는 신뢰가 있어야 하죠. 이미 잘 알려진 대로, 개발자들은 영업당하고

싫어 하지 않으며, 광고에 노출되거나 자신의 허락 없이 회사 뉴스레터에 등록되는 것을 싫어합니다. 콜드 콜cold call이라고 불리는 영업 전화는 나쁜 관행일 뿐만 아니라 개발자들이 돌아서게 만드는 큰 요인이 됩니다.[14] 기억하세요. 말은 빠르게 퍼집니다. 커뮤니티 구성원별로 영업 기회를 세분화하지 못한다면 사람들은 여러분 회사의 프로덕트로부터 돌아서게 될 것입니다.

## 일화 vs. 사실

지표에 대해 더 다루기 전에, 일화와 사실 간의 차이를 알아야 합니다. 출장 보고서와 커뮤니티 구성원을 통해 정기적으로 수집하는 피드백은 모두 일화라고 할 수 있습니다. 특정 경험을 가진 사람에 대한 일회성 이야기나 상황은 그 사람들에게만 해당하는 것이지, 커뮤니티 전체를 대표하지 않습니다.

어떨 땐 그 이야기가 사실일 수도 있습니다. 하지만 모든 피드백에 대해 반응할 필요는 없습니다. 우리는 일화와 사실을 혼동해서는 안 됩니다. 그렇지만 일화적 증거들이 충분하다면 조치를 취해야 할 패턴과 데이터를 파악할 수 있습니다. 1장에서 이야기했듯이, 사용자 경험상의 문제, 버그, 기능 요청 등을 제기한 유저 한 명이 있다면, 같은 생각을 하고 있지만 말을 꺼내지 않은 다른 유저가 10명 더 있을 수 있습니다.

「일화를 향한 조롱Anecdote as Epithet」이라는 제목의 아티클[15]에서 마이클 퀸 패튼Michael Quinn Patton은 일화에 대해 다음과 같이 이야기합니다.

> 일화는 어떤 것에 대한 짧은 이야기에 불과합니다. 하지만 오늘날 일화는 조롱거리가 되곤 합니다. '그건 그냥 그럴 수도 있다는 이야기죠'라는 말은 질적인 데이터를 무시하는 흔한 방법이죠…. 맞아요, 각각의 일화를 따로 놓고 보거나, 아마추어들이 듣는다면 단순한 일화에 불과할 겁니다. 하지만 저는 전문적인 일화 수집가입니다. 만약 여러분이 그 일화를 경

---

14 https://www.ftc.gov/tips-advice/business-center/guidance/can-spam-act-compliance-guide-business

15 https://www.betterevaluation.org/en/blog/anecdote_as_epithet

청하고, 체계적으로 수집하고, 제대로 분석하는 방법을 안다면 이러한 패턴들은 세상에 어떤 일이 일어나고 있는지 보여주는 창문이 될 수 있습니다. 훈련되지 않은 사람이 듣는다면 일화는 그저 일상적인 이야기일 뿐이고, 재미있을 수도 있고 아닐 수도 있습니다. 그러나 전문적으로 훈련된 사람에게는 그 일화가 과학적인 데이터, 즉 인간의 경험이라는 교향곡 속 음표가 될 수 있습니다. 당연히 이런 교향곡은 들을 줄 알아야 들리겠죠.

우리는 좋은 스토리텔러가 되어야 할 뿐만 아니라 훌륭한 리스너Listener가 되어야 합니다. 커뮤니티를 통해 주어진 정보를 대변하고, 일화뿐 아니라 문제나 기회의 증거들을 찾아내고, 이를 회사 내 이해관계자들에게 효과적으로 전달해 어떤 일이 이루어질 수 있도록 하는 것이 우리의 책임입니다.

인터뷰

## 계속해서 이니셔티브를 추구하고 스토리텔링을 하는 센수의 철학

이번 장에서 다룬 스토리텔링은 우리가 지표를 어떻게 보고하는지를 나타내기도 합니다. 매트 브로버그Matt Broberg는 인프라, 서비스, 애플리케이션 상태 및 비즈니스 KPI를 모니터링하기 위한 프레임워크를 제공하는 센수Sensu의 커뮤니티 및 데브렐 부문 부사장입니다. 몇 년에 걸쳐 그는 데브렐 팀의 지표를 보고할 때 올바른 이니셔티브의 추구와 적절한 스토리텔링을 함께 녹여내는 방법을 찾아냈습니다.

"데브렐 팀을 위한 중요한 우선순위들은 팀을 성공으로 이끌 수 있을 만큼 충분히 넓은 범위로 잡아야 합니다. 다양한 이니셔티브를 수행하면서 이러한 우선순위별 성과에 대해 보고하는 방법이 달라지더라도 말이죠. 우선순위들에 스택을 매겨서 어떤 것을 첫 번째, 두 번째, 세번째 또는 그 밑으로 둘 것인지 이해하는 게 중요합니다. 이처럼 순위를 매기지 않으면 데브렐이 제공하는 엄청난 양의 가치에도 불구하고 성공하고 있다는 느낌을 받지 못할 수 있습니다. 무엇이 우선순위가 높은 것인지 알 수 없는 경우도 많습니다. 이러한 항목들에 순위를 매길 수 있다는 것은 팀의 비즈니스 가치와 집중해야 할 영역이 확실하다는 것을 뜻합니다. 이것이 바로 데브렐 팀이 빛을 발할 수 있는 부분입니다. 커뮤니티 구성원의 여정을 바탕으로 성공 지표를 수립하세요. 여러분이 가진 비즈니스 가치에 공감할 수 있다면, 지표에 대한 보고 내용의 흐름도 명확한 방향을 가질 수 있을 것입니다."

"데브렐이 결과를 내기까지 필요한 리드 타임을 생각할 때, 비즈니스 얼라인먼트는 매우 중요합니다. 콘퍼런스 발표를 준비하든, 풀리퀘스트를 머지하든, 커뮤니티 포럼의 대화 수준에 대해서든 각 결과물이 성공적으로 나오려면 준비하는 데 몇 시간, 때로는 며칠이 필요하다고 커뮤니케이션해야 합니다. 데브렐 팀은 새로운 지표나 너무 많은 KPI를 달성하라는 말을 끊임없이 듣기도 하고, 데브렐 팀의 일에 시동이 걸리고 성과가 나오기까지 시간이 걸린다는 사실을 이해하지 못하는 사람들로 인해 실패할 수도 있다는 마음의 준비를 하기도 합니다. 콘퍼런스에서 발표하기 위해 준비하는 것들을 생각해보세요. 먼저 CFP^Call For Paper를 제출해야 합니다. 이는 곧 이벤트를 트래킹하고, 오디언스가 누구인지 파악하고, 행사 운영진들에게 연락하고, 스토리를 구상하고, 개요를 짜는 등의 작업을 해야 한다는 의미입니다. 커뮤니티 구축이 그런 것처럼, 긴 호흡으로 진행되는 일들 속에서 데브렐이 성공하기 위해서는 준비 시간이 필요하며 이를 위해 비즈니스 얼라인먼트가 꼭 필요합니다."

"어떤 대화는 원시 지표^raw metric를 통합적인 관점으로 볼 수 있게 합니다. 이런 대화를 통해 우리는 데브렐이 가져올 중요한 임팩트를 전달할 스토리를 보여줄 수 있습니다. 원시 지표는 통합적인 관점으로 바라봐야 효과적입니다. 데브렐 팀의 가치를 제대로 보여주기 위해서는 프레이밍과 스토리텔링이 필요합니다. 광고 점유율^Share of Voice(SOV), 고객 확보, 마케팅 퍼널의 최상단 등 여러 지표를 활용해야 하죠. 또한 데브렐은 프로덕트 및 사용자 경험에 대한 피드백, 고객이 스스로 문제를 해결하는 비율, 심지어 채용에 이르기까지 비즈니스의 여러 영역에서 역량을 배가시킵니다. 그러나 이러한 모든 이점을 가져오는 데브렐에 지속적으로 자금이 투입되려면 비즈니스 가치에 대한 설명이 필요합니다. 즉, 데브렐 팀은 전체적인 성공 지표에 집중하고 이를 보여줘야 합니다. 있으면 좋을nice-to-have 부가적인 이점들에 의해 움직이는 것이 아니라요."

"데브렐은 이 모든 가치 그 이상을 제공할 수 있습니다. 하지만 이 가치들을 모두 측정해야 한다는 강박을 가지지 않는 것이 중요합니다. 비즈니스의 핵심 가치와 목표로 연결될 수 있는 특정 지표에 대한 모범 사례를 파악하는 것이 핵심입니다. 우리가 하고 있는 일이 흥미로울 뿐만 아니라 효과적인 도구이며, 비즈니스를 위한 중요한 자산임을 보여줄 수 있으니까요. 이러한 것들은 여러분만의 독특한 스토리를 발견하기 위해 꼭 필요한 방법입니다."

"회사의 목표와 데브렐의 목표 둘 다에 부합하는 지표에 집중하고 있다면, 성공을 위한 준비가 되었다는 것을 뜻합니다. 성공하게 되면 더 많은 예산을 얻을 수 있고, 조직 개편을 덜 겪어도 되며, 팀의 삶의 질이 더 나아지겠죠. 어느 누구도 여러분이 하는 일의 비즈니스 가치에 대해 부인할 수 없을 것이고, 여러분은 커뮤니티와 회사 모두에 변화를 만들기 위한 다양한 일들을 계속해서 할 수 있을 것입니다."

## 가치 실현 기간

가치 실현 기간time-to-value은 가장 중요한 지표이자 가장 까다로운 지표입니다.

발송 시기, 론칭 시기, 배포 시기 등 고객을 위한 목표가 무엇이든 고객이 해당 포인트까지 도달하는 데 얼마나 시간이 걸리는지를 트래킹하기 위한 지표는 매우 중요합니다. 걸리는 시간이 짧을수록, 이동 경로가 쉬울수록 프로덕트를 제대로 체험하기 전에 고객이 이탈할 가능성은 줄어듭니다.

일단 가입해서 계정을 만들도록 여러분의 고객이 될 개발자들을 설득했다면, 여러분은 제한된 시간 내에 프로덕트의 가치를 보여줘야 합니다. 그 누구도 된다고 했던 기능조차 제대로 동작하지 않는 프로덕트를 설치하고 배우려고 많은 시간과 노력을 들이고 싶지 않을 테니까요.

그렇기 때문에 새로운 고객을 위한 문서와 사용자 경험은 최고 수준으로 준비되어 있어야 합니다. 그리고 처음부터 고객에게 가치를 확실하게 심어주어야 합니다. 이는 2장에서 언급했듯이 문서, 샘플 애플리케이션, 개발자 경험 등과 관련된 팀워크가 제대로 이뤄져야 가능한 부분입니다. 콘퍼런스 참석자들이 웹사이트, API, 데모 등을 부스에서 살펴보는 과정에서 유저 경험에 대한 피드백을 들을 수도 있지만, 보통 이러한 상황의 최전선에 서는 것은 고객 지원 팀인 경우가 많습니다.

회사에서 서포트 티켓을 추적하고 분류하는 데 사용하는 툴에 따라 지원 팀은 각 항목에 태그를 달고, 표준 응답 매크로를 만들고, 정기적으로 자주 생기는 문제에 대해 전반적으로 파악할 수 있어야 합니다. 여기엔 자동화가 중요하죠. API에 대한 특정 사항을 찾는 방법에 대해 똑같은 질문을 105번 받았을 때, 표준 매크로로 답하는 것 외에도 지난 달에 같은 문제로 태그된 티켓 수가 몇 장이나 되는지를 백그라운드에서 컴파일하는 보고서가 있어야 합니다.

여기에 데브렐 팀이나 디벨로퍼 애드보케이트, 디벨로퍼 익스피리언스 매니저(이 역할에 대해서는 5장 참고)가 관여해야 합니다. 보고서를 살펴보고 어떤 것을 해야 할지 파악해야 하죠. 경우에 따라서 문서를 다시 작성해야 할 수도 있습니다. 복잡한 코드 세그먼트에 대해서 명확한 설명을 추가하거나, 각기 다른 수준을 가진 개발자들을 이해시키기 위해 샘플 애플리케이션이나 영상을 만드는 등 어떤 방법이 가장 좋을지 찾는 것도 중요합니다.

이런 유형의 작업들을 저는 '빠른 성공'이라고 부릅니다. 비교적 쉽지만 조직 전체에 큰 영향을 줄 수 있는 일들이죠. 고객 지원 팀은 처리해야 할 티켓 수가 줄어들고, 마케팅 팀은 소셜 미디어를 통해 들어오는 불만 사항이 줄어들고, 고객은 프로덕트에 대해 더 쉽게 파악할 수 있게 됩니다. 여러분의 회사가 진심으로 커뮤니티에 기여하고자 하며, 고민에 귀 기울일 뿐만 아니라 이를 해결하기 위해 실제로 행동한다는 것을 커뮤니티도 알게 되겠죠. 그렇게 되면 이는 여러분의 고객을 회사의 지지자 Advocate로 만드는 데 가장 큰 영향을 미치는 성공 지표가 될 가능성이 높습니다.

## 빠른 성공과 주간 리포트

빠른 성공은 고객 지원에만 적용되는 것이 아닙니다. 툴을 빌드하기 위한 멋진 API 들이 올라오는 깃허브 기스트gist에 풀리퀘스트를 보내 여러분 회사의 API를 올리거나, 개발자 도구들이 올라오는 사이트에 여러분 회사의 로고를 올리는 것도 빠른 성공을 위한 길입니다. 이러한 빠른 성공은 브랜드 인지도뿐 아니라 주요 오디언스가 프로덕트에 대해 알아볼 수 있는 여러 곳에도 직접적으로 관련이 있습니다. 잘 진행된다면 이러한 작업들은 혼자서 하루 안에 해볼 수 있으면서, 브랜드에 긍정적인 영향을 주고 많은 성장 가능성을 가져다줄 수 있는 프로젝트입니다.

롱테일과 관계 형성에 의존해 결실을 맺기까지 때론 몇 년이 걸릴 수도 있는 산업에서 빠른 성공은 즉각적으로 효과를 볼 수 있는 쉬운 방법입니다. 매주 이메일로 상사나 리더십에 이러한 작업들을 공유하는 것이 좋습니다. 성과를 직접적인 매출 결과로 보여줄 수는 없더라도, 여러분이 회사의 목표를 향해 계속해서 기여하며 업무를 수행하고 있다는 것을 보여줄 수 있는 좋은 방법이니까요.

## 리비박스를 통해 구체적인 지표 찾기

제가 제안한 것들은 정확한 지표를 추적하기 위한 것들이 아닙니다. 왜냐하면 이러한 지표는 여러분 회사의 목표와 데브렐 팀이 지향하는 방향에 따라 달라질 수 있기 때문입니다. 코넬 대학교의 회계학과 교수인 로버트 리비Robert Libby가 널리 알린 예측 프레임워크인 리비 박스(그림 4-1)는 이러한 일반적인 관행들이 여러분 팀에선 어떻게 일어나고 있는지 알아볼 수 있는 좋은 방법입니다.

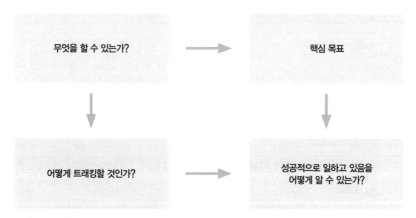

그림 4-1 달성하고자 하는 전략적 목표와 해당 목표에 도달하기 위해 사용하는 이니셔티브 간의 관계를 설명하기 위해 사용되는 프레임워크

이 프레임워크는 간단히 말해 여러분이 매일 하는 일들을 추적하고, 달성하고자 하는 목표를 되돌아보는 방법입니다. 이를 통해 여러분의 노력을 조금 더 쉽게 증명할 수 있습니다. 조금 더 과장하면, 그런 여러분의 노력이 회사에 변화를 주고 있다는 것도 보여줄 수 있을 겁니다.

## 해적 지표

중요한 성과 또는 여러분이 달성하기 위해 구상 중인 결과물들은 해적 지표[16] 또는 AAARRRP라는, 필 레게터Phil Leggetter가 데브렐을 위해 만든 더 업데이트된 버전의 지표와 관련이 있습니다.[17] 이러한 측정 기준들은 목표 설정을 위한 좋은 토대입니다. 고객의 행동을 대변할 뿐만 아니라 여러분이 기대하는 결과와 직접적인 관련이 있기 때문이죠. 이 모든 지표를 한 번에 추적하는 것은 합리적이지 않겠지만, 우선순위를 구축할 수 있는 프레임워크를 제공해줍니다.

---

16  *https://mcgaw.io/blog/aarrr-pirate-metrics-for-startups/#gs.0hthso*

17  *https://devrel.net/strategy-and-metrics/introducing-aaarrrp-devrel-strategy*

AAARRRP라는 길고 어색한 약어가 나타내는 지표는 다음과 같습니다.

- **인지도**Awareness

  프로덕트와 그 용도에 대한 일반적인 지식
- **유저 확보**Acquisition

  다양한 채널을 통해 사이트로 유입된 유저들이 최종적으로 가입함
- **활성화**Activation

  프로덕트를 사용하거나 실행함(예: 첫 API 호출)
- **유지**Retention

  프로덕트를 지속적으로 사용
- **수익**Revenue

  사용료 지불(예: 프로덕트 구독 또는 구매)
- **추천**Referral

  다른 사람에게 추천(브랜드 홍보 대사가 됨)
- **프로덕트**Product

  피드백을 제공하거나 프로덕트에 기여

기억하세요. 데브렐 팀이 유저 확보를 트래킹하기 위해 지표를 사용하는 것은 마케팅 팀이 수요 창출의 측면에서 지표를 사용하는 것과 매우 다릅니다. 데브렐이 수익 지표 면에서 책임지는 부분은 거의 없어야 합니다.

필 레게터는 데브렐 팀 업무가 각각 어떤 지표와 연결될지 차트로 나타낸 AAARRRP 템플릿을 만들었습니다.[18] 이 차트에는 다양한 업무가 들어 있지만, 데브렐 팀이 여기에 있는 모든 업무를 수행해야 하는 것은 아닙니다. 특히 팀의 규모가 작다면 더더욱요. 팀들 간 공유해야 하는 업무인 경우도 많고, 일부는 여러분에게 적용되지 않을 수도 있습니다(예를 들어, 테크니컬 어카운트 매니저나 세일즈 엔지니어링 팀이 있는 경우, 데브렐은 사전 영업에 관련된 논의에 참여하지 않습니다). 하지만 이 프레

---

18  *http://bit.ly/aaarrrp-template*

임워크를 통해 데브렐 팀의 활동 결과를 정리하고, 해당 결과가 어떤 지표와 관련이 있는지 파악할 수 있습니다.

## 목표 설정

결과물과 목표를 설정하기 위해, 여기서는 네 가지 질문을 던집니다.

### ■ 이루고자 하는 성과는 무엇이며, 어떤 해적 지표에 영향을 미치나요?

[그림 4-2]의 오른쪽 위 사분면은 여러분의 주요 목표를 나타내며, 이는 일반적으로 회사의 목표에 따라 결정됩니다. 예를 들어, '아보카도 인더스트리'라는 회사가 있다고 하고 이 회사의 내년 목표는 고객 기반을 확대해 수익을 높이는 것이라 가정해보겠습니다. 데브렐 팀은 영업을 담당하지 않지만 [그림 4-2]에서 볼 수 있듯이 인지도, 유저 확보, 활성화, 유지, 추천을 통해 회사의 목표에 영향을 미칠 수 있습니다. 중요한 것은 이러한 목표에 여러분이 실제로 영향을 미칠 수 있는지 확인하는 것입니다. 프로덕트나 서비스 도입에 영향을 주는 인지도와 유저 확보, 유저 유지에 큰 영향을 주는 개발자 경험과 콘텐츠 및 커뮤니티 구축, 추천이라는 결과를 만들어내는 만족도에 집중해야 합니다. 그리고 매출이 발생할 지점에 도달했을 때, 영업 팀에 영업 기회를 넘겨주어야 합니다.

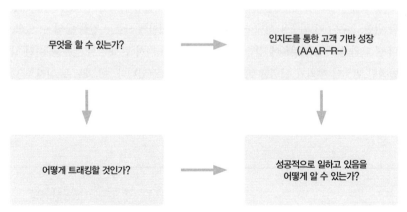

그림 4-2 오른쪽 위 사분면은 여러분의 주요 목표, 즉 이 경우에는 고객 기반 확장을 나타냅니다. 여기서의 해적 지표는 인지도, 유저 확보, 활성화, 유지, 추천입니다.

## ☑ 그 성과를 달성하는 데 무엇이 도움이 될까요?

왼쪽 위 사분면은 가장 먼저 생각해야 할 인풋input 지표입니다. 어떤 실행 계획이 여러분의 성과에 영향을 미칠 수 있을까요? 어떤 맥락에서 설정한 인풋 지표는 다른 맥락에서 아웃풋 지표가 될 수 있습니다.

예를 들어, 고객 참여(인풋 지표)는 도입(아웃풋 지표)을 이끌어낸다고 할 수 있습니다. 고객 참여는 최종적인 아웃풋 지표가 될 수도 있고, 비즈니스의 다른 부분에서 보면 인풋 지표가 될 수도 있습니다. 예를 들어, 경영진에서는 프로덕트나 서비스의 도입이 매출을 촉진한다고 주장할 수 있습니다. 이는 매우 중요한 포인트이지만 팀의 업무 범위 밖에 있을 수 있습니다.

해적 지표를 살펴보면 인지도가 고객 기반을 성장시키는 열쇠가 된다는 것을 알 수 있습니다. 인지도를 높인다면 유저 확보와 활성화도 촉진시킬 수 있을 것입니다. 인지도를 위한 핵심 인풋으로 콘텐츠를 활용할 수 있습니다.

질 높은 콘텐츠를 만들고, 우리 회사의 프로덕트나 서비스를 사용하고 있는 고객들에게 더 나은 개발자 경험을 제공함으로써 유저 유지에도 영향을 줄 수 있습니다. 이 모든 것은 높은 만족도를 가진 유저 기반으로 이어져 추천을 이끌어냅니다.

[그림 4-3]에서 볼 수 있듯이 하나의 핵심 피벗 포인트(인지도를 통한 고객 기반 성장)에 집중하기로 선택하면 비즈니스의 여러 부분에 영향을 미칠 수 있습니다. 실행할 만한 소수의 키 인풋을 선택하면 프로젝트 간 전환에 드는 시간을 줄일 수 있고, 더 큰 효과를 가져올 것들에 집중할 수 있습니다. 여기서 던져야 할 질문은 '어떤 일반적인 인풋이 우리가 선택한 아웃풋을 촉진시킬까?'입니다. 이 개념을 잊지 마세요. 다음 단계에서 우리는 이를 실행 가능한 항목으로 세분화해볼 것입니다.

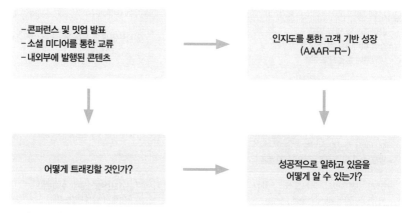

그림 4-3 개념적 인풋이 전체 결과를 주도합니다.

## 🖪 성과를 내기 위한 진행 과정을 어떻게 측정할 수 있을까요?

왼쪽 아래 사분면에서는 개념을 구현하기 위한 실제적인 방법을 조사하기 시작합니다. 이러한 이니셔티브는 개념적 인풋을 보다 구체화하고, 팀이 나아갈 대략적인 방향을 제시합니다.

다시 한 번 말하지만, 이러한 내러티브를 추구하기 위해 선택하는 방법은 여러분 팀이 지닌 특유의 역량에 달려 있습니다. 하지만 오른쪽 위 사분면의 개념적인 인풋은 여러분에게 출발점이 되어줍니다.

여러분 팀에 발표를 잘하는 사람과 글을 잘 쓰는 사람이 있고, 둘 다 소셜 미디어에서 확고한 입지를 다지고 있다고 가정해봅시다. 이들의 장점을 최대한 발휘함으로써 팀은 그들의 스킬을 통해 인지도를 한층 더 높일 수 있습니다(그림 4-4).

팀 규모가 작다면 발표 동아리 같은 것을 만들어, 콘퍼런스에서 발표해보고 싶지만 주제 선정과 발표 스킬과 관련해 도움이 필요한 개발자들을 모아 더 목소리를 낼 수 있도록 하는 것 또한 가치 있는 일이 될 것입니다.

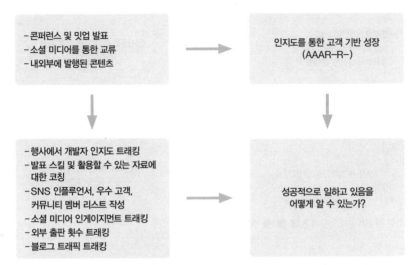

그림 4-4 왼쪽 아래 사분면에서는 개념을 구현하기 위한 실제적인 방법을 조사하기 시작합니다.

## 4 어떻게 객관적으로 측정할 수 있을까요?

마지막 상자에는 팀이 달성해야 할 결과 또는 객관적인 측정이 들어갑니다(그림 4-5). 이번 분기 말까지 어떤 성과를 거둘 것이라 예상하나요? 한 분기에 콘퍼런스 발표를 몇 번 하는 것이 합리적일까요(물론 콘퍼런스에서 발표하려면 CFP를 통해 신청을 하거나 초대받아야 한다는 점을 기억하세요)? 회사의 가장 중요한 목표를 달성하는 데 성공했는지 어떻게 알 수 있나요?

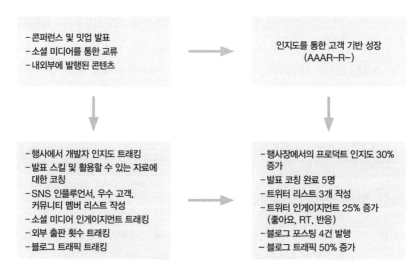

그림 4-5 마지막 상자에는 팀이 달성해야 할 결과 또는 객관적인 측정이 들어갑니다.

이러한 객관적인 측정을 설정함으로써, 데브렐 팀은 자신들의 책임이 무엇인지, 책임지지 않아도 되는 것은 무엇인지를 정확하게 파악할 수 있습니다. 이를 통해 타 부서에서 요청하는 여러 일들을 잠시 뒤로 미뤄둘 수 있고, 이런 식으로 갑작스럽게 요청하는 여러 프로젝트들이 객관적인 지표들을 충족시키는 데 도움이 되지 않는다는 것을 해당 부서와 그 경영진들에게 명확하게 이해시킬 수 있습니다.

그리고 이러한 지표들은 회사의 중요한 목표로 연결될 수 있기 때문에, 업무에서 직접적인 비즈니스 가치를 창출할 수 있습니다. 데브렐 팀이 하는 일이 어떻게 더 많은 유저와 매출을 끌어올지에 대해 더 이상 의문의 여지가 없는 것이죠.

객관적 측정을 설정할 때 두 가지 주의할 점이 있습니다.

- 후원했거나 발표했거나 기획해서 운영한 행사 수와 같은 프로덕션 지표를 사용하게 되면 그 결과보다 프로그램 비용을 더 의식하게 되는 경우가 있습니다. 행사 결과에 더 초점을 맞추세요. 여러분 회사의 플랫폼 인지도를 높일 수 있나요? 개발자 경험에 대한 소중한 피드백을 받을 수 있나요? 마케팅 및 영업에 얼마큼의 기회를 발굴해 전달할 수 있을까요? '5개의 콘퍼런스에서 발표하기'

같은 것보다 이러한 지표에 초점을 맞추면, 여러분이 쓰는 비용보다 여러분이
회사에 제공하는 가치를 더 강조할 수 있습니다.

- 완료한 업무와 달성하려는 목표를 혼동해서 기입하지 마세요. 수행 중이거나
수행한 작업(예를 들어, 3분기에 3개의 CFP 제출)은 아웃풋을 측정한 것이지
순효과가 아닙니다. 팀의 목표와 측정(완료한 일)이 모두 회사의 목표 달성에
기여하고 있는지에 집중하는 것이 중요합니다.

## 월드 클래스 데브렐 팀 만들기

마지막으로, 대부분의 사람들이 측정 지표가 아닌 목표로서 바라봤으면 하는 성공의
척도가 있습니다. 바로 월드 클래스의 데브렐 팀을 만드는 것입니다. 저는 이 목표를
달성하는 것이 최우선 과제이자 여러분이 구축하고자 하는 커뮤니티의 성공에 대한
지표가 될 수 있다고 생각합니다.

데브렐 팀이 최고의 커뮤니티 빌더builder가 될 수 있도록 필요한 교육과 지원, 도움을
주세요. 그러면 데브렐 팀을 성공적으로 운영할 수 있을 뿐만 아니라 회사를 발전시
킬 수 있을 것입니다. 팀이 행복하게 일할 수 있도록 투자하면, 팀원들은 그 에너지
를 커뮤니티에 투자할 수 있습니다. 커뮤니티는 팀이 계속 앞으로 나아가도록 동기
부여를 해줄 뿐 아니라 여러분이 회사에서 하는 일들에 대해서 널리 퍼뜨려 줄 것입
니다.

'월드 클래스 데브렐 팀 만들기'라는 지표는 측정하기 가장 어려울 수 있습니다. 이
것은 사람에 대한 지표입니다. 데브렐 팀이 커뮤니티에서 사람들의 말을 적극적으로
듣고 화두에 오른 것들에 반응해야 하듯이, 여러분도 그렇게 하지 않는다면 익숙해
지기가 매우 힘들 것입니다.

이 장의 앞부분에서 여러분의 커뮤니티가 어떻게 되고 있는지 분기별로 회고하기 위
해 던질 수 있는 세 가지 질문을 다룬 것을 기억하나요?

- 무엇이 잘되고 있나요?

- 무엇이 잘 안되고 있나요?
- 무엇을 다르게 해봐야 할까요?

이러한 질문을 던지고 적극적으로 그 답을 듣는다면 월드 클래스 데브렐 팀을 만드는 데 큰 도움이 될 것입니다. 5장에서는 데브렐 팀을 채용하는 방법에 대해서 알아보겠습니다. 어떤 상황에서든 여러분이 뒤에서 든든하게 지원하고 있다는 것을 데브렐 팀이 알수록, 데브렐 팀이 가져오는 가치를 여러분이 더 많이 이해할수록, 데브렐 팀은 더 적극적으로 일을 수행하고, 리스크를 감수하고, 새로운 것을 시도하려 할 것입니다. 그리고 이는 회사 전체의 성공을 이끄는 열쇠가 될 것입니다.

이러한 것들은 데브렐 팀이 회사 내에서 성공하기 위해서만 중요한 게 아닙니다. 회사가 탄탄한 데브렐 프로그램을 효과적으로 육성하는 데 성공한다면, 개발자 커뮤니티 전체에 걸쳐 여러분 회사의 브랜드 인지도에 직접적인 영향을 미치기 시작할 겁니다. 2장에서 이야기했듯이, 때로는 단순히 데브렐 팀 내 어떤 팀원에 대한 인지도 때문에 커뮤니티 구성원들이 여러분 회사의 프로덕트를 사용하기도 합니다.[19] 요즘에는 '데브렐(또는 커뮤니티) 팀을 잘 운영하는 회사는 어디인가요?'라는 질문이 종종 보입니다. 커뮤니티 팀이 강하면 피드백이 잘 전달된다는 것을 개발자들은 알고 있는 것이죠.

| 인터뷰 | 트윌리오의 월드 클래스 데브렐 팀 |

트윌리오Twilio는 오랫동안 '월드 클래스 데브렐 팀'의 대표적인 예로 여겨져 왔습니다. 트윌리오는 클라우드 통신 플랫폼으로, 웹 및 모바일 애플리케이션에 메시지 기능, 음성, 비디오를 추가할 수 있는 구성 요소를 개발자들에게 제공하고 있습니다. 트윌리오의 첫 번째이자 유일한 관심사는 '개발자'였기에 사업 초기부터 탄탄한 데브

---

19  https://twitter.com/mary_grace/status/843975759890800640

렐 팀을 구성해왔습니다. 디벨로퍼 에반젤리스트인 필 내시Phil Nash는 2014년부터 트윌리오에서 근무했으며, 처음부터 일관되게 데브렐에 대한 관심을 유지해오고 있습니다.

"회사가 처음부터 취한 정책 덕분에, 지금의 명성을 얻게 된 것이 참 행운이라 생각합니다. 트윌리오의 공동 창업자 3명은 모두 개발자였습니다. 트윌리오는 개발자를 위한 프로덕트로, 우리는 초창기부터 'API 우선'이었습니다. 개발자를 우선시하는 회사로서 우리는 개발자를 중시할 뿐만 아니라 언제나 최우선순위에 두도록 했습니다."

"이 때문에 회사는 에반젤리즘Evangelism과 데브렐의 효과에 대한 강한 믿음을 가지고 있었습니다. 그래서 우리 팀의 가치를 증명해야 한다는 부담이 덜렸고, 그래서 모든 업무를 뒷받침하기 위한 측정 기준을 만들어야 한다는 걱정 없이 관계를 구축하고 커뮤니티에 기여할 수 있었습니다. 물론 우리 팀도 다른 팀들처럼 목표와 기대를 가지고 있지만, 다른 회사의 데브렐 팀들처럼 팀이 하는 일에 대해 공격이 들어올까 봐 방어할 필요가 없었습니다."

"우리 디벨로퍼 에반젤리즘 팀에는 커뮤니케이션에 변화를 일으킬 수 있도록 개발자들에게 영감을 주고 도움을 준다는 미션이 있습니다. 이 두 가지, '영감'과 '도움'은 우리가 하는 일을 그대로 나타냅니다. 우리 팀은 이 두 가지에 항상 집중하고 있습니다. 만약 여러분이 다른 사람들에게 프로젝트에 대해서 영감과 흥분을 주지 못한다면 사람들은 그 프로젝트에 관심 없어 할 겁니다. 영감을 주었다 해도, 만약 그들이 실제로 시도해보고 싶어 할 때 적절히 도와주지 못한다면 역시 실패하게 되겠죠. 이는 회사의 모든 콘텐츠, 행사, 이야기, 프로젝트에 다 적용됩니다."

"이 미션을 완수하기 위해 우리 팀은 먼저 기술적으로 신뢰할 수 있는 사람을 채용하고 있습니다. 여기엔 두 가지 이유가 있습니다. 첫째, 커뮤니티에서 코드에 대해 신뢰할 만한 이야기를 할 수 있는 사람이 필요하기 때문입니다. 둘째, 이런 사람들은 커뮤니티에 이미 소속된 경우가 많습니다. 우리는 누군가 발표를 하거나 블로그 포스팅을 하고 싶은데 해당 경험이 많이 없거나 더 성장하고 싶어 한다면 기꺼이 조언을 해줍니다. 우리에게 가장 중요한 것은 커뮤니티를 돕겠다는 의지와 특정 스택 내에서 커뮤니티를 지원할 수 있는 기술적 역량입니다."

"마지막으로, 우리 팀의 팀원들은 서로 떨어져 움직이고 있기 때문에 디벨로퍼 에반젤리즘 팀을 위한 분기별 대면 회의를 진행하고 있습니다. 이틀 동안 집중적으로 다양한 이니셔티브에 대해 회고하고 다음 주요 프로젝트를 계획하기도 하면서, 현재 하는 일에 대해 이야기를 나누고 업무에 대해 중간 점검을 합니다. 우리 팀은 초창기 때부터 항상 심리적 안정을 중시했습니다. 이러한 회의는 매우 개방적이고 유연하고 진정성 있게 진행됩니다. 서로 믿을 수 있고, 스스로에 대해 진실하기 때문입니다. 이것이 팀 전체를 강하게 만들어주죠."

"이러한 여러 요소가 모여 서로가 최선을 다할 것이라고 신뢰하는 강한 팀을 만들고, 팀이 하는 일을 믿어주는 회사를 만듭니다. 이런 환경 속에서 우리 팀은 계속 성장하고 배우며 더 좋은 성과를 낼 수 있습니다."

---

회사가 데브렐에 대한 높은 기준을 가지게 된다면 어떻게 될까요? 무엇보다 개발자 경험이 전체적으로 매끄러워질 것입니다. 최소한 개발자 경험과 관련해 적극적인 개선 작업이 이루어질 겁니다. 버그 바운티 프로그램이나 베타 테스터 프로그램 등을 통해 투명하고 열린 방식으로 피드백을 모으고, 온·오프라인으로 고객과 적극적으로 소통하려 할 것입니다.

개발자 커뮤니티를 향한 열정은 비즈니스의 기반이 되어줄 것이고, 데브렐 팀은 더이상 위기가 터졌을 때에만 상의하러 오는 팀이 아니게 될 것입니다.

이 장에서 이야기한 다른 많은 내용들처럼, '월드 클래스 데브렐 팀'은 구체적이고 측정할 수 있는 개념이 아닙니다. 하지만 최고의 데브렐 팀이 있다는 것은 다른 어떤 지표들보다 회사의 비즈니스에 큰 영향을 가져올 수 있습니다. 앞서 인용한 아티클에서 말한 것처럼, 모든 지표가 구체적으로 눈에 보이는 것은 아니지만 우리는 무의

식적으로 그렇다고 가정하곤 합니다.

구체적으로 눈에 보이는 것은 마음을 편하게 해줍니다. 이런 것들은 높은 ROI 등을 예측하는 데 도움이 됩니다. 하지만 브랜드 충성도, 관계, 커뮤니티에 대한 주요 기반과 같이, 숫자로 확실히 나타낼 수는 없지만 헤아릴 수 없을 만큼 가치 있는 것들도 있지요. 이러한 가치를 알아보기 위해 설문조사를 시행하기도 하지만, 이를 완벽하게 파악할 수 있는 방법은 아직까지는 없습니다.[20]

---

20  맥킨지 포겔슨(Mackenzie Fogelson)이 한 말입니다. *https://mackfogelson.com*

# 데브렐 팀 구성하기

지금까지 커뮤니티를 중심으로 회사의 목표를 정의하는 방법과, 성공 전략에 데브렐을 포함하여 비즈니스 사례를 만드는 법에 대해 다뤘습니다. 그렇다면 이제 이 역할을 수행하는 데 어떤 사람들이 도움이 될지 알아보겠습니다.

이번 장에서는 먼저 성장을 위한 벤치마킹으로 팀 안내도 그리기에 대해 설명합니다. 이어서 직함을 어떻게 지어야 할지, 누구를 가장 먼저 채용해야 할지, JD<sup>Job Description</sup>는 어떻게 작성해야 할지, 데브렐 담당자나 팀을 어느 조직에 배치해야 할지, 그렇게 채용한 사람이 성공할 수 있도록 어떻게 도와줘야 할지에 대해서 이야기하려 합니다.

## 팀을 위한 안내도 그리기

현재 상황을 바탕으로 계획을 세우는 것도 물론 중요합니다. 하지만 현재 상황만을 위한 계획을 짠다면 근시안적이 될 수밖에 없습니다. 이에 대해서는 7장에서 더 자세히 설명하겠지만, 여러분은 항상 다음 단계를 앞서서 생각해야 합니다. 현재 시나리오에서 필요한 리소스는 무엇인지, 목표를 뛰어넘은 다음에는 무엇이 필요할지 등을요. 지금 여러분에게 커뮤니티 빌더나 디벨로퍼 애드보케이트가 필요하고 합시다. 그 사람들이 합류해서 성공적으로 목표를 달성했다면, 그다음에는 어떤 사람들이 더 필요할까요?

저는 데브렐 팀을 위한 '매장 안내도' 그리기를 비유로 드는 걸 좋아합니다. 샌프란시스코에는 9층 높이에 450평이 넘는 쇼핑몰이 있습니다. 쇼핑몰에는 180개가 넘는 매장이 있어서 각 매장별 위치가 안내된 지도가 필요하죠. 마찬가지로 데브렐 팀은 다양한 방향으로 나아갈 수 있는 만큼 지도가 꼭 필요합니다. 팀의 현재 위치는 어디인지, 어디로 나아가고자 하는지, 가는 길에 어떤 것들을 보게 될지를 나타낸 지도는 팀이 성공을 위해 올바르게 가고 있는지를 알 수 있게 해줍니다.

먼저, 개발자 경험의 가장 기본적인 것에 초점을 맞추는 것이 중요합니다. 해결해야 할 가장 큰 문제는 무엇인가요? 4장에서 다룬 해적 지표로 돌아가보면 살펴봐야 할 기본적인 영역들을 알 수 있을 겁니다. 전체적인 인지도를 개선해야 하나요? 아니면 활성화가 주된 목표인가요? 외부 도움이 필요한가요? 아니면 활성 유저의 피드백이 필요한가요? 집중해야 할 영역들을 파악하면 무엇부터 시작해야 하는지를 알 수 있습니다. 새로운 사람을 채용할 때뿐만 아니라 이들의 초기 목표를 설정하는 면에서도요.

그렇게 되면 해당 영역들이 더 이상 큰 문제가 아니게 되었을 때의 회사는 어떤 모습일지 상상해볼 수 있습니다. 활성화 문제가 해결된 다음에는 무엇에 초점을 맞추면 될까요? 갑자기 많은 고객을 유치하게 되었을 때 발생할 수 있는 상황은 무엇인가요? 이러한 시나리오를 하나씩 살펴보면 각각의 '매장'을 중심으로 '매장 안내도'를 만들어 나갈 수 있고, 사람을 더 채용해야 할 주요 영역은 어디인지도 알 수 있게 됩니다. 안내도는 다음 장소를 찾으러 가는 동안 피해야 할 방해 요소들을 알려주기도 합니다. 쇼핑몰에는 호객 행위를 하는 화장품 가게나 "뭐 좀 여쭤볼게요" 하고 질문을 던지는 행인들이 있죠. 이렇게 주의를 산만하게 하는 요소는 가능한 빠르게 파악해 팀이 방해받기 전에 피할 수 있도록 조치하는 것이 중요합니다. 마지막으로, 때로는 원래 가려고 했던 매장이 아닌 다른 매장에서 목표를 달성할 수도 있다는 것을 알아야 합니다. 앞에서도 언급했듯이, 이러한 유연성은 팀이 주요 목표를 빠르고 쉽게 달성할 수 있는 핵심입니다.

장기적인 전략을 수립하면 데브렐 팀이 단지 일시적인 유행으로 만들어진 팀이 아니라는 것을 회사의 이해관계자들에게 보여줄 수 있습니다. 그 '장기적'이라는 것이 18개월에 불과하더라도요. 각 팀원이 할 수 있는 것은 무엇인지, 그들이 달성할 목표는 무엇인지에 대한 밑그림을 그림으로써 데브렐이 회사에 가져올 잠재적인 가치를 보여줄 수 있습니다. 또 이 안내도를 활용하면 팀이 달성해야 할 초기 목표의 윤곽을

잡을 수 있으며, 그 업계의 차세대 월드 클래스 데브렐 팀을 만드는 강력한 기반을
구축할 수 있습니다.

## 직함은 어떻게 지어야 할까요?

데브렐 커뮤니티에서 자주 나오는 질문입니다. 커뮤니티 매니저, 데브렐 팀, 커뮤니
티 리더십 팀, 개발자 경험 이벤트 담당자 등 여러 직함이 있는데, 이들은 모두 같은
(또는 비슷한) 오디언스를 대상으로 하고 있습니다.

이 질문은 다양한 커뮤니티 포럼에서도 자주 다뤄지고 있습니다.[1] 적절한 직함을 찾
기 위해 조사를 해도 구체적으로 어떻게 나타내야 할지 어려움을 겪을 수 있습니다.[2]
커뮤니티 매니저라는 직함을 대체할 다양한 후보들을 구글 스프레드시트까지 동원
해 정리하고 있을지도 몰라요.

'커뮤니티 아키텍트'부터 '최고 인게이지먼트 책임자Chief Engagement Office'나 '디벨로퍼
에반젤리스트'까지, 이번 장 내내 이야기해도 모자랄 만큼 많은 직함이 있지만 한 가
지 공통점이 있습니다. 그 어느 직함도 그 역할에 대해 정확하게 설명하지 못한다는
점이죠.

제가 오라일리 미디어 홍보 팀에서 "고객'에게' 이야기를 하기보다 고객'과' 이야기를
나누고 싶습니다"라는 말을 한 이후로 '커뮤니티 매니저'라는 직함이 크게 인기를 끌
었습니다. 직무에 대한 인지도가 높아진 것은 감사한 일이지만, 인기가 높아진 만큼
단점도 있습니다. 저를 '소셜 미디어 툴을 다루는 사람'으로 미루어 짐작하는 이들부
터 '자신이 하는 말을 이해해줄' 사람과 이야기하고 싶어 하는 콘퍼런스 참여자들까
지, 제가 다양한 프로젝트에 걸쳐 기술 관련 이야기를 나눌 수 있는 사람이라는 것을
그들에게 이해시키는 것이 가장 어렵고 힘든 싸움이었습니다.

---

1  https://www.quora.com/What-are-some-good-alternative-titles-to-Community-Manager
2  https://experts.feverbee.com/t/alternative-title-to-community-manager/5159/8

이전 직장에서 저는 누군가 물어보거나 제가 직접 명함을 건네주기 전까지는 제 직함을 공개하지 않았습니다. 직함을 공개하기 전에 우리 프로덕트가 어떤 부분을 도와줄 수 있을지 이야기를 나누고, 저의 코드 베이스code base에 대한 깊은 지식을 보여주고, 더 많은 정보를 찾을 수 있는 정확한 방향을 제시하고 싶었습니다. 기술적 지식이 있든 없든 상관없이 커뮤니티 매니저가 이러한 일을 수행하는 것이 왜 중요한지에 대해서는 나중에 더 자세히 설명하겠지만, '커뮤니티 매니저'라는 직함에는 이렇듯 많은 가정이 깔려 있어 우리가 하는 일을 정확하게 나타내지 못하는 경우가 많습니다. 이런 어려움을 겪는 이유는 일반적으로 통용되는 직업들 중에 우리의 업무를 정확하게 설명할 수 있는 것이 없기 때문입니다. 그래서 여러분이 채용하려는 포지션에 매일 수행하게 될 업무를 가장 잘 나타낼 수 있는 직함을 붙이는 것이 중요합니다.

고민 끝에 저는 개발자 오디언스를 대상으로 오픈소스 툴이나 SDK와 같은 독점적 기술을 서비스하는 회사에 딱 맞는 직함들을 찾아냈습니다. 먼저 '데브렐 매니저', '디벨로퍼 애드보케이트', '테크니컬 커뮤니티 빌더' 이 세 가지는 모든 데브렐 팀에 꼭 있어야 하는 포지션입니다. 그리고 '개발자 경험 관리자', '테크니컬 앰배서더 Technical Ambassador', '테크니컬 인게이지먼트 매니저Technical Engagement Manager', '데브렐 프로젝트 매니저', '풀타임 엔지니어' 이 다섯 가지는 여러분 팀의 상황에 따라 있어야 할 수도 있고 아닐 수도 있습니다.

보통, 여러분의 니즈와 비즈니스 상황은 저마다 다를 겁니다. 예를 들어, 여러분 곁에 기술 용어를 잘 이해하는 멋진 소셜 미디어 관리자가 있을 수도 있고 인플루언서 프로그램을 이끄는 훌륭한 마케터가 있을 수도 있겠죠.

## 팀명: 데브렐

이 팀명에는 팀이 누구와 협력하고 있는지(엔드 유저 또는 바이어)가 나타나 있습니다. 이는 팀 목표를 설정하고 다른 팀으로부터 업무 요청이 밀려들어오는 것을 막을 때 중요한 포인트가 됩니다. 또 데브렐 팀 멤버들이 해당 커뮤니티의 주제 전문가임을 나타냅니다.

팀 업무와 책임은 회사의 구체적인 목표에 따라 결정됩니다. 그리고 다음 장에서 더 자세히 다루겠지만, 회사의 목표는 팀을 어느 부서에 배치할지를 결정하기도 합니다. 일반적으로 데브렐 팀의 가장 중요한 책임은 개발자 오디언스의 성공을 보장하고 그들의 니즈를 사내 관련자들에게 전달하는 것입니다. 앞서 이야기했고 또 다시 다루겠지만 기억하세요. 거의 모든 부서가 어느 정도 고객 커뮤니티와 상호작용하지만 커뮤니티의 웰빙에 초점을 맞추는 팀은 데브렐 팀뿐입니다.

작은 팀으로 시작한다면 지속적인 운영에 필요한 기본적인 것들에 집중하세요. 문서화, 빠른 지원, 무료 개발자 계정 등에 말이죠. 이런 기본적인 것들이 원활하게 운영되고 어쩌다 특별한 경우에만 유지보수를 해준다면 시간적인 여유가 생길 겁니다. 그러면 포럼이나 커뮤니티가 모일 수 있는 다른 곳이 어딘지 살펴볼 수 있습니다. 또 샘플 애플리케이션, SDK, 우리 회사의 기술을 잘 활용하는 슈퍼 유저나 챔피언 그룹, 후원할 만한 오픈소스와 커뮤니티 프로젝트를 찾아볼 수 있지요. 전체적인 브랜드 인지도와 발표 참여도 등 더 많은 것을 살펴볼 수도 있습니다. 하지만 모든 개발자가 찾고 믿고 의지할 만한 프로덕트를 만들지 않는다면 아무도 여러분의 활동에 관심을 갖지 않을 겁니다. 개발자가 프로덕트 사이트를 방문했을 때 겪은 첫 경험이 별로라면, 그들이 다시 돌아오거나 사이트를 누군가에게 추천할 이유가 없겠죠.

## 전략적 리더: 데브렐 매니저

언뜻 보기엔 그렇게 색다르지 않은 직함처럼 보일 수 있지만, 이 역할에 완벽하게 맞는 사람을 찾기는 유니콘을 찾는 것만큼이나 어렵습니다. 이 사람은 데브렐 경험을 가지고 있습니다. 매니저라고 쓰여 있지만, 데브렐 팀의 팀원들이 업무를 보고하는 VP나 C레벨의 사람은 아닙니다. 이 사람은 팀 구성원들을 위한 방패이자 통로 역할을 합니다.

데브렐 매니저는 외부 요청으로부터 팀을 보호하고, 관련 없는 일은 원래 부서로 되돌려 보냅니다. 또한 팀이 정기적으로 받고 있는 피드백을 적절한 부서와 사람들에게 전달합니다.

그렇다면 데브렐 매니저의 책임은 무엇일까요? 이 사람이 하는 일은 단순히 팀원을 관리하는 역할이 아닙니다. 매일 팀이 필요로 하는 것과 니즈를 다룰 뿐만 아니라, 팀이 나아갈 방향에 대한 전략을 세우기도 합니다. 기술적 배경지식이 있을 수도 있고 없을 수도 있지만, 기술 관련 언어를 구사하고 대화를 이어갈 수 있는 사람이어야 합니다. 적절한 질문이 무엇인지 알고 기술 프로덕트에 대한 경험이 있어야 합니다. 매일같이 코딩을 해본 경험이 꼭 있어야 하는 건 아니지만 기본 사항은 알고 있고, 시작 가이드가 명확하고 쉽게 따라 할 수 있게 써졌는지 알 만큼 간단한 지시 사항은 따라 할 수 있을 정도여야 합니다. 그리고 샘플 애플리케이션, 버그 픽스, 커뮤니티 포럼의 논쟁 속에 갇히지 않고 여러 상황에서 나무보다 숲을 볼 수 있어야 합니다.

데브렐 매니저는 마케팅 팀, 프로덕트 팀, 지원 팀, 영업 팀, 엔지니어링 팀 등 여러 팀과 정기적인 미팅을 하며 대화를 주도하게 됩니다. 기획 논의에 함께하고, 프로덕트 론칭 미팅에 모두 참석하고, 커뮤니티가 무엇을 왜 원하는지 파악해서 피드백과 인사이트를 제공하지요. 이를 위해서는 팀과 지속적으로 커뮤니케이션하며 커뮤니티의 니즈를 파악하고, 팀이 정기적으로 받는 피드백을 분류해야 합니다. 그런 후에 다른 팀과 협력하며, 요청을 처리하는 방법뿐만 아니라 요청 처리에 대해 누가 책임을 지는지 파악합니다.

## 기술적 기여자: 디벨로퍼 애드보케이트

디벨로퍼 애드보케이트라는 직함에 대해 커뮤니티에서 크게 두 가지 질문을 받곤 합니다.

- 디벨로퍼 애드보케이트가 되기 위한 자격 요건은 무엇인가요?
- 디벨로퍼 애드보케이트가 하는 일은 무엇인가요?

디벨로퍼 애드보케이트라는 직함을 가진 사람들은 개발자이며, 이들의 주 목표는 회사에서 커뮤니티를 대변해 목소리를 내는 것입니다. 이들은 커뮤니티에 대한 전문가이자 대변인입니다.

3장에서 회사를 대표해 커뮤니티에, 반대로 커뮤니티를 대표해 회사에 이야기하는 일에 대해 언급했던 것을 기억하시나요? 이 일이 바로 디벨로퍼 애드보케이트의 책임입니다. 디벨로퍼 애드보케이트는 콘퍼런스에서 발표하거나 부스를 지키며 개발자 오디언스들과 마주하고 포럼, 슬랙, 다양한 웹사이트, 소셜 미디어 채널 등 온라인상에서 개발자들과 상호작용을 합니다.

이러한 채널 중 일부는 회사에서 관리하기도 하지만, 디벨로퍼 애드보케이트는 회사에서 관리하는 채널이 아닌 커뮤니티에서 운영하는 채널에서 시간을 보내는 경우가 많습니다.

## 인터뷰 | #EMAILGEEKS: 이메일 마케터, 디자이너, 개발자가 만나 이야기를 나누는 슬랙 커뮤니티

고객을 위한 커뮤니티 슬랙 팀이나 커뮤니케이션을 위한 채널을 만들어 사람들과 협업하는 것도 좋지만, 최신 트렌드를 따라가려면 커뮤니티에 의해 만들어진 채널에서 토론하는 것이 더 좋은 방법입니다. 이런 곳들을 활용하면 핵심 커뮤니티에 속해 있지만 프로덕트는 사용하고 있지 않은 사람들이 누구인지도 알 수 있습니다. 수석 디벨로퍼 애드보케이트인 아비 골드맨Avi Goldman은 개발자들을 위한 이메일 전송 API를 만드는 스파크포스트에서 일하며 그 비법을 배웠습니다.

"스파크포스트의 데브렐 팀에 들어오기 전에, 저는 이메일을 재밌게 상호작용할 수 있는 툴로 만드는 작은 프로젝트를 시작했습니다. 이 프로젝트에 파고들어 다양한 블로그를 조사하면서 프런트엔드 이메일 커뮤니티 리스트를 만들었습니다. 이 커뮤니티들이 무엇에 대해 이야기하는지 지켜보기 위해 트위터 를 팔로우했고, 많은 사람들이 '#emailgeeks'라는 해시태그를 달아 트윗을 하고 있다는 것을 알게 되었습니다. 이들과 더 자주 교류하기 시작하면서 저는 이 '이메일 긱email geek'들이 함께 모이는 슬랙 팀에 대해 알게 되었습니다."

"이 커뮤니티가 운영하는 슬랙 팀은 당시 스파크포스트에 많은 도움이 되었고, 저에게도 좋은 리소스가 되어주었습니다. 이메일이라는 토픽에 대해 더 배우고 전문가로 성장할 수 있도록 도와주었죠. 또 스파크포스트의 주 고객층이 아닌 다른 업계의 사람들과도 교류할 수 있는 기회를 주었습니다. 대부분의 기업에서 이메일은 상당히 큰 비중을 차지하고 있지만, 개발자들이 많은 시간을 할애하지는 않는 영역입니다. 슬랙을 통해 저는 이메일 산업을 발전시키는 데 열정적인 개발자들을 만날 수 있었습니다."

"커뮤니티에서 더 활발하게 활동하게 되자, 비슷한 주제에 관심이 있으면서 저와 같은 지역에 사는 사람을 만나고 싶었습니다. 그래서 샌프란시스코에 사는 저스틴 구 Justin Khoo, 수 조Sue Cho와 이야기를 나누기 시작했습니다. 이 둘은 이메일 커뮤니티에서 꽤 유명한 친구들로, 제 아이디어에 대해 흥미로워했습니다."

"그렇게 해서 서로의 네트워크를 통해 #emailgeeks의 샌프란시스코 모임을 시작하게 되었습니다. 커뮤니티에서 인플루언서로 자리 잡고 있는 두 명과 함께 시작하기도 했고 해당 주제에 대해 많이 신경 쓴 만큼 많은 사람이 모여들었습니다. 네트워크 효과를 누려 더 많은 사람을 모임에 끌어들일 수 있었습니다. 커뮤니티는 이미 존재하고 있었는데 다만 이들을 직접 포럼으로 불러들일 수 있느냐의 문제였던 거죠."

"이 오프라인 밋업을 통해 이메일에 대해 고민하고 있는, 큰 기업 소속의 개발자들 앞에 스파크포스트를 소개할 수 있었습니다. 그 전에는 이런 개발자들을 만나는 것이 정말로 어려웠어요. 이 모임의 가치는 이 말 하나로 충분히 설명할 수 있었습니다. '여러 회사의 이메일 시스템 담당자와 이야기를 나눴고, 이 담당자들은 세 번의 밋업 중 두 번을 참석했으며 우리가 무슨 일을 하는지 더 자세히 알고 싶어 했다'라고 말이죠."

"또 이 밋업은 스파크포스트가 커뮤니티 내에서 업계 리더로 각광받는 계기가 되었습니다. 저희는 인플루언서들이 이야기를 할 수 있는 플랫폼을 제공하고 있는데, 이는 브랜드 인지도에 도움을 줄 뿐만 아니라 커뮤니티에 우리가 얼마나 그들의 니즈를 신경 쓰고 있는지, 얼마나 그들의 프로젝트를 지원하고자 하는지 알리는 통로가 됩니다. 결과적으로, 이 밋업이 성공함으로써 커뮤니티 이벤트와 후원을 통해 비즈니스 사례를 만드는 것이 가능하다는 것을 보여주는 기반을 만들 수 있었습니다."

팀이 성장하기 시작하면, 애드보케이트들을 기술 역량, 대인 관계 능력, 심지어 지리적 위치 등 여러 특성으로 세분화할 수 있습니다. 어떤 사람은 발표를 잘하고 어떤 사람은 행사장에서 일대일 대화를 더 잘합니다. 뛰어난 글쓰기 실력으로 개발자 오디언스에게 영향을 주는 콘텐츠를 만들어 유명해지는 사람도 있습니다. 프로덕트의 세부 사항을 단계별로 명확하고 쉽게 이해할 수 있는 문서로 만드는 데 재주가 있는 사람, 산업의 틈새시장을 파고들 수 있는 커뮤니티를 찾는 데 선천적인 능력이 있는 사람도 있을 수 있습니다. '#emailgeeks' 사례처럼요.

디벨로퍼 애드보케이트를 채용할 때 주의할 점이 있습니다. 디벨로퍼 애드보케이트 업무는 매월 기술 콘텐츠를 만들고, 정기적으로 콘퍼런스에서 발표하고, 새로운 좋은 코드들을 계속해서 공부하고, 프로덕트를 코드단까지 내려가 깊게 파헤치고, 샘플 애플리케이션과 SDK를 만들어내는 매력적인 일입니다. 그렇지만 이 JD^Job Description에는 사실 3개의 직무가 합쳐져 있다는 것을 꼭 알아두세요. 여러분이 원하는 스킬과 그려두었던 팀 안내도에 맞는 책임을 선택해 고르세요. 그리고 여러분의 팀이 성장함에 따라 팀에 필요한 사람이 누구인지 파악하고 채용하세요. 언어별 니즈든 특정 스킬이든 상관없이 모든 팀원이 자신의 전문 분야에 집중할 수 있을 때까지 팀을 키우세요. 이를 통해 팀원들은 자신의 재능을 잘 발휘할 수 있는 자리를 스스로 개척할 수 있을 뿐만 아니라, 가치 있는 성과를 내고 자신이 성장하고 배우고 싶은 분야를 파고들 수 있습니다.

앞 장에서 지표를 통해 월드 클래스 데브렐 팀을 구축하는 방법에 대해 다룬 것을 기억하나요? 바로 이것이 팀 형태가 갖춰지면서 회사 바깥에 있는 사람들에게도 눈에 띄기 시작하는 지점입니다.

## 네트워킹 디렉터: 테크니컬 커뮤니티 빌더

일반적으로 '커뮤니티 매니저'라고 불리지만, 저는 특별히 '커뮤니티 빌더'로 정의해 보았습니다. 여기엔 두 가지 목적이 있습니다. 앞서 언급했듯이 직함으로 인해 오해가 생기지 않게 하고, 이 포지션이 무엇을 하는 자리인지 명확하게 나타내기 위해서입니다. 이들의 직무는 프로덕트를 중심으로 기술 커뮤니티를 구축하는 것입니다. '기술'이라는 단어가 직함에 들어가 있지만 개발자 경력이 꼭 필요하지 않다는 점에서 데브렐 매니저와 비슷합니다. 다른 점이 있다면, 이 포지션은 기술의 기본을 배우고자 하는 사람이 맡아야 한다는 것입니다.

이들의 멋진 역량 중 하나는 3장에서 잠깐 언급한 '네트워킹 디렉터'가 될 수 있다는 것입니다. 이들은 커뮤니티 내에서 서로 연결해주기에 적합한 사람을 알고 있을 뿐만 아니라, 질문이나 고민이 있는 멤버가 있을 때 어떤 멤버에게 물어보면 될지 지목할 수 있는 능력이 있지요. 테크니컬 커뮤니티 빌더는 여러분이 키우고 있는 외부 커뮤니티를 중심으로 구축된 프로세스, 시스템 등을 담당하는 사람입니다. 커뮤니티 빌더는 공개 포럼, 슬랙 팀, 초대받은 VIP 고객만을 위한 프라이빗 그룹이나 콘텐츠, 깃허브 PR 등에 가장 많이 기여한 사람들의 모임 등을 모두 관리하지요. 이들은 커뮤니티 규칙을 만들고 이 규칙이 잘 지켜지는지 체크합니다(커뮤니티 규칙과 행동 강령에 대해서는 7장에서 자세히 다루겠습니다). 커뮤니티 멤버들 사이에서 만들어질 수 있는 잠재적 연결 고리를 주시하기도 하고, 사내 구성원들과 어떻게 연결될 수 있을지 살펴보기도 합니다(4장에서 다룬 '배턴 터치'를 떠올려보세요).

커뮤니티 빌더는 이야기나 소문과 같은 일화적 데이터를 수집할 때도 중요한 역할을 합니다. 이들은 디벨로퍼 애드보케이트와 함께 커뮤니티에서 이야기하는 문제와 협업 기회를 포착하고, 어떤 콘텐츠가 효과적일지 힌트를 얻습니다.

## 개발자 경험 관리자

개발자 경험은 프로덕트를 성공시키는 데 크게 기여하는 요소입니다. 2장에서 다룬 내용을 떠올려보세요. 데브렐의 목표를 분류하기 위해 처음에 던진 세 가지 질문 중

하나가 바로 개발자 경험이었습니다. 저는 데브렐에서 필수적인 앞의 세 가지 역할 바로 다음에 개발자 경험 관리자를 둡니다. 일단 팀이 성장하고 커뮤니티가 커지기 시작하면, 개발자 경험에 관련된 일을 맡을 누군가가 필요하기 때문입니다.

앞서 언급했듯이 개발자 경험은 프로덕트의 초석이 됩니다. 하지만 팀이 성장하기 시작하고 팀원들이 서로 다른 영역에서 전문성을 발휘하기 시작하면, 다시 처음으로 돌아가 기본을 파헤치기가 쉽지 않습니다. 개발자 경험 관리자는 처음부터 끝까지 개발자 경험을 담당합니다. 이들이 팀 사람들을 관리하는 것은 어려울 수 있습니다. 팀이 크게 성장하고 여러분이 그런 니즈를 가지고 있더라도 말이죠. 하지만 개발자 경험 관리자는 UX 및 사이트 설계부터 문서와 SDK에 이르기까지, 관련된 일을 담당하는 회사 내 모든 팀을 감독합니다.

개발자 경험 관리자는 모든 실질적인 구현에 반드시 책임을 지는 것은 아니지만, 이 영역에서 모든 과정이 원활하게 진행되도록 해야 할 책임이 있습니다. 문서를 살펴보며 고객들에게 유용하도록 구성하는 것부터[3] '시작하기' 페이지와 일반 사용자 경험을 체크하는 것까지, 개발자 경험 관리자는 4장에서 언급한 '가치 실현 기간'을 달성하는 데 중요한 역할을 합니다. 여러분은 필요할 때마다 그때 그때 이 역할을 맡아 수행할 사람을 찾을 수도 있습니다. 이 경우, 개발자 경험 관리자에게 개발자 경력이 꼭 필요한 것은 아니지만 개발 백그라운드가 없다면 적어도 테크니컬 라이팅 역량은 가지고 있어야 합니다.

## 테크니컬 앰배서더

저는 특별히 이 사람들을 '에반젤리스트evangelist(전도사)'라고 부르지 않고 '앰배서더 ambassador(홍보 대사)'라고 부릅니다. 에반젤리스트는 종교적인 의미를 담고 있어 많은 나라에서 부정적으로 여겨지기도 하고 신뢰를 쌓기는커녕 마음의 문을 여는 것

---

3  저는 Divio의 커뮤니티 및 도큐멘테이션 매니저인 다니엘레 프로시다(Daniele Procida)가 쓴 이 문서를 정말 좋아합니다. https://www.divio.com/en/blog/documentation

조차도 어렵게 만들 수 있기 때문입니다. 가이 가와사키<sup>Guy Kawasaki</sup>는 1980년대 중후반에 초기 매킨토시 컴퓨터를 마케팅하며 '에반젤리스트', '에반젤리즘 마케팅', '기술 에반젤리즘'과 같은 개념을 널리 알렸습니다. 에반젤리스트라는 용어는 그 당시 의미가 잘 통하긴 했지만, 그가 에반젤리스트 활동의 일환으로 맥에 대한 좋은 정보와 소식을 퍼뜨리고 다니는 데에만 초점을 맞춘 이후로 많은 곳에서 호감을 잃었습니다. 이러한 문제 외에도, 에반젤리스트는 종종 영업 팀의 연장선에 있는 직업군으로 간주되고 있어 개발자 커뮤니티에서 활동하기가 점점 어려워지고 있습니다. 반면 '테크니컬 앰배서더'는 디벨로퍼 애드보케이트와 구별되면서도 회사를 대표해 뜻을 전하는 홍보 대사라는 의미를 담고 있습니다.

언뜻 디벨로퍼 애드보케이트와 비슷해 보일 수 있지만, 테크니컬 앰배서더는 커뮤니티보다 영업에 초점을 맞추고 있습니다. 이들은 많은 사람들 앞에서 능숙하게 발표하며, 많은 기술 커뮤니티에 단순히 프로덕트가 아닌 프로덕트의 '중요성'에 대해 어필하는 데 뛰어난 사람들입니다. 디벨로퍼 애드보케이트는 개발 커뮤니티와 쉽게 연결될 수 있는 사람들로, 여러분 회사의 프로덕트가 무엇이며 왜 만들어졌는지, 프로덕트의 편의성이 삶을 어떻게 변화시킬지에 대해 이야기합니다. 반면 테크니컬 앰베서더는 부사장이나 C레벨 등의 임원급을 대상으로 비즈니스를 오랫동안 지속하는데 여러분의 프로덕트가 얼마나 중요한 역할을 할지 설득합니다.

테크니컬 앰배서더는 커뮤니티를 많이 의식하지 않습니다. 이들은 커뮤니티에 대한 중요성을 이해하고 있어야 하지만, 밋업이나 개발자 콘퍼런스의 선두에 서지는 않습니다. 그렇지만 이들은 비즈니스 및 테크 리더십 콘퍼런스에서 왜 이 기술이 이 시점에서 이 산업에 중요한지에 대해 발표합니다. 테크니컬 앰배서더는 기술과 관련된 새로운 산업에 가장 적합합니다. 회사 브랜드를 커뮤니티에 알리고 적절한 교육을 제공해야 하는 산업에요. 센드그리드<sup>SendGrid</sup>의 혁신적인 서비스형 이메일 서버 또는 DevOps 문화 혁명을 예로 들 수 있습니다.

## 테크니컬 인게이지먼트 매니저

테크니컬 인게이지먼트 매니저라는 직함은 난해하게 들릴 수 있어서, 회사마다 다른 이름으로 설정하는 것이 좋을 수도 있습니다. 하지만 테크니컬 커뮤니티 빌더나 데브렐 매니저와 마찬가지로, 기술에 대한 충분한 이해를 바탕으로 소셜 미디어 채널에 기여하고 개발자 오디언스들과 온라인으로 교류하는 사람이 있다는 것은 성공을 위한 큰 자산이 되어 줍니다. 이 역할을 단순히 기술적 이해가 있는 소셜 미디어 매니저 정도로 여겨서는 안 됩니다. 그리고 이들이 업무 자투리 시간에 트윗 및 페이스북 포스팅 일정을 관리하거나 온라인 광고를 집행하는 일만 하게 해서도 안 됩니다.

이 사람은 개발자 오디언스를 위한 콘텐츠를 검수하는 '눈'입니다. 모든 콘텐츠를 직접 '만들' 책임은 없지만, 콘텐츠가 회사의 방향성과 목소리를 잘 반영하는지 체크하고, 너무 마케팅과 영업에 초점을 맞추지 않도록 하여 개발자 오디언스를 만족시키는 것이 이 사람의 책임입니다. 테크니컬 인게이지먼트 매니저는 트위터를 포함해 개발자를 대상으로 한 모든 소셜 포스팅을 담당합니다. 여기에는 개발자와 관련된 클라이언트에게 쓰는 모든 글이 해당할 수도 있습니다. 다시 말하지만, 누가 무엇을 맡아서 하게 될지는 회사가 가지고 있는 리소스에 달려 있습니다. 만약 개발자 오디언스를 대화에 참여시키는 데 큰 역할을 하고 있는 소셜 미디어 관리자가 이미 있다면, 디벨로퍼 애드보케이트의 도움을 받아 누가 중요한 커뮤니티 멤버인지, 누가 계속해서 커뮤니티에 기여하고 있는지를 알기만 하면 됩니다(이에 대해 다시 읽어보고 싶다면 3장을 보세요).

## 데브렐 프로젝트 매니저

데브렐 팀 내 모든 역할은 매우 다양한 방향성을 가질 수 있기 때문에, 특별히 이 프로젝트 관리 역할을 넣었습니다. 위키피디아에서는 '프로젝트 관리'를 '목표를 달성하고 성공 기준을 충족하기 위해 팀의 업무를 개시, 계획, 실행, 통제, 종료하는 규율'[4]로 정의하고 있습니다. 프로젝트 매니저는 팀원들이 제각각의 방향으로 끌려가 남의 일을 대신 해주는 일이 생기지 않게 보호할 수 있습니다.

---

4 https://en.wikipedia.org/wiki/Project_management

팀의 크기에 따라 데브렐 프로젝트 매니저의 역할은 다음과 같은 양상으로 나타날 수 있습니다.

- 모든 이벤트 일정을 관리하고, 모든 사람이 제 시간에 CFP를 제출할 수 있도록 하며, 여러 행사의 스폰서십 체크리스트를 관리하고, 기념품 재고를 항상 업데이트합니다.
- 큰 규모의 데브렐 팀에서는 주요 프로젝트의 세부 사항을 관리합니다. 데브렐 팀은 많은 팀(마케팅 팀, 엔지니어링 팀, 프로덕트 팀 등)을 넘나들며 협업하고 있기 때문에, 팀원들의 전체적인 움직임을 아는 담당자를 하나 둔다면 큰 도움이 됩니다. 다른 팀의 정기 미팅에도 이 담당자가 대표로 참여한다면, 나머지 팀원들은 미팅에 참여할 시간에 다른 업무를 수행할 수 있습니다.

## 풀타임 엔지니어

풀타임 엔지니어 혹은 개발자라는 직무는 상당히 간단합니다. 다른 엔지니어나 개발자와 다른 점이 있다면, 오직 데브렐에만 전념한다는 것입니다.

이 역할은 규모가 작은 팀(디벨로퍼 애드보케이트 1명+커뮤니티 매니저 1명)에도 큰 팀(10명 이상)에도 매우 도움이 됩니다. 어느 경우든, 팀에 풀타임 엔지니어가 있으면 일회성 버그나 쉽게 해결할 수 있는 지원 요청 등 커뮤니티 멤버들이 요청했지만 엔지니어링 팀이나 프로덕트 팀에 보내기엔 크게 급하지 않은 것들을 놓치지 않고 도울 수 있습니다. 이벤트나 도구를 위한 애플리케이션을 만들어 데브렐 프로세스를 자동화하고자 할 때에도 굳이 엔지니어링 팀에 요청할 필요가 없는 것도 장점이지요.

많은 대기업에서 이렇게 풀타임 엔지니어를 중심으로 한 프로세스를 마련하고 있습니다. 구글, 트위터, 오큘러스, 라이엇게임즈는 파트너 및 상시 대기 중인 엔지니어를 두고 있습니다. 풀타임 엔지니어를 통해 팀원들은 툴링, 커뮤니티 애플리케이션, 콘텐츠, 전략에 신경 쓰기보다 자신의 전문 영역에 더 집중할 수 있게 되어 팀의 전반적인 집중도가 높아질 수 있습니다.

## 누구를 먼저 채용해야 할까요?

제가 언급한 직함들은 모두 이상적인 것으로, 대기업이 아니고서야 이렇게 완전한 팀 구조를 가지기 어렵습니다. 여러분이 처음 채용한 사람이 아마도 이 모든 역할을 조금씩 다 맡게 되겠지요. 사람을 채용한다는 것은 어디서나 큰 투자이긴 하지만, 그 중에서도 데브렐 팀의 첫 번째 직원을 채용한다는 것은 특히나 중요합니다. 이 첫 번째 직원은 자신의 경험뿐만 아니라 네트워크까지 가져옵니다. 만약 커뮤니티를 즐기고 회사로부터 인정받는 직원을 찾을 수 있다면, 이 직원은 여러분이 앞으로 개발자들과 맺게 될 모든 관계에 대한 분위기를 조성하는 데 큰 도움이 될 수 있습니다. 채용할 포지션과 그 역할을 수행할 사람을 선택하는 일은 매우 중요합니다.

### 강점과 약점 알기

데브렐 팀을 이끌 구조와 비전을 수립할 사람이 필요한가요? 이 경우, 기술 회사에서 데브렐을 담당했던 시니어를 채용할 수 있습니다. 이 사람은 기술 커뮤니티를 구축하고 상호작용하는 여러 방법의 장단점과 경험을 모두 가지고 있습니다. 뿐만 아니라 2장에서 다뤘던, 이해관계자들의 방향성과 지원을 얻어내는 방법에 대해서 알고 있기 때문에 신생 팀을 위한 성공적인 전략을 수립할 수 있을 것입니다.

반면, 데브렐 팀의 초기 전략과 방향을 전체적으로 결정하는 임원이 있다면, 위에 언급한 역할을 담당할 사람이 지금 당장 필요하진 않습니다. 대신 기술 커뮤니티 매니저나 디벨로퍼 애드보케이트와 같이 실무를 수행할 사람을 채용하는 데 집중할 수 있겠지요. 이들은 커뮤니티 구축을 시작할 수는 있지만, 팀이 어디로 가야 할지에 대한 중요한 전략과 계획에 반드시 관여하지는 않습니다. 이런 사람들은 경력직이거나 상대적으로 주니어일 수 있지요. 여러분은 이들에게 전략과 계획에 대해 기대하기보다는 이들의 피드백을 주의 깊게 듣고 싶을 겁니다. 왜냐하면 이들은 프로덕트를 사용하는 개발자들과 매일 대화를 나누고 있기 때문이지요.

멘토링을 통해 이 직원은 몇 년 안에 팀을 이끌 수 있을 것입니다. 전략의 방향성을 잡고, 팀이 다음에 어디로 가면 좋을지 인도할 수 있겠죠. 또는 팀을 구성할 역량을 가진 팀 리더를 찾기 위한 투자를 받을 때까지 이 직원을 통해 갭을 메울 수도 있습니다. 어느 쪽이든, 지금 당장의 상황 때문이 아니라 장기적인 업무를 위해 채용해야 한다는 것을 명심하세요.

이쯤에서 잠시 멈추고, 지금 회사에 있는 커뮤니티 매니저나 (혹시 있다면) 데브렐 팀의 멤버들과 이야기를 나눠보세요. 회사에서 데브렐 업무를 맡기 위한 첫 담당자로 입사했다고 해서 혼자 모든 것을 해내야 한다는 것은 아닙니다. 이번 장의 초반부에 다룬 많은 책임들을 감당하는 것이 벅차게 느껴지겠지만, 회사도 여러분이 그 모든 역할을 동시에 맡을 것이라고 기대하지 않습니다. 회사의 목표나 이니셔티브를 바탕으로 다음에 어떤 역할을 해야 할지 살펴보면서, 현재의 요구 사항을 파악하고 부족한 부분을 메우는 것이 여러분의 일입니다.

다른 부서 사람과 함께하는 것도 방법입니다.

- **개발자 콘텐츠에 대한 뛰어난 안목을 가진 소셜 미디어 관리자**
  이들은 여러분이 모을 수 있는 데이터를 가지고 정보를 알맞게 큐레이션합니다. 이들과 협력해 현재 커뮤니티 멤버들의 목소리를 증폭시키는 동시에, 인기 있는 개발자 콘텐츠 속에서 또 다른 잠재적인 커뮤니티 리더를 찾아내세요.

- **새로운 잠재 고객에게 명확하고 단계적으로 상황을 잘 설명할 수 있는 영업 엔지니어**
  문서 수정을 도와줄 수 있을지 물어보고, 여러분이 작성한 '시작하기' 가이드의 초안에 대한 피드백을 요청해보세요.

- **개발자 밋업 운영을 도와줄 엔지니어**
  이들의 발표 능력을 일깨워주고, 콘퍼런스 발표 지원서를 함께 작성해보세요.

콘텐츠 제작과 브랜드 인지도를 위해 커뮤니티 멤버와 함께하는 방법도 있습니다. 글을 잘 쓰거나 발표를 잘하는 커뮤니티 멤버를 알고 있다면 게스트 블로거로서 기술 블로그에 글을 쓰게 할 수도 있고, 목표를 달성하는 데 여러분 회사의 프로덕트가 어떻게 도움이 되었는지에 관한 경험을 콘퍼런스에서 발표해보도록 권하며 CFP 제출과 출장 비용 지원을 제안해볼 수도 있습니다. 또는 콘퍼런스가 열리는 지역 근처에 있는 커뮤니티 멤버를 찾아보세요. 몇 시간 동안 부스에서 스태프로 일을 도와주거나 프로덕트에 대한 설문에 참여해준다면 콘퍼런스 티켓을 제공하겠다고 제안해 볼 수도 있습니다.

처음 몇 달 혹은 몇 년 동안은 혼자 하려고 하지 마세요. 여러분 스스로를 잘 살펴보면서, 커뮤니티를 돌보는 것만큼 여러분 자신을 돌보고 있는지 확인하세요. 너무 많은 일을 해서 여러분에게 번아웃이 오면, 누가 커뮤니티 구축 일을 이어갈 수 있을까요? 이와 관련한 내용은 9장에서 더 자세히 알아보겠습니다.

슬랙의 디벨로퍼 애드보커시advocacy 리더인 베어 더글라스Bear Douglas[5]는 이렇게 말했습니다.

> 여러분 혼자밖에 없다면, 업무 범위를 딱 잘라내도 괜찮아요. 이렇게 말이죠. '죄송합니다. 15개 행사를 다 하는 건 어려울 것 같아요. 제 몸은 하나라서요. 그리고 지금 당장 가장 큰 효과를 낼 수 있는 것은 이게 아닌 것 같습니다. 지금 시점에서 팀 목표와 사명에 가장 밀접하게 부합하는 우선순위들에 집중하겠습니다.'[6]

## 투자하기

여러분의 첫 채용은 투자라고 할 수 있습니다. 회사를 알리고 개발자 커뮤니티와 관계를 형성할 누군가를 데려왔는데 여러분의 니즈에 딱 맞으면 좋겠지요. 이제 1장에서 이야기했던, 기반을 만드는 것으로 돌아가봅시다. 커뮤니티를 '왜' 만들려고 하는지와 무엇을 달성하고 싶은지에 대해 아는 것이 중요합니다. 이 중요한 질문에 대한 답 없이 첫 채용이 이뤄진다면 첫 단추부터 잘못 채워진 것이나 마찬가지이며, 여러분의 계획도 이리저리 바뀌어서 커뮤니티가 따라가지 못할 것입니다. 반대로 여러분이 현재 마주한 니즈는 무엇인지, 팀에 바로 지원해줄 수 있는 것은 무엇인지 확실히 해둔다면 여러분과 여러분이 처음 채용할 사람 둘 다 성공을 향해 갈 수 있습니다.

---

5 베어 더글라스는 대기업에서 커뮤니티를 구축해본 경험이 있는 데브렐 전문가입니다. 트위터는 @beardigsit

6 https://www.heavybit.com/library/blog/building-developer-relations-teams/

첫 팀원을 채용하는 것은 어려운 일입니다. 데브렐의 원동력이 될 자격을 갖췄을 뿐만 아니라 앞으로 커뮤니티 활동 전략을 기획할 사람을 찾기 위한 투자인 만큼 힘든 과정이 될 수도 있습니다. 이제, 어떻게 이 과정을 시작하면 좋을지에 대해 살펴보겠습니다.

## 회사 내부에서 찾아보기

우리 회사에서 일하고 있는 사람들을 살펴보세요. 이미 프로덕트에 대해 알고 있고, 어느 정도 기술적 성향을 가진 사람들을 찾아봅니다. 이들은 프로덕트가 어떻게 동작하는지 잘 알고 있으며 프로덕트에 어떤 리스크가 있는지도 잘 압니다. 또한 프로덕트의 장점뿐 아니라 경쟁사 프로덕트와의 차별점도 잘 알고 있습니다.

영업 또는 지원 부서의 기술 담당자일 수 있고, 엔지니어링 부서에서 찾을 수도 있습니다. 프로덕트에 익숙할 뿐만 아니라 프로덕트를 좋아하고, 커뮤니티를 위해 프로덕트를 개선하는 것을 즐기는 사람을 찾으세요.

## 커뮤니티에서 찾아보기

상위 유저 또는 고객은 누구인가요? 프로덕트에 대한 열정이 있고, 커뮤니티의 다른 사람들을 돕는 걸 좋아하는 사람은 누구인가요? 계속해서 새로운 기능을 제안하거나 버그를 알려주고, 커뮤니티 멤버들을 위해 오픈소스 툴을 구축하는 데 주도적으로 참여하는 사람은 누구인가요? 이런 사람들은 이미 여러분의 가장 큰 지지자입니다. 이들을 회사로 영입하는 데에는 그리 많은 설득이 필요하지 않을 수도 있습니다. 왜냐하면 이들은 회사에 들어감으로써 주변 사람들을 계속해서 도울 수 있다는 것을 알고 있기 때문이지요.

고객 지원 팀이나 마케팅 팀의 도움을 받아 이런 고객을 찾아낼 수 있습니다. 이 팀들은 누가 트위터에서 열심히 활동하고 커뮤니티 프로그램을 잘 운영하는지 알고 있기 때문이죠. 그리고 여러분이 후원해온 밋업을 운영한 사람은 실제로 회사에 적합할 확률이 매우 높습니다.

## 커뮤니티 바깥에서 찾아보기

시니어 전략가를 찾는 게 아니라면 코딩 학원이나 대졸자 출신을 찾지 마세요. 오픈 소스 코드에 적극적으로 기여했거나 여러 밋업에 참여한 사람은 누구인가요? 누가 적극적으로 멘토링 기회를 찾고 자기주도적으로 움직이는 것 같나요? 이력서에 한 줄을 넣기 위해 개발자 행사에 참여하는 것이 아니라 스스로 개발자 커뮤니티에 이끌린 사람이라면, 멘토링 환경과 커뮤니티를 크게 키울 수 있을 만큼 외향적인 사람일 수 있습니다.

주니어나 데브렐을 맡아본 적 없는 사람을 채용할 때 주의할 점 하나는 데브렐의 세계에서 그들의 멘토가 되어줄 사람을 찾아야 한다는 것입니다. 주변에 데브렐을 해본 사람이 없다면, 외부에서 멘토를 구하도록 하세요. 최소한 이들이 멘토를 찾을 수 있도록 격려해주고 근무 시간에 멘토링을 받을 수 있도록 해주세요. 이러한 투자는 그들에게 도움이 될 뿐만 아니라 커뮤니티, 나아가 장기적으로는 회사에도 이익이 됩니다.

## 공통적인 특징 살펴보기

첫 팀원을 채용하려 할 때, 꼭 눈여겨봐야 할 몇 가지 특징들이 있습니다.

- 자기주도성

  데브렐 팀의 독립적인 성향을 감안할 때, 자기주도적이고 높은 동기부여를 가진 사람을 찾는 것이 중요합니다. 이런 사람들은 스스로 관계를 찾아서 만들고, 기회를 찾고, 한 프로젝트에서 다음 프로젝트로 빠르게 움직이면서 일을 합니다. 팀 환경에서 일을 잘할 수 있을 뿐만 아니라, 프로젝트의 시작과 끝을 꿰뚫어 볼 수 있으며, 커뮤니티가 더 나은 방향으로 갈 수 있도록 기여하는 것에 동기부여를 받는 사람을 찾아야 합니다.

  의무를 다하는 책임감은 이러한 자기주도적 성격과 함께 나타납니다. 그렇기 때문에 팀 관리자는 팀원들이 각자 맡은 일을 잘하고 있다고 믿어야 합니다. 마이크로 매니징은 데브렐 팀에 좋지 않은 결과를 불러옵니다. 마이크로 매니징하는 관리자는 자기주도적인 팀원들을 좌절시킬 뿐만 아니라, 4장에서 설명한 것처럼 바로 얻기 어려운 즉각적인 수치상의 데이터를 원하기 때문입니다.

- **융통성**

1장에서 언급한 것처럼, 데브렐 팀에는 융통성이 있어야 합니다. 커뮤니티의 경계는 유연합니다. 계획과 역할도 유연합니다. 커뮤니티가 마주한 각각의 고유한 상황에 어떻게 접근할지는 회사의 목표와 니즈에 따라 다릅니다. 그렇기 때문에 접근 방식이 유연해야 합니다. 예상치 못한 상황과 변화에 침착하게 인내심을 가지고 대처하려면 높은 수준의 융통성이 필요합니다.

- **원활한 커뮤니케이션 스킬**

콘퍼런스에서 한두 번 발표했다고 커뮤니케이션을 잘하는 것이 아닙니다. 하지만 조교, 멘토링, 튜터링 경험이 있는 사람은 서로 다른 수준의 사람들에게 각각 적합한 방식으로 커뮤니케이션하는 방법을 알고 있을 뿐만 아니라, 참여자에게서 받은 피드백을 향후 커뮤니케이션에 어떻게 반영할지도 알고 있습니다. 이러한 스킬은 윗사람들과 성공적으로 커뮤니케이션 할 때에도 적용됩니다. 엔지니어와 비기술 관리자의 커뮤니케이션 스타일을 분석할 수 있는 것도 능력 중 하나입니다. 이 스킬은 점점 향상될 수 있는 것으로, 꼭 가르쳐야 하는 것은 아닙니다. 원활한 커뮤니케이션 스킬에는 듣고 관찰하는 능력도 포함됩니다. 상황에 대한 더 많은 정보를 얻기 위해 적절한 질문을 던질 줄 아는 것이 중요한데, 그러려면 패턴이 형성되는 모습을 가만히 앉아서 지켜볼 수 있어야 합니다.

- **역할에 대한 충분한 이해**

역할에 대해 충분히 이해하면 여러 일을 잘 해내려는 의지가 두 배로 커집니다. 어떤 사람들은 데브렐을 단순히 개발자 행사에 다니거나 해커톤에서 멘토링하는 것이라고 생각합니다. 이런 사람들은 특정 분야에서 자기만의 스킬을 가지고 있더라도 문서 작성, 파트너와의 협업, 확장 가능한 콘텐츠 구축, 각 지역에서 열리는 밋업 조사나 어떤 활동이 가장 효과적이었는지 알아보는 것 등의 자잘해 보이는 일에는 관심이 없을 수 있습니다.

팀에 새로운 사람을 영입하기 전에, 미리 기대치를 설정해두는 것이 중요합니다. 각 팀원이 전체 업무 범위와 그 업무 범위에 포함되는 모든 것에 대해 이해해야 하며, 다채롭게 변화하는 상황을 즐길 줄 알아야 합니다. 데브렐은 멀리서 봤을 때 매력적인 라이프 스타일을 가진 직무처럼 보일 수 있습니다. 하지만 실제로는 커뮤니티를 위해 무엇이든지 하는 일이기도 해서, 기술 콘퍼런스에서 유명인이 되고자 하는 꿈이 있는 사람이라면 이 일이 잘 맞을 수도 그렇지 않을 수도 있습니다.

- **배우고자 하는 의지와 열망**
  가장 중요한 것은 기꺼이 배우고자 하는 의지와 열망, 개발자 세계에 대한 호기심입니다. 현재 알고 있는 것이 무엇인지는 중요하지 않습니다. 패턴을 읽고, 주요 산업 현황을 주시하고, 다음에는 무엇을 추구할 것인가에 대한 의사결정을 내릴 수 있는지가 중요합니다. 새로운 것을 배우고자 하는 사람이라면 결코 지루해하지 않을 것이고, 지식의 폭을 더욱 넓혀 더 많은 개발자 커뮤니티와 상호작용할 수 있을 것입니다.

## 가장 중요한 질문: 어디에 팀을 배치해야 할까요?

데브렐 팀을 어디에 배치할 것인지는 주로 핵심 목표에 따라 결정됩니다. 제가 커뮤니티 릴레이션 매니저로 있는 동안 데브렐 팀이 마케팅, 엔지니어링, 고객 성공, 프로덕트 부서 등으로 옮겨지는 것을 보았습니다. 이 부서들 모두 데브렐 팀을 배치할 수 있는 곳이며, 팀의 구조와 지표는 해당 부서의 우선순위에 따라 달라질 것입니다.

### 마케팅 부서

많은 기업에서 데브렐 팀을 마케팅 쪽에 배치합니다. 왜냐하면 마케팅 쪽이 행사나 기념품, 출장에 대한 비용과 브랜드 인지도를 높이기 위한 예산을 가장 많이 가지고 있기 때문입니다. 데브렐이 마케팅 쪽에 잘 맞을지는, 데브렐과 마케팅이 MQL^Marketing Qualified Leads(마케팅 리드)와 커뮤니티라는 공통된 두 가지 목표를 가지고 있음을 임원진이 이해하고 있는지 여부로 결정됩니다. 브랜드 인지도, 콘텐츠, 행사 후원 등이 모두 이 두 가지 영역에 해당되기 때문에, 데브렐이 마케팅 부서 아래에서 움직인다는 것은 의미가 있습니다.

이러한 관계가 실현되기 위해 중요한 것은, CMO가 데브렐과 마케팅에 대해 각각 설정한 목표와 우선순위가 서로 다르더라도 전체적으로는 마케팅 활동 아래서 움직이도록 하는 것입니다.

그런데 만약 데브렐을 위한 별도의 목표와 우선순위가 설정되지 않을 경우 지뢰밭을 향해 갈 수도 있습니다. 복합적인 CRM이라는 명분으로 개발자 참여자 정보가 영업 목적으로 활용될 수도 있고, ROI로 데브렐의 가치를 정의할 수 있다는 기대감(이게 왜 나쁜지는 4장을 참고하세요)과 "그래서, 그게 MQL로 이어졌나요?"라는 질문 등으로 목표 수행과 관련된 모든 것을 트래킹하려는 미시적 관점이 팀을 망칠 수 있습니다.

데브렐 팀에 이런 지표를 부여하는 순간 팀은 실패를 향해 가게 되며, 기존의 전통적인 마케팅 퍼널로 활동을 한정할 위험이 있습니다. 그러면 커뮤니티 니즈를 해결할 때 필요한 자발성과 창의성이 대폭 제한됩니다. 이는 커뮤니티와의 관계가 무너지는 결과로 이어지고, 팀의 가치를 증명하느라 지쳐 팀이 회사에 가져올 수 있었던 기본적인 가치마저 놓치게 될 것입니다.

## 엔지니어링 부서

엔지니어링 쪽도 데브렐 팀이 들어갈 수 있는 곳입니다. 데브렐 팀의 팀원 대다수가 기술과 관련되어 있으니까요. 하지만 대부분의 엔지니어링 팀은 지정된 기간 내에 프로젝트가 완료되었는지에 대한 패스(성공)/페일(실패) 시스템을 가지고 있습니다. 따라서 데브렐에 관련된 지표와 잘 맞지 않습니다. 주요 콘퍼런스를 잘 후원했는지 묻는 체크박스에 체크했다고 해서 이벤트가 성공적이었다고 할 수는 없으니까요.

엔지니어링 부서에 들어가는 경우 또 다른 제약 사항은 예산입니다. 엔지니어링 부서의 예산은 대개 프로덕트의 툴링과 인프라로 제한되어 있습니다. 행사를 후원하거나 발표 장소로 이동하거나 커뮤니티 멤버들을 위한 기념품을 구입하는 데 쓸 예산을 마련하기가 어렵죠.

이 예산을 엔지니어링 부서에 주면 되지 않냐고 주장할 수도 있겠지만, 소규모 개발자 중심의 행사에서 '마케팅 이벤트'로 간주할 수 있는 것(일반적으로 고객이 아닌 바이어를 대상으로 하는 영업 및 MQL 기반의 행사)을 구분해내기는 어렵습니다.

데브렐 팀을 엔지니어링 쪽에 두었을 때 얻을 수 있는 가장 큰 이점 중 하나는 엔지니어와 직접 연결될 수 있다는 것입니다. 3장에서 이야기했던 엔지니어링과 마케팅 간의 장벽을 기억하나요? 엔지니어링 팀에 있으면 연결 다리를 만들 수 있습니다. 데브렐 팀은 블로그 글쓰기, CFP 제출, 행사 지원 등에 대해 엔지니어에게 보다 쉽게 조언할 수 있는 사람들 중 하나입니다. 또 데일리 스탠드업 미팅이나 위클리 리뷰에 참여해 프로젝트를 주시하면서, 코드 기반이 아닌 아이디어들을 제안할 수도 있죠. 3장에서 기업 블로그에 대해 이야기했던 것처럼요.

## GE 디지털의 데브렐에 딱 맞는 집 찾기

GE 디지털은 산업 사물인터넷industrial internet of things(IIoT) 서비스를 위한 리딩 소프트웨어 기업입니다. 소프트웨어, 애플리케이션, 분석을 제조업에 적용함으로써 산업 인프라를 새롭게 만들어 나갑니다. 이 새로운 산업에서는 정말 많은 혁신과 변화가 일어나서, 데브렐 팀에도 마찬가지로 변화가 있었습니다. 개발자 에반젤리스트 리 콜Leah Cole은 이렇게 이야기합니다.

"다른 많은 기업들처럼, GE 디지털도 데브렐 팀을 어디에 배치해야 할지 많은 실험을 해왔습니다. 예전에는 데브렐 팀이 마케팅 부서에 있었지만, 지금은 적절한 곳을 찾았습니다. 데브렐 팀의 직접적인 보고 라인은 엔지니어링 팀이지만, 마케팅 팀과도 연관되어 있습니다."

"일상적인 업무에서 마케팅 팀과의 관계는, 지표와 책임에 대한 것보다 열린 커뮤니케이션과 관련이 있습니다. 마케팅 팀과 지속적으로 대화를 나누면, 데브렐 팀은 개발자 오디언스에게 다가갈 때 회사에서 보고 들은 것을 바탕으로 자신 있게 말할 수 있을 뿐만 아니라 엔지니어링 팀에서 하는 일에 대해 알고 있는 것을 바탕으로 오디언스를 지원할 수 있죠."

"우리는 우리에게 딱 맞는 곳에 있다고 생각합니다. 엔지니어링 리더십 아래, 우리가 한 일의 결과물을 소중하게 여기는 사람들 밑에서 일하고, 우리의 전문성을 중요하게 여기는 사람들과 자주 이야기를 나눌 수 있기 때문입니다."

엔지니어링 쪽에 데브렐 팀을 배치할 때 중요한 점은 엔지니어링 VP 및 CTO와 열린 대화를 하여 엔지니어링에 관련된 데브렐 팀의 직접적인 가치를 계속해서 이해할 수 있게 하는 것입니다. 주요 프로덕트에 대한 피드백부터 새로운 기능에 대한 베타 테스트에 참여하고 싶어 하는 유저풀까지, 엔지니어들의 업무를 지원하는 일뿐만 아니라 확장할 수 있는 다양한 제안 사항을 데브렐 팀은 가지고 있습니다.

## 고객 성공 부서

앞서 데브렐 팀이 고객 지원 팀과 긴밀하게 협력해 고객 문의 사항을 분류하고 전체적인 문의 수를 줄일 수 있는 방법에 대해 간략하게 언급했습니다. 하지만 데브렐 팀이 고객 지원(또는 고객 성공) 부서에 속하게 되는 것은 또 다른 이야기입니다. 고객 지원보다 더 넓은 개념을 흔히 '고객 성공'이라고 합니다. 데브렐도 넓게는 고객의 성공에 집중하고 있기 때문에 고객 성공 부서에 배치하는 것도 매력적인 선택지가 될 수 있습니다. 하지만 고객 성공 부서에 배치되면 기술 지원이라는 역할에 빠져 다시는 헤어나오지 못하는 위험에 처할 가능성이 높습니다.

데브렐은 어디 부서에 속해 있든 기본적으로 기술 지원 팀 취급을 받기 쉽습니다. 개발자 포럼에 올라온 질문에 답하는 것부터 커뮤니티 슬랙 팀을 운영하고 고객이 코드에서 버그를 찾을 수 있도록 돕는 것까지 말이죠. 이는 쉽게 빠질 수 있는 아주 위험한 함정입니다. 커뮤니티가 성공하도록 돕는 것이 데브렐에서 중요한 부분이긴 하지만, 특정 커뮤니티 멤버 한 명을 위해서가 아니라 커뮤니티 전체를 위한 니즈를 충족시키는 데에 초점이 맞춰져야 합니다. 데브렐 팀은 자주 반복되는 고객 문의를 처리하기 위한 문서와 리소스를 만드는 데 도움을 줄 수 있지만, 이런 일을 하기 위해 데브렐 팀이 있는 것은 아닙니다.

하지만 마케팅 쪽에 배치하는 경우와 마찬가지로, 고객 성공 팀 쪽 임원이 '고객 지원'과 '커뮤니티 성공'이라는 두 가지 목표가 있다는 것을 이해한다면 두 팀의 궁합은 괜찮을 겁니다. 고객 지원 리스트에 직접 액세스하여 고객이 자주 묻는 질문을 파악할 수 있어서 콘텐츠 작성, 적절한 발표 주제 선정, 문서 재설계, 이벤트에서 해결해야 할 가장 큰 문제 영역 등을 쉽게 파악할 수 있기 때문입니다.

두 팀의 목표와 지표를 분리해, 데브렐 팀의 시간을 확보하고 보호하는 것이 중요합니다. 여러분 또한 팀의 리소스가 될 수 있겠지만, 여러분의 주 역할은 물고기를 잡아다 주는 것이 아니라 팀원들에게 물고기 잡는 법을 가르치는 것입니다.

## 프로덕트 부서

엔지니어링 팀과 마찬가지로 프로덕트 팀도 지표로서 패스/페일 시스템을 갖추고 있습니다. 마감 기한을 지키기 위해 해야 할 일들을 빠르게 추진했던 경험이 있나요? 예산에 대해서도 비슷한 문제에 직면하게 될 것입니다. 일반적으로 프로덕트 팀은 연말에 사람이 부족할 때 인력을 빌려올 수 있는 팀이 아닙니다.

데브렐 목표의 많은 부분이 커뮤니티에서 나오는 피드백을 분석해 회사 내부에 공유하는 것이라는 점을 감안할 때, 프로덕트 부서 쪽에 데브렐을 배치하는 것은 강력한 조치일 수 있습니다. 퍼핏Puppet의 커뮤니티 및 에반젤리즘 매니저인 카라 솔스Kara Sowles[7]는 팀이 UX, 엔지니어링, 문서와 관련된 프로덕트 부서로 옮겨간 것에 대해 "마침내 집으로 돌아온 것 같다"라고 했습니다.

프로덕트 팀은 다른 부서들과 좋은 관계를 맺고 있는 몇 안 되는 부서 중 하나입니

---

7 카라는 멋진 여성이자 놀라운 커뮤니티 빌더로, DevOps 커뮤니티에서 만났습니다. 저와 카라는 경쟁사(카라는 퍼핏, 저는 셰프)에서 일하고 있을 때 알게 되어 친구가 되었습니다. 트위터는 @FeyNudibranch

다. 마케팅 팀과 긴밀하게 협력해 출시 기능에 대한 계획을 수립하고 고객에게 매월 프로덕트 뉴스레터를 발송합니다. 또한 영업 팀이 최신 릴리스의 이점과 허점을 이해할 수 있도록 돕고, 사업 개발 팀과 함께 신규 파트너의 만족도를 높여 앞으로도 협력 관계가 우선순위에 있을 수 있도록 하고, 엔지니어링 팀과 협력해 다음 번 스프린트를 위한 목표를 함께 수립합니다.

프로덕트 팀의 의견을 듣는다는 것은 엔지니어링 팀에서 작업하게 될 다음 아이템에 대해 의견을 듣는 것과 같습니다. 이를 통해 커뮤니티 멤버들이 올린 티켓이나 버그와 같은 소규모 수정 사항을 놓치지 않음으로써 백로그에서 손실되는 것을 방지할 수 있습니다.

하지만 이런 권력을 조심하세요. 모든 일화를 데이터로 만들기는 쉽습니다. 데이터를 충분히 수집해 커뮤니티가 당면한 최우선 과제와 문제를 제대로 이해하고, 적절한 타이밍에 제시할 수 있도록 하세요.

## 교육 또는 콘텐츠 부서

교육이나 콘텐츠를 담당하는 부서가 있는 회사는 손에 꼽습니다. 회사에 이 부서가 있다면 데브렐 팀이 배치되기에 아주 적합한 곳입니다.

프로덕트 팀의 경우와 마찬가지로, 데브렐 팀을 이쪽 부서에 배치하면 전략, 포지셔닝, 업계의 에코시스템에 대해 여러 부서와 긴밀하게 협력할 수 있습니다. 교육 또는 콘텐츠 부서는 파트너 지원이나 개발자 경험에 초점을 맞추는 경우가 많기 때문에 직접적인 수익 창출에 대한 압박이 없어 데브렐 팀이 최고의 퍼포먼스를 낼 수 있습니다. 커뮤니티와 상호작용하고, 피드백을 전달하고, 커뮤니티를 위해 최고의 프로덕트를 만드는 일을 할 수 있죠.

## 내부 컨설팅 조직

데브렐 팀이 어떤 부서에도 속하지 않고 단독으로 있는 독특한 상황도 있습니다. 다만, 완전한 단독 팀이 아니라 여러 부서와 차례로 함께 일하는 형태였습니다. 한 해 4분기 중 한 분기는 커뮤니티의 피드백을 제공해 프로덕트 로드맵을 짜는 데 도움을 주고, 한 분기는 마케팅 팀과 협력해 커뮤니티 보이스와 메시지를 다듬어 콘텐츠 계획을 도와주는 등의 일을 하는 식이었습니다. 데브렐 팀이 회사 내부의 컨설팅 조직으로서 커뮤니티와 상호작용하는 각 부서에 조언을 하거나 구조화하는 일을 하고 있었습니다.

이러한 형태의 아이디어도 좋긴 하지만, 직접적인 가치 메시지가 어디로 전달되는지 이해하기는 어려웠습니다. 새로운 팀과 함께 일하기 위해 매번 태세를 정비해야 한다면 팀이 기여하고 있는 것과 팀만의 가치는 언제 보여줄 수 있을까요? 팀과 각 부서 사이에서 형성되는 관계도 가치 있겠지만 프로젝트와 일이 끝난 후 그 부서들이 데브렐 팀의 공로를 특별히 다뤄주지 않는 한, 팀을 장기적으로 유지하기 어렵습니다. 컨설팅과 조언이 끝나고 각 부서가 전문성 강화를 위한 교육과 훈련을 받고 나서도 회사가 데브렐 팀을 해체하는 것을 막으려면 어떻게 해야 할까요?

## 커뮤니티 부서

저는 결국, 커뮤니티와 데브렐이 그 자체로 부서가 되는 방향으로 가지 않을까 생각합니다. 회사 전체와 매우 밀접하게 협력하는 팀이기 때문에, 어느 한 부서에 속하게 되었을 때 그 부서와 완벽하게 맞아떨어지기 어려울 뿐만 아니라 팀의 크로스 펑셔널cross-functional한 장점을 살리기도 힘듭니다. 어떤 부서에 속하게 되든, 아무리 잘 의도된 목표와 이니셔티브가 있더라도 그 부서의 책임을 떠맡게 될 수밖에 없습니다.

만약 자체 부서를 만들게 된다면 회사 내에서 많은 관심과 검토를 받게 될 것입니다. 갑자기 큰 부서가 되었기 때문에 팀이 안정되지 않았을 테니까요. 이제 우리는 어려운 시기 속에서도 우리만의 지표와 가치로 스스로를 끌어올리고 롱테일 릴레이션을 지속하기 위해 최선을 다해야 합니다.

어떻게 보면, 우리는 이미 그런 위치에 있습니다. 대부분의 데브렐 팀들이 너무 많은 조직 개편을 겪어서 길을 잃거나, 팀이 해체되었을 때 더 이상 아무도 데브렐을 책임지려고 하지 않아 회사에서 나와야 하는 일을 겪기도 합니다. 자체 부서를 만들게 되면, 우리는 적어도 그 안에서 권위적인 위치에 설 수 있고 우리의 모습 그대로 있을 수 있습니다. 데브렐 팀은 커뮤니티에 대한 권위자가 되고, 고객에게 다가가 멋진 성공 스토리를 함께 만들어내는 일의 전문가가 되어 회사 내부에 조언을 하는 존재가 됩니다.

## 지리적 위치

지금까지 '어디에' 데브렐 팀을 둘 것인가에 대해 조직 구조적인 측면에서 이야기했는데, 지리적 위치도 빠뜨릴 수 없습니다. 이 역시 회사마다 다릅니다. 데브렐 팀이 주로 콘텐츠, 소셜 미디어, 문서화, 교육 및 훈련을 맡는 경우에는 사무실 내에 있는 것이 좋습니다. 하지만 회사가 다른 팀들과 마찬가지로 데브렐 팀도 의자에 엉덩이를 붙이고 앉아 있기를 요구하는데 커뮤니티 멤버들과도 계속해서 어울리며 교류하기를 원하는 모순이 생기는 순간, 그 교류의 끈은 단절되기 쉽습니다.

이에 대한 의사결정을 내릴 때, 여러분의 가장 중요한 목표를 되돌아봐야 합니다. 특정 지역에서 큰 인기를 얻고자 하는 경우에는 데브렐 팀(또는 적어도 한 명)의 기반을 해당 지역에 두는 것이 합리적입니다. 본사가 멀리 떨어져 있는 경우, 분기별로 해당 지역의 데브렐 팀에 들른다면 직접 대면하는 상호작용이 부족하다는 걱정을 덜 수 있습니다.

많은 기업들이 데브렐 팀을 확장하기 시작하면서, 뉴욕이나 보스턴과 같은 '동부 지역'과 샌프란시스코, 포틀랜드, 시애틀 같은 '서부 지역' 사이로 퍼져나가기 시작했습니다. 오스틴과 시카고 같은 지역에 1~2명의 애드보케이트를 배치하기도 하고 유럽으로 진출해 런던, 암스테르담, 베를린, 파리 등의 도시에도 자리 잡는 것을 흔히 볼 수 있습니다.

다시 한 번 말하지만, 팀을 어느 지역에 둘지 결정하는 것은 고객 데이터에 달려 있습니다. 가장 많은 활성 유저들이 집중된 곳은 어디인가요? 격려와 지원이 조금 더 필요할 커뮤니티를 찾는 데 적합한 도시는 어디인가요? 이 경우 커뮤니티 멤버와 가깝고, 모임과 행사에 자주 참석할 수 있고, 공항이나 대중교통 수단과 가까운 장소가 적합할 것입니다.

팀 전체 또는 일부를 원격 근무로 운영하기로 결정했다면, 분기당 한 번 이상은 모든 팀원이 한 자리에 모이도록 하세요. 이를 통한 대면 교류, 팀워크 및 브레인스토밍은 팀의 효율에 굉장한 차이를 가져올 수 있습니다.

다 같이 모이기로 한 날 사이사이에 주간 팀 미팅과 격주로 일대일 미팅을 잡는다면, 모니터 스크린이라는 장벽으로 인해 생기는 보이지 않는 벽을 허물 수 있습니다. 월요일에 팀 미팅을 열면 상태 업데이트와 주간 목표를 공유하는 것으로 한 주를 시작할 수 있습니다. 그리고 나서 팀원들이 자신의 성과와 큰 프로젝트의 진행 상황을 보고할 수 있도록 한 주의 일정을 잡아보세요. 격주로 일대일 미팅을 하면 그 주의 생산성에 대해 이야기를 나눌 수도 있고, 팀원이 겪는 어려움과 그 해결 방법 또는 커리어에 대한 고민도 나눌 수 있습니다.

## 팀의 방향성에 따른 선택

만약 회사가 데브렐에 적극적으로 투자하지 않는다면, 현 시점에서 어느 부서가 가장 적합한 '지갑'이 되어줄 수 있을지 파악해야 합니다. 이것을 알아내는 데는 두 가지 방법이 있습니다.

첫 번째 방법은 어느 부서와 자주 마주치고 있는지 파악하는 것입니다. 예를 들어 엔지니어링 쪽에 도움을 자주 요청할 경우, 엔지니어링 팀에 기반을 두는 것이 가장 좋은 방법입니다. 그 팀의 일원이 되어 매일 함께 일하다 보면, 어쩌면 내부자 엑세스도 얻어 엔지니어링 팀의 프로세스와 일정에도 관여할 수 있게 될 것입니다.

여러분의 목표가 주로 브랜드 인지도를 높이고 개발자 행사를 통해 회사의 프로덕트를 알리는 것이라면, 마케팅 팀과 함께 일하며 그들과 함께 예산을 쓰는 데 많은 시간을 보낼 것입니다. 이 경우 보통 ROI 및 여러 지표와 얽혀 있는 예산을 나눠달라고 하기보다, 이미 여러분을 위해 할당된 예산을 가지고 함께 의논하는 것이 더 바람직합니다.

어디에 배치되면 좋을지 파악하는 두 번째 방법은, 목표와 기능을 고려하는 것입니다.

- 고객을 위한 도구를 만들고 있나요? 프로덕트 팀
- 콘퍼런스나 후원을 통해 브랜드 인지도를 높이고 있나요? 마케팅 팀
- 고객이 겪고 있는 문제를 분류하고 고객 문의의 원인을 찾아 문제를 해결하는 데 도움을 주고 있나요? 고객 성공 팀
- 엔지니어링 팀이 하는 일을 부각하거나, 개발자들에게 프로덕트의 매력을 전달하거나, 엔지니어들의 퍼스널 브랜딩을 구축하는 콘텐츠 전략을 짜고 있나요? 가장 많은 시간을 보내는 곳이 어디인가에 따라 엔지니어링 팀 또는 마케팅 팀
- 산업 전반에 걸쳐 다양한 웹사이트에 프로덕트가 노출될 수 있도록 가능한 많은 API와 통합하려는 노력을 하고 있나요? 파트너 팀 또는 비즈니스 개발 팀

2장에서도 이야기했듯이 궁극적으로 비즈니스 개발 팀, 고객 성공 팀, 마케팅 팀, 영업 팀 등 조직 내 모든 구성원이 어떤 방식으로든 커뮤니티에 관심을 가져야 합니다. 데브렐 팀은 커뮤니티를 항상 최우선 관심사로 삼아야 할 뿐만 아니라, 다른 부서에도 이러한 마인드를 주입해야 합니다.

팀이 속할 적절한 곳을 찾는 데에는 어느 부서가 데브렐을 잘 다룰 수 있을지가 아니라, 어느 부서가 데브렐이 성공할 수 있도록 가장 잘 도와줄 수 있을지가 더 중요합니다.

데브렐 팀을 어디에 배치하기로 했건, 그 부서에서 팀이 계속 존재할 수 있도록 최선을 다하세요. 이 책을 쓰면서 정말 끔찍한 이야기들을 연달아 들었는데, 2년 동안 팀이 6번이나 바뀐 사람들도 있었습니다. 이러한 부서 차원의 조직 개편은 팀의 신뢰를 무너뜨리고 다음 조직으로 넘어가는 것에 대한 두려움을 심어줍니다. 뿐만 아니라 새로운 경영 구조에 적응하느라 목표 달성에 지연이 생겨 회사 내 팀의 입지를 더욱 약하게 만듭니다. 이에 대해 어떤 분은 다음과 같이 이야기했습니다.

> 부서가 바뀔 때마다 팀의 성공 사례를 전달하는 방식을 매번 바꿔야 했습니다. 그래야 새
> 로운 임원이 왜 우리가 이런 일을 시작하게 되었는지를 이해할 수 있었거든요. 새 임원이
> 우리가 하는 일에 대해 제대로 알 수 있도록 시간을 쏟느라 기존에 해왔던 프로젝트도 계
> 속할 수 없었습니다. 그렇게 하지 않으면 팀이 없어질 수도 있으니까요. 새로운 부서를 교
> 육하거나 우선순위를 전환하는 것 등은 생각할 수도 없었습니다. 게다가 통제 불가능한 지
> 표들을 계속해서 충족시켜야만 했죠.

또 다른 분은 부서가 계속해서 바뀐 덕에 얻은 이점의 쓸쓸함을 이야기했습니다.

> 여러 부서를 전전하면서, 데브렐이 중요하고 가치 있는 팀이라는 사실을 회사의 고위 경
> 영진 대부분에게 납득시킬 수 있었습니다. 참 대단하죠? 그런데 이를 위해 들어간 노고는
> 요? 그들을 설득하는 동안 우리가 하는 일은 생산성이 크게 떨어졌습니다.

데브렐 팀은 어떤 부서에서든 잘 활약할 수 있지만, 성공적으로 팀을 운영하려면 다
음과 같은 두 가지 요소가 필요합니다.

- 부서장은 데브렐의 가치를 이해하며, 이를 위해 기꺼이 싸워야 합니다.
- 데브렐 팀은 협업을 잘하는 멋진 멤버들로 구성되어 있으며, 팀과 각자의 역할
  사이를 원활하게 이동할 수 있어야 합니다.

데브렐 팀이 어디에 있든 팀이 성과를 낼 수 있도록 툴을 제공하고, 이들의 가치를
이해하며 신뢰하는 경영진이 있는 환경에 배치하세요. 그리고 팀원들이 각자 맡은
일에 최선을 다할 수 있도록 내버려두세요.

# 성공을 위한 팀 세팅

여러분이 팀을 위해 할 수 있는 최선은 성공을 위해 팀을 세팅하는 것입니다. 데브렐 팀을 어디에 두든, 각각의 역할이 어떻든, 예산이 얼마나 주어지든 간에 말이죠. 그럼 어떻게 하면 될까요?

- **치어리더가 되어주세요.**
  팀원들의 성공을 회사의 다른 구성원들에게 보여주세요. 팀원들이 기여한 것이나 다른 사람들은 놓쳤을 수도 있는 성과를 공유해보세요. 또는 커뮤니티에 올라온 글들 중 팀이 관계 구축과 높은 수준의 지원을 통해 얼마나 더 '착 달라붙는' 프로덕트를 만들고 있는지 나타내는 글을 인용하여 보여주는 것도 방법입니다.

- **지지자가 되어주세요.**
  팀에 어떤 지원이 필요한지 계속해서 지켜보세요. 다른 부서에서 구두로 확인을 받거나, 불필요하거나 적절하지 않은 일들을 쳐내거나, 꼭 필요한 도구를 구축하기 위해 타 부서의 지원을 받는 등 팀에 필요한 도움을 주세요.

- **멘토가 되어주세요.**
  여러분이 데브렐에 대한 경험과 전문성이 있는 지지자라는 것을 가정하고 드리는 말입니다. 만약 아니라면, 여러분 주변의 리소스를 끌어다 활용하세요. 밋업 행사와 콘퍼런스들을 찾아보고, 팀원들이나 커뮤니티 멤버들에게 소개해주세요. 그리고 최소한 그들이 이런 활동을 스스로 할 수 있도록 허용하세요. 자기 계발과 교육에 필요한 예산을 주세요. 이들이 커뮤니티에 쏟는 많은 노력이 결국 프로덕트를 발전시키는 원동력이 될 것입니다. 팀원들에게 데브렐에 관련된 최신 정보와 멋진 자료를 계속해서 업데이트해주세요.

- **원동력이 되어주세요.**
  의사결정을 내릴 수 있는 포지션에 팀원들을 두고, 여러분은 그 뒤를 받쳐주세요. 계획을 수정하거나 다시 생각해봐야 하는 때도 있겠지만, 커뮤니티에 대해서는 팀원들이 전문가임을 믿으세요. 팀원들의 제안을 넘겨짚지 마세요. 만약 첫 아이디어가 말이 안 되는 것 같다면 설명해달라고 요청하고 어떤 지원이 필요한지 말할 수 있도록 해주세요.

2장에서 이야기했듯이 데브렐 팀은 회사에 많은 도움을 줄 수 있는 능력이 있지만, 이 능력을 발휘하려면 회사가 팀을 성공적으로 세팅하고 신뢰해야 합니다. CMX의 보고서에 따르면 커뮤니티가 실패하는 가장 큰 원인은 내부 지원 부족이라고 합니다.[8] 프로덕트를 더 탄탄하게 만들어줄 커뮤니티를 만들기 위해 데브렐 팀을 구성하기로 결정했다면 팀이 올바른 의사결정을 내리고 올바른 지표를 따를 수 있도록 해야 합니다. 또한 커뮤니티가 이끄는 대로 변화를 만들거나 커뮤니티가 올바른 방향으로 나아갈 수 있도록 해야 합니다.

간단히 말해, 데브렐 팀에 최고의 환경을 만들어주세요. 확장할 수 있는 목표와 방향성을 주고, 목표 달성에 필요한 툴을 제공하세요. 팀이 잘 해낼 수 있다고 믿고 한발 물러서서 어떤 마법이 펼쳐지는지 지켜보세요.

---

8 *http://cmxhub.com/keystocommunityreadiness/*

# 커뮤니티 구축과
# 관계 맺기

커뮤니티 전략에서 제가 가장 좋아하는 부분 중 하나는 어떤 커뮤니티 세그먼트가 우리에게 유의미할지 정확히 파악하는 것입니다. 이것은 마치 논리 퍼즐을 푸는 것과 같습니다. 예를 들어, 서로 다른 샌드위치와 주스가 들어 있는 도시락을 가진 다섯 명의 초등학생이 있는데, 그중 어떤 아이가 땅콩버터, 젤리, 사과 주스가 든 도시락을 가졌는지 알아내는 문제 같은 것이죠. 이런 문제를 풀 때처럼 상황을 하나씩 끼워 맞춰가면서 정답을 찾을 수 있습니다.

논리 퍼즐을 푸는 것은 쉽지 않습니다. 하지만 일단 틈새시장을 개척하고 나면 어떤 사람들이 1차 및 2차 오디언스인지 알 수 있고, 그 사람들이 어디에 있는지도 쉽게 알아낼 수 있습니다.

1장에서는 1차 및 2차 오디언스에 대해서 간단하게 다루었습니다. 회사가 비즈니스를 시작하는 단계에서 커뮤니티는 회사의 프로덕트를 사용하는 사람들로 구성됩니다. 이 시점에서 여러분은 커뮤니티 멤버들을 프로그래밍 언어, 직책, 속해 있는 산업 등으로 구별하지 않고 여러분이 다루는 문제에 관심이 있는 누구에게나 마음을 엽니다.

하지만 고객들과 대화를 하기 시작하면 직책, 업계 이슈에 따른 어떤 패턴뿐만 아니라 프로덕트를 통해 고객이 해결하고자 하는 문제가 무엇인지도 보이기 시작할 겁니다. 패턴은 회사 내부에서도 발견할 수 있습니다. 회사가 어떤 언어를 사용해 플랫폼과 프로덕트를 구축하고 있는지, 특정 프로그래밍 언어를 사용하는 고객들이 이용하는 API인지, 아니면 어떤 언어를 사용하든 상관없이 누구나 사용할 수 있는 프로덕트인지 등을 말이죠. 이는 영업 자료, 마케팅 콘텐츠, 프로덕트 개선의 토대를 마련해주는 중요한 데이터입니다.

고객과의 대화에 여러분 혼자만 참여하는 것이 아닐 수도 있고, 심지어 여러분은 대화를 이끄는 사람이 아닐 수도 있습니다. 고객과의 대화를 통해 정보를 수집하는 사람은 주로 프로덕트 매니저나 테크니컬 어카운트 매니저입니다. 그렇지만 미팅이나 대화를 통해 수집한 데이터는 여러분을 포함해 관련된 모든 사람에게 공유해야 합니다. 이러한 데이터는 프로덕트가 시장의 어떤 세그먼트에 속해 있는지를 정확히 파악하는 데 도움이 됩니다. 여러분의 회사는 B2C와 B2B 중 어느 쪽을 타기팅하고 있나요? 고객사의 규모에 따라 여러분의 프로덕트가 도움이 될 수도 있고 아닐 수도 있나요? 같은 시장에 어떤 경쟁사들이 있으며, 얼만큼 격차가 벌어져 있나요? 여러분 회사는 어떻게 차별화할 수 있을까요?

회사가 시장의 어떤 세그먼트에 속해 있는지 파악한 후에는, 같은 세그먼트에 있는 회사에서 일하는 사람들에 대해 알아볼 수 있습니다. 그들이 직면한 기술적 문제는 무엇인지, 효율과 효과를 달성하지 못하게 막고 있는 장애물은 무엇인지, 그들이 만든 프로덕트는 시장의 어떤 세그먼트에 속해 있으며 고객을 위해 해결하려는 문제는 무엇인지 등을 알아보세요. 이 질문들에 답을 얻을 때마다 어떤 니즈를 여러분이 충족시켜야 하는지에 대해 더 많은 정보를 모을 수 있을 겁니다. 게다가 여러분의 주요 오디언스가 어디에서 살고 일하고 정보를 찾는지 파악하는 데 큰 진전을 이룰 겁니다. 이를 통해 여러분은 그들과 비슷한 또 다른 커뮤니티 멤버들을 찾는 데 한 걸음 더 가까워질 수 있습니다.

만약 회사의 설립자나 프로덕트 매니저가 이미 이런 탐색을 마쳤다면, 그건 여러분에게 엄청난 축복입니다. 주요 고객들이 모이는 곳을 찾아서 한 발짝 더 깊이 들어가면 되니까요. 주요 오디언스들이 어떤 커뮤니티에 참여하고 있나요? 해당 커뮤니티에 대해 자세히 알아보세요. 그 커뮤니티의 사고 리더는 누구인지, 어떤 행사들이 인기 있는지, 어디에 가장 좋은 콘텐츠가 있는지 찾아보세요.

## Relationship 101: 관계 맺기의 첫걸음

누군가와 새로운 관계를 시작할 때와 마찬가지로, 여러분은 커뮤니티가 무엇을 원하고 관심 있어 하는지에 초점을 맞춰야 합니다. 커뮤니티 멤버들이 제일 어울리고 싶어 하는 사람은 누구인가요? 어떤 책이나 기사, 잡지, 트위터를 보고 있나요? 존경하는 사람은 누구인가요? 가장 좋아하는 주제는요? 자신들의 직업을 좋아하나요, 싫어하나요? 그들의 직업적 삶을 더 편하게 만들 수 있는 것은 무엇인가요? 그들의 우선순위는 무엇인가요?

보시다시피, 이는 새로운 친구를 사귀는 것과 비슷합니다. 회사에서 돈을 받는 월급쟁이 직원으로서 사람들을 대하는 것이 아닌, 사람 대 사람으로 고객을 깊이 이해하는 것도 일종의 투자입니다. 개인적인 관계를 만들어간다면 여러분이 속한 커뮤니티에 대한 중요한 정보를 얻을 수도 있고, 미래의 잠재 고객들을 찾는 데도 도움이 됩니다. 이렇게 초기에 사귄 커뮤니티 멤버들은 비즈니스가 가야 할 방향을 정하는 데 도움을 주고 여러분이 전혀 생각하지 못했던 완전히 다른 시장을 열게 해줄 수도 있습니다. 이렇게 발견한 시장이 실은 여러분의 진정한 주요 오디언스가 있는 곳일 수도 있고요. 동심원을 한번 생각해보세요. 여러분은 가장 중심에 있는 동그라미에서 초기의 핵심 커뮤니티 멤버들과 함께 시작합니다. 다음 레이어의 동그라미는 커뮤니티 멤버 모두에게 맞는 영역일 수도 있고, 일부에게만 맞는 벤다이어그램 모양일 수도 있습니다. 그리고 그다음 레이어는 약간 겹치면서도 조금 다른 방향으로 이어지게 되는 등 점점 변해갑니다.

<table>
<tr><td>인<br>터<br>뷰</td><td>스파크포스트의 시장 세분화 탐험기</td></tr>
</table>

제가 2015년 스파크포스트에서 처음 일하기 시작했을 때, 우리 회사에는 소수의 서로 다른 오디언스만 있었습니다.

스파크포스트는 개발자용 이메일 API를 만드는 회사라서 데브렐 팀은 개발자에 포커스를 맞춘 반면, 마케팅 팀과 영업 팀은 주로 이메일 마케팅 담당자와 C레벨 경영진에게 집중했죠. 마케팅 팀과 영업 팀에서 집중하는 오디언스들이 우리의 트랜잭셔널 이메일 서비스에 관심을 가질 가능성이 아예 없는 건 아니었지만 회사의 주의를 분산시켰고, 웹사이트를 재편하려고 할 때 이슈를 불러일으켰습니다. 이렇게 서로 다른 오디언스들이 있는데, 어떻게 단 하나의 랜딩 페이지로 모든 사람에게 어필할 수 있겠어요?

2016년 초, 스파크포스트는 메일침프MailChimp와 비기술 오디언스를 위한 말끔한 UI를 가진 다른 회사들에 이메일 마케터 오디언스를 양도하고 우리만의 전문 영역에 집중하기로 했습니다. 우리는 새로운 열정을 담아 개발자를 우리의 주요 오디언스로 설정했습니다. 스티브 발머Steve Ballmer의 유명한 연설인 '개발자, 개발자, 개발자!'를 귀 기울여 들은 사장님과 함께 말이죠. 이는 데브렐 팀에 전환점이 되었습니다. 갑자기 마케팅 팀, 영업 팀, 프로덕트 팀이 모두 데브렐 팀을 찾아와 회사의 주요 오디언스인 개발자에 대한 전문성을 구하기 시작했습니다.

하지만 우리는 1장에서 이야기한 '모든 곳에 있는 모든 개발자'를 추구하는 기초적인 실수를 저질러버렸습니다. 주요 오디언스를 좁히지 않은 채, 일을 더 편하게 하는 이메일 서비스를 구현하는 작업에 관심 있는 개발자를 파악하기보다 모든 개발자에게 적합할 콘텐츠를 구축하는 일에 너무 많은 시간을 써버렸지요.

제 절친한 동료[1]와 함께 얼마간의 대화를 나누고 나서, 우리가 광범위한 개발자를 대상으로 하다 보니 오히려 테크 오디언스의 전체 세그먼트를 놓치고 있다는 것을 깨달았습니다. 우리 회사의 API가 개발자 오디언스의 관심을 끌기는 했습니다. 하지만 우리 회사는 전통적으로 운영 분야의 일로 여긴 이메일 서버를 서비스로서 다루는 회사였습니다. 센드그리드가 지난 몇 년간 줄곧 이에 대해 이야기하긴 했지만, 그럼에도 불구하고 이메일 서버를 서비스로 다룬다는 사실은 많은 사람들에게 혁신적이었습니다.

우리는 API 유저들에게 집중했고 전에는 생각조차 못했던, 완전히 다른 마켓 세그먼

---

1  제레미 프라이스(Jeremy Price)예요. 트위터는 @jermops입니다. 그와 함께할 수 있어 행운이에요!

트를 발견할 수 있었습니다. 이 시점에서 새로운 세그먼트를 더 추가할 수는 없으니, '항상, 모든 개발자를 위해'라는 회사의 기존 철학을 재평가해야 했습니다. 우리는 조금씩 '모든 개발자'에서 오디언스를 좁혀나갔고, 우리 회사의 프로덕트를 사용하려는 개발자들은 누구이며 우리가 어떤 개발자들에게 도움을 줄 수 있을지 파악하기 시작했습니다.

디벨로퍼 애드보케이트인 에이드리안 하워드Aydrian Howard가 뉴욕에서 활약해준 덕분에, 우리는 자바스크립트 커뮤니티에서 확고한 입지를 가지고 있었습니다. 그리고 PHP 프레임워크가 널리 사용되고 있는 트렌드 속에서 최근 리팩터링한 PHP 라이브러리 덕분에, 우리의 PHP 오디언스도 탄탄했죠. 이 두 세그먼트에 집중하되 당분간은 여러 일반적인 개발자 콘퍼런스들을 살펴보기로 결정했습니다. 이를 통해 우리는 비록 느리긴 하지만 DevOps 시장으로 확장할 수 있었고 코드를 계속해서 발전시키는 사람들(Dev)뿐만 아니라 소프트웨어의 설치와 변경 작업을 수행하는 사람들(Ops)까지, 기술 스펙트럼의 두 핵심 오디언스에게 다가갈 수 있었습니다.

커뮤니티 전략을 짤 때 단순 시장 조사와 비즈니스 전략이 많은 부분을 차지합니다. 회사에 입사하기 전에 해본 적이 있다면 좋겠지만, 그렇지 않다면 지금부터 시작해보세요. 시장 세분화를 통해 주요 오디언스를 먼저 정의하고, 타기팅을 통해 무엇이 그들을 귀찮게 하고, 어떤 어려움을 겪고 있는지 알아봅니다. 이러한 정보를 통해 포지셔닝할 수 있게 되고, 주요 오디언스들이 어떤 메시지에 반응할지 알 수 있습니다. 바로 거기서, 여러분이 집중해야 할 다음 오디언스를 파악할 수 있습니다.

이 다음 오디언스는 약간 다른 시장의 세그먼트에서 찾을 수도 있고, 바이어 쪽이 될 수도 있습니다. 하지만 앞서 말한 것처럼, 여러분의 엔드 유저가 바이어가 되는 경우는 상당히 드뭅니다. 엔드 유저와 바이어라는 두 오디언스 모두 프로덕트의 필요성을 인식하고 있지만, 바이어는 프로덕트를 구매하거나 사용할 의사결정을 내릴 수 있는 위치에 있습니다. 영업 팀이 보통 이 바이어들을 대상으로 합니다. 그리고 마케팅 팀은 고객들에게 자동으로 메일을 보내는 드립 캠페인drip campaign이나 정보를 더

보려면 개인 정보를 입력해야 하는 게이트 콘텐츠gated content를 통해 영업 팀을 돕습니다. 여러분이 바이어라는 오디언스를 타기팅할 일은 거의 없을 겁니다. 여기서 여러분의 역할은 올바른 커넥션을 만들어 앞서 이야기한 '네트워킹 디렉터'가 되어서 '배턴 터치'를 하는 것입니다. 그리고 엔드 유저들을 위한 콘텐츠를 계속해서 제공하는 것이지요. 비록 이 엔드 유저들이 여러분 회사의 프로덕트를 사용할지에 대한 의사결정을 회사 차원으로 내릴 수 있는 사람은 아닐 수도 있지만, 이들은 코드 기반에 상당한 영향을 미칩니다. 이들의 니즈에 맞는 콘텐츠를 제공한다면 여러분 회사가 계속해서 노출되어, 나중에 필요할 때 찾아볼 곳 리스트의 가장 상단에 위치하게 될 것입니다.

게다가 프로덕트를 사용할 가능성이 가장 높은 개발자 세그먼트를 대상으로 하는 일은 바이어 오디언스에게 더 구체적인 정보를 제공하기도 합니다. 이것이 마케팅 팀, 영업 팀, 프로덕트 팀과 밀접하게 협력해야 하는 중요한 이유입니다. 서로 보고하는 부서가 다르더라도 말이죠. 각 부서에서 모은 정보는 이상적인 고객 상을 만드는 데 디테일을 더합니다. 오디언스의 범위를 좁힌다는 게 언뜻 보면 잘 납득이 되지 않을 수도 있지만, 오디언스에 대한 구체적인 기준을 설정하면 여러분 회사의 프로덕트를 찾는 사람들을 데려오는 데 큰 도움이 됩니다. 충성도 높은 고객을 확보한 후에는 개발자 오디언스 세그먼트를 더 확장하며 동심원을 바깥쪽으로 서서히 키워갈 수 있습니다.

## 맨땅에 헤딩하지 말기

이번 장을 읽으면서 이 말을 꼭 기억해주세요.

> **커뮤니티를 시작할 때, 맨땅에 헤딩하지 마세요!**

맨땅에서 시작하면 너무 많은 리소스를 사용해야 할 뿐만 아니라 원하는 결과를 얻지 못할 수 있습니다. 인풋이 있으면 아웃풋이 있는 상황이 아닌 거죠. 여러분은 소매를 걷어붙이고 밋업, 트위터, 깃허브, 콘퍼런스라는 땅을 깊게 파서 어디에 커뮤니티가 있고 그들이 무엇에 관심 있어 하는지 알아내야 합니다(3장에서 다룬 온라인으로 커뮤니티와의 연결 고리 만들기, 8장에서 다루는 오프라인 모임에 대한 내용을 참고하세요).

여기엔 시간과 에너지, 노력이 들어갑니다. 커뮤니티를 구축할 때 경험하게 될 롱테일, 즉 자잘하고 장기적으로 봐야 할 일들 중에서도 가장 장기적인 시각으로 접근해야 합니다.[2] 초기에 이런 노력을 들이지 않으면, 회사와 맞지 않는 콘퍼런스를 후원해서 예산을 날리거나 커뮤니티와 관계를 잘 쌓았는데 알고 보니 장기적인 투자를 할 필요가 없었던 영역의 커뮤니티였음을 뒤늦게 알게 되는 상황이 생길 수도 있습니다.

앞에서 여러 차례 말했듯이, 답은 여러분의 현재 고객에서 찾을 수 있습니다. 프로덕트 팀과 함께 활성 유저들, 특히 프로덕트 사용도 피드백도 열심히 하는 유저들을 리스트업 해보세요.[3] 그리고 이 고객들에게 15분 정도의 짧은 전화 통화나 설문조사를 요청해봅니다. 만약 이 고객들과 여러분이 이미 잘 알고 지내는 사이라면, 전화나 설문조사에 대한 보상을 줄 필요가 없을 수도 있습니다. 7장에서도 다루겠지만, 여러분에게 도움을 주고 싶어 하는 충성 고객들에게 금전적인 보상을 제공하는 것은 좋지 않을 수 있습니다. 대신 대화를 나눈 후 며칠 뒤에 깜짝 감사 편지나 소소한 성의를 표하는 것은 나쁘지 않습니다. 커뮤니티 바깥의 더 많은 사람들을 대상으로 설문조사를 한다면, 추첨을 통해 경품을 제공하는 것도 방법입니다.

설문조사를 통해 정보를 모으는 것 외에도 다양한 고객들에게 의견을 듣는 것이 중요합니다. 특정 그룹만 대상으로 하거나 적은 수의 응답만으로는 편향된 결정을 내리거나 왜곡된 결과를 가져올 수 있으니까요. 커뮤니티의 핵심 멤버를 구성하는 경우에도 마찬가지입니다(7장을 참고하세요). 커뮤니티의 요구 사항에 대한 전체적인

---

2  4장의 도입부에서 자동화된 데이터 수집이 중요하다고 한 이유에 해당합니다. 리서치를 위해 시간이 필요할 때, 그 리서치가 가치 있다는 것을 증명하기 위해 역추적하지 않아도 되기 때문이죠. 여기에서도 리비박스가 유용하게 쓰일 수 있습니다. 달성해야 하는 매출 관련 지표가 없더라도, 여러분이 정의한 지표들이 적어도 어떻게 영향을 주고 있는지 보여줄 수 있습니다.

3  여러분이 대기업에서 일하고 있다면, 영업 팀이나 지원 팀에 문의해서 피해야 할 고객이 있는지를 미리 확인해보세요. 최근 부정적인 경험을 한 고객이나 다른 회사의 프로덕트 사용을 고려하는 고객 등은 피하는 것이 좋습니다.

스펙트럼을 파악하기 위해서는, 무료 버전만 사용하는 개발자들 또는 기업 사용자들하고만 이야기를 나눌 게 아니라 각계 각층의 다양한 유저들과 대화를 해야 합니다.

이렇게 전체적인 스펙트럼으로 접근한다면 커뮤니티가 무료 고객으로만 구성되어 있을 것이라는 잘못된 인식으로부터 팀을 지킬 수 있습니다. 그리고 여러분이 무료 계정 유저에게도 유료 계정 유저만큼이나 존중하고 감사하는 마음을 가지고 있음을 확실히 보여준다면 커뮤니티의 신뢰를 유지할 수 있을 뿐만 아니라 커뮤니티를 대표하여 요구 사항을 회사 내부에 전달해 처리하는 것에도 무게를 더할 수 있습니다. 예를 들어, 포춘 글로벌 500대 기업에서 일하는 개발자와 소과금 유저가 서로 비슷한 문제를 겪고 있다고 해봅시다. 이 경우 문제의 중요성을 내부에 효과적으로 전달할 수 있을 뿐만 아니라 그 문제를 그저 지나가는 이야기로 취급하는 일을 막을 수 있습니다.

고객들이 어떤 프로그래밍 언어를 사용하는지[4], 새로운 기술 정보를 어디서 얻는지, 어떤 밋업이나 콘퍼런스에 자주 가는지, 새로운 무언가를 배포하면서 어려움을 겪을 때 어떤 사이트를 이용하는지, 팀 구성은 어떤지 등등 고객에 대한 인사이트를 얻었다면[5], 이제는 이와 비슷한 카테고리에 속하는 사람들을 찾아야 할 때입니다. 이 카테고리에 속하는 사람들을 찾으면 어느 지역, 어떤 콘텐츠, 어떤 잠재적 SDK나 도구에 집중해야 할지 알 수 있습니다. 특히 지역에 대한 정보는 사람과 예산이 부족한 작은 스타트업인 경우에 더 도움이 됩니다.

앞서, 커뮤니티를 구축할 때 '맨땅에 헤딩하지 마세요'라고 말씀드렸는데요, 이때 이러한 정보들이 매우 도움이 됩니다. 고객이 구글 검색이나 최신 보도 등을 통해 정보를 찾게 하기보다, 고객이 어디에서 시간을 보내는지 파악하고 그들과 같은 눈높이로 만나세요. 특정 지역의 밋업이나 블로그 플랫폼 등 여러 곳에 콘텐츠를 포스팅하

---

4  API 회사나 SDK를 제공하는 회사라면, SDK에 사용자 에이전트 문자열을 구현해 이 정보를 얻을 수 있습니다. 자세한 내용은 4장을 참고하세요.

5  이 사람들을 커뮤니티 멤버가 아니라 고객이라고 부르는 이유가 있습니다. 1장에서 커뮤니티는 '현재 프로덕트를 사용하고 있거나 사용하려고 하는 사람들의 모임 또는 프로덕트를 통해 도움을 받을 수 있는 모든 사람들'이라고 정의했습니다. 하지만 본문과 같은 상황에서는 현재 유료 또는 무료 고객의 정보를 활용해 그 고객들이 속한 더 큰 커뮤니티에 대한 인사이트를 얻으려 하고 있기 때문에 고객이라고 했습니다.

며 현재 고객들과 비슷한 부류의 사람들과 네트워킹하는 데 시간을 보내세요.

한 가지 중요한 사실은 여러분이 타기팅하려는 회사 유형(스타트업, 중소기업, 대기업)에 상관없이 개발자들은 다른 개발자들과 어울리며 같은 장소에서 정보를 얻는다는 점입니다. 어떤 개발자들은 특정 프로덕트를 확장하는 방법에 대한 정보를 찾고, 어떤 개발자들은 구현하는 일에 더 집중합니다. 하지만 이들 모두 좋은 툴과 리소스를 찾는 개발자죠.

킨Keen의 CEO였던 카일 와일드Kyle Wild가 2017년에 개발자 API 플랫폼인 닐라스Nylas의 임파워 콘퍼런스Empower Conference에서 발표한 것처럼[6] 현명한 기업은 조직뿐 아니라 개발자 유지에도 중점을 둡니다.

> 회사와 조직은 성장할 수도, 인수합병될 수도, 없어질 수도 있습니다. 하지만 개발자의 로열티loyalty를 유지한다면 이 모든 시나리오가 여러분에게 유리하게 돌아갈 수 있죠.

이것이 데브렐의 핵심입니다. 업계 전반의 개발자들과 관계를 구축하고, 우리 회사가 개발자들의 니즈를 충족시키고자 노력한다는 것을 보여주세요. 그렇다면 개발자들은 여러분과 여러분 회사의 프로덕트를 다른 여러 회사와 연결해줄 것입니다.

## 오픈소스 커뮤니티

이 책에서 오픈소스 커뮤니티의 특이함에 대해 몇 번 언급했는데요, 오픈소스 커뮤니티와 특정 프로덕트 중심의 커뮤니티 사이엔 많은 차이가 있지만 결국 비슷한 문제에 직면한 개발자들이 서로 네트워킹하려고 모인 개발자 커뮤니티라는 공통점이 있습니다. 그러면 잠시 금전적인 가치는 제쳐두고, 오픈소스와 특정 프로덕트 중심의 커뮤니티 간 주요 차이점이 무엇인지 살펴보겠습니다.

---

6 https://www.youtube.com/watch?v=Oq6tsM57JZ0

## 읽기 커뮤니티 vs. 쓰기 커뮤니티

오픈소스 커뮤니티는 커뮤니티 구축의 진입장벽이 낮은 편입니다. 일정 기간 동안 진행되는 프로젝트일 경우, 프로젝트에 관심을 갖고 오픈소스를 사용하거나 적극적으로 기여하는 사람들이 이미 모여 있기 때문입니다. 또한 견제 및 균형을 위한 자체적인 시스템을 가지고 있습니다. 프로젝트 초기에는 보통 한 사람이 대부분의 최종 의사결정을 내리지만, 나중에는 더 큰 전체의 성공을 위해 서로 의지하는 그룹이 생기기도 합니다.

이와 같이 다른 사람을 돕는 성향의 커뮤니티를 '쓰기 커뮤니티Write Community'라고 합니다.[7] 이 개념은 조노 베이컨Jono Bacon이 쓴 『커뮤니티의 기술The Art of Community』(O' Reilly, 2012)에서 '읽기 커뮤니티Read Community'라는 개념과 함께 처음 등장했습니다. 프로덕트를 사용하기만 하고 프로덕트에 기여하지 않는 일반 팬층도 있지만, 프로젝트에 기여하고 더 멋진 프로젝트로 만들기 위해 적극적으로 기여하는 팬들도 있습니다. 이런 열성 팬들은 일상적인 업무를 위해 프로젝트를 사용할 뿐만 아니라 프로젝트의 성공을 확신하며 프로젝트가 지속될 수 있도록 더 많은 투자를 합니다.

'간단한 명령 하나로 소프트웨어를 설치하세요! 더 이상 복잡하게 생각할 필요가 없습니다'를 내세우는 판매 모델을 가진 회사가 있다고 합시다. 이 회사는 쓰기 커뮤니티를 적극적으로 구축하지 않을 가능성이 높습니다. 이러한 회사에도 프로덕트 로드맵에 적극적으로 피드백을 주는 상위 유저 그룹이 있긴 하지만, 사이트로 재방문을 유도할 수 있는 유저 커뮤니티를 구축하려는 시도는 도리어 전체적인 영업 활동을 약화시킬 수 있습니다.

그렇다고 이 회사가 성공적인 유저 콘퍼런스를 만들 수 없다고 말하는 것은 아닙니다. 하지만 아무래도 사람들이 함께 모여 아이디어를 공유하고 발전시키는 콘퍼런스(예를 들어, 오픈스택 서밋 등)보다는 잠재 고객을 찾고 초대하는 고객 네트워킹 데이를 진행하는 경우가 더 많을 것입니다. 이런 커뮤니티를 '읽기 커뮤니티Read

---

7 조노 베이컨(Jono Bacon)은 저서 『커뮤니티의 기술(The Art of Community)』의 2장에서 읽기 커뮤니티 vs. 쓰기 커뮤니티의 개념을 처음 소개했습니다.

Community'라고 합니다. 읽기 커뮤니티는 프로덕트를 좋아하지만 오픈소스 프로덕트에 적극적으로 기여하지는 않는 활성 유저 기반을 가지고 있습니다.

그렇다고 이 회사에 커뮤니티를 지향하는 마인드가 있는 사람이 필요 없다는 뜻은 아닙니다. '슈퍼 유저' 커뮤니티가 있는 경우 이를 관리할 사람이 필요합니다. 아니면 마케팅 팀, 프로덕트 팀, 영업 팀, 엔지니어링 팀 사이에서 지속적으로 커뮤니케이션 흐름을 파악하고 모든 의사결정과 외부 자료를 만들 때 고객을 최우선으로 생각할 담당자가 필요할 수 있습니다. 하지만 오픈소스 SDK, 클라이언트 라이브러리 또는 툴에 기여하고 기뻐하는 커뮤니티를 기대하지는 마세요. 이 커뮤니티는 여러분 회사에 기꺼이 서비스 비용을 지불하고 힘든 일은 여러분이 대신 해주길 원하는 커뮤니티입니다.

## 오픈소스 커뮤니티의 '끈끈함'

오픈소스 프로젝트는 제가 앞서 커뮤니티에 대해 내린 정의에 자연스럽게 부합하는 경향이 있습니다.

> 공통의 원칙을 공유할 뿐만 아니라 경험과 노하우를 발전시키고 공유함으로써
> 그룹 구성원들이 성장할 수 있도록 돕는 집단

오픈소스 프로젝트의 특성 자체가 협업과 '두어크러시Do-ocracy'[8]를 통해 다른 사람들을 돕는 도구를 만드는 것이다 보니, 오픈소스 프로젝트를 중심으로 강력한 커뮤니티가 형성되는 것은 자연스러운 일입니다.

---

8 https://www.noisebridge.net/wiki/Do-ocracy
옮긴이_ 두어크러시는 개인이 스스로 역할과 업무를 선택하고 실행하며 해당 일을 하는 사람에게 책임이 부여되는 조직 구조를 말합니다.

# 나무를 베고 물을 나르는 쿠버네티스 커뮤니티

선종 불교에 "나무를 베고 물을 길어라"라는 속담이 있습니다. 깨달음을 얻기 위해서도, 깨달음을 얻은 후에도 기본적인 것을 꾸준히 해나가야 한다는 뜻입니다. 이 문구는 데브옵스 커뮤니티에서 자주 인용되다가 나중에는 쿠버네티스(컨테이너화된 애플리케이션의 배포, 확장 및 관리를 자동화하기 위한 오픈소스 시스템)의 행동 요령 중 하나를 일컫는 말이 되었습니다. 구글의 쿠버네티스 커뮤니티 프로그램 리더인 사라 노보트니Sarah Novotny는 "나무를 베고 물을 길어라"라는 속담이 단순히 사고방식에 그치는 것이 아니라 커뮤니티가 작동하도록 만드는 핵심 교리가 될 수 있음을 깨달았습니다.

"그간 다른 커뮤니티에서 봐온 부적절한 행위를 피하기 위해, 저희는 기업이 오픈소스 프로젝트에 들어오려 할 때 정말로 이 프로젝트를 도울 목적으로 온 것인지 확인하고 싶었습니다. 우리 커뮤니티의 핵심 가치 중 하나는 '회사 이전에 커뮤니티community before company'입니다. 커뮤니티 멤버들은 좋은 프로젝트에 기여하는 것을 최우선 가치로 여겨야 하며, 자신이 속한 회사가 프로젝트 덕을 보는 것은 그다음이어야 한다는 뜻입니다."

"지루한 일을 해준 사람들에게 보답을 하고, 코드뿐 아니라 다양한 기여에 대해 한 분 한 분 감사를 표하고, 커뮤니티에 가입한 멤버들을 정중하게 환영하고, 개인의 이득이나 필요에 따라 행동하기보다 커뮤니티 전체를 위한 마음이 중요하다는 것을 이야기하는 데 많은 시간과 노력을 들였습니다. 이때 기본이 되는 것은 사람들이 보상을 요구하기 전에 자신이 한 일의 가치를 증명하도록 가르치는 것입니다."

"프로젝트에 참여한 멤버들 모르게 여기저기서 사람들이 나타나 10,000줄짜리 풀리퀘스트를 던지는 일이 지금도 여전히 벌어지고 있습니다. 그렇지만 이런 상황에 대해 우리는 이런 일들을 허용하고 있지 않은 이유를 차분하게 이야기하고 있습니다.

구글의 데브렐 매니저인 아자 해머리Aja Hammerly의 '우리는 하지 않습니다'[9]라는 글을 바탕으로 한 모델을 활용해서 말이죠. 여기엔 많은 코칭이 필요했고, 가치와 문화에 기반한 코딩 가이드라인[10]을 가지고 우리가 기대하는 바를 설명하는 데 많은 노력을 들였습니다. 쿠버네티스는 분산 오케스트레이션 시스템이기 때문에, 우리는 분산 거버넌스 시스템을 구축하고자 했습니다. 사람들에게 영향력과 서번트 리더십을 가르침으로써, 커뮤니티에 새로운 멤버가 들어왔을 때 기존 멤버들이 그들을 정중하게 이끌어 커뮤니티 규칙에 따를 수 있도록 가이드하고 적절한 기대치를 설정하는 데 도움을 주게끔 합니다."

"우리는 피터 드러커Peter Drucker가 말한 '전략은 조직 문화의 아침 식사 거리밖에 되지 않는다'를 신념으로 삼고 있습니다. 만약 여러분이 다양한 견해를 듣고 좋은 결정을 내리는, 사려 깊고 유연하고 존중받는 커뮤니티를 만든다면 좋은 프로덕트를 만들 수 있을 것입니다. 경쟁에서 항상 승리하거나 최고가 될 순 없겠지만 문제 해결을 위한 깊은 고민 끝에 나온, 탄탄한 인사이트를 가진 활용 사례를 얻을 수 있게 될 거예요. 잠재적인 유저들과 관계를 맺을 수 있게 되고, 다양성과 포용력을 갖춘 커뮤니티를 갖게 될 겁니다. 커뮤니티를 위해 힘쓰는 사람들이 생길 것이고, 그 결과 더 많은 문제를 해결할 수 있을 거고요. 이것이 우리가 쿠버네티스에서 추구하는 목표입니다."

---

라이선스가 있는 프로덕트의 경우 공유된 지식, 아는 사람들만 아는 농담, 툴의 선택, 문제 해결을 위한 적절한 컨택 포인트를 알고 있는 것 등이 '끈끈함'을 만든다고들 합니다. 하지만 그 끈끈함은 오픈소스 프로젝트에서 핵심 기여자가 되는 것에 비할 바가 아니죠. 심지어 간헐적인 기여자와도 비교가 되지 않습니다. 하지만 핵심 기여자들이 있다 해도 여전히 커뮤니티에 대한 이 질문은 유효합니다. 사람들을 한데

---

9  http://thagomizer.com/blog/2017/09/29/we-don-t-do-that-here.html
10  https://www.kubernetes.dev/docs/guide/

모아주는 것이 프로젝트라면, 사람들이 계속해서 찾아오게 하고 돌아오게 만드는 것은 무엇일까요?

## 커뮤니티를 책임지는 사람

커뮤니티에는 영향력을 발휘하며 커뮤니티를 이끄는 사람이 있어야 합니다. 누구나 환영받는다는 느낌을 주는 특별한 능력이 있거나, 라포를 형성하거나, 모든 사람이 소속감을 느끼도록 서로 소개해주며 뒤에서 도와주는 사람이요. 이런 사람이 되고 싶다면 여러분이 속한 회사에 대한 생각과 퇴근 후 자유 시간에 할 일들에 대해서는 잊어버리는 것이 좋습니다. 이는 오픈소스 소프트웨어 개발의 사회적 활동에 대해 연구하는 에릭 레이먼드Eric S. Raymond의 에세이 『인간의 지적 활동 장려 정책Homesteading the Noosphere』에 나와 유명해진 개념인 '자비로운 종신 독재자benevolent dictator'와 비슷합니다.[11]

앞서 제 친구 에이미 허미스Amy Hermes가 저에게 붙여준 '네트워킹 디렉터'라는 직함을 기억하나요? 이런 직함을 가진 사람이 활약하는 분야가 바로 이 부분입니다. 여러분이 구축한 신생 커뮤니티에 프로덕트가 어떤 점에서 도움이 되는지 자발적으로 이야기해줄 5명의 고객이 있다고 해봅시다. 이들은 여러분 회사의 프로덕트를 향상시키는 데 관심이 있는 사람들입니다. 해당 프로덕트를 사용하는 그들의 회사를 위해서, 그리고 커뮤니티를 위해서 말이죠.

이들 중 한 명이 어려움을 겪고 있거나 프로덕트 외에 다른 툴을 찾고 있다면, 해당 주제에 대해 언급한 적이 있는 다른 커뮤니티 멤버를 찾아 소개해보세요. 만약 소개해줄 다른 커뮤니티 멤버가 없다면, 이에 대해 조언해주거나 해결책을 제시해줄 수 있는 엔지니어를 찾아보세요. 여러분이 직접 그 엔지니어가 될 필요는 없습니다. 사

---

11 *https://en.wikipedia.org/wiki/Benevolent_dictatorship*
옮긴이_'자비로운 종신 독재자'는 개인의 이익보다 모두의 이익을 위해 결정을 내리는 독재자를 뜻하는 표현으로, 오픈소스 프로젝트를 리드하거나 프로젝트에 큰 영향을 미치는 사람을 뜻합니다. 자비로운 종신 독재자는 커뮤니티에서 벌어지는 논쟁을 정리하고 의사결정을 내리는 경우가 많습니다.

람들이 서로 관계를 구축하고 키워갈 수 있도록 소개해주고, 일이 해결되면 여러분은 빠져도 좋습니다.

퇴근 후, 사람들을 한데 모으는 사람이 되어보세요. 여러분이 그 자리에 나가지 못한 날에는 모임에서 나온 피드백을 전해줄 의향을 가진 사람들이 있을 수도 있습니다. 하지만 여러분이 거기서 관계를 발전시키고 대화를 시작하려 하지 않는다면 다른 사람들도 굳이 따로 연락해서 이야기를 하려 하지 않을 겁니다.

## 커뮤니티만의 특색

특색이 있는 커뮤니티들은 저마다 차별점이 있습니다. 예를 들어, DevOps 커뮤니티는 #HugOps라는 해시태그로 유명합니다. 특정 서비스가 다운되었을 때나 이로 인해 운영Ops 팀이 힘든 하루를 보냈을 때 트위터로 버츄얼 포옹을 보내주는 거죠.

Go 프로그래밍 언어의 경우, 고퍼Gopher[12]라는 마스코트로 유명합니다. 여러 가지 모습의 고퍼를 보셨을 텐데요, 다양한 의상을 입고 있거나 다른 기술 로고와 결합한 형태가 있습니다.[13] 또 다른 예로 깃허브의 옥토캣[14]도 다양한 모습의 스티커가 있어서 전 세계 곳곳에서 열리는 콘퍼런스와 이벤트를 통해 수집하는 재미를 주기도 합니다.

XP라고 불리는 익스트림 프로그래밍 프로젝트는 1990년대 중반에 도입된 애자일 프로세스 중 하나인데요, 엔지니어의 업무 퀄리티를 높이는 방법으로 페어코딩[15]의 중요성을 강조하는 것으로 유명합니다. 피보탈 소프트웨어Pivotal Software가 오늘날까지 이를 실천하고 있죠.

---

12 르네 프렌치(Renee French, *reneefrench.blogspot.com*)라는 일러스트 작가가 그렸고, 예술가이자 멋진 데브렐 전문가인 애슐리 맥나마라(Ashley McNamara, @ashleymcnamara)를 통해 새로운 삶을 살게 된 캐릭터입니다.

13 *https://gopherize.me*에서 여러분만의 고퍼를 만들 수 있습니다.

14 사이먼 옥슬리(Simon Oxley)가 만들고 카메론 맥에피(Cameron McEfee)에 의해 확장된 캐릭터입니다. 전체 스토리는 다음 링크에서 확인하세요. *http://cameronmcefee.com/work/the-octocat*

15 *http://www.extremeprogramming.org/rules/pair.html*

이처럼 눈에 보이는 심볼이나 관행은 커뮤니티 멤버를 알아보게끔 하여 멤버 간의 대화를 이끌어냅니다. 노트북에 붙인 스티커, 트위터의 해시태그, 프로그래밍 문화나 습관 등에서 유사점을 발견해 서로 연결되는 것이죠.

## 커뮤니티에 대한 소속감

오픈소스 커뮤니티를 열고 사람들을 환영하는 것은 여러분이 할 수 있는 가장 중요한 일입니다. 행동 강령을 만들어 커뮤니티를 통해 무엇을 기대하면 좋은지, 커뮤니티는 사람들에게 무엇을 기대하는지를 정리하세요(이에 대한 자세한 내용은 7장을 참고하세요). 기술적 수준과 전략에 상관없이 모든 사람을 환영한다는 것을 알리세요. 명확한 README와 시작하기 가이드, 컨트리뷰션 섹션을 통해 기여를 언제나 환영할 뿐만 아니라 장려한다는 것을 확실히 전달하세요.

온라인 포럼이나 첫 기여를 통해 새로운 멤버가 들어오면 환영하면서 그들의 존재감을 띄워주세요. 깃허브에 '감사합니다', '환영해요'라는 태그를 남기는 것만으로도 누군가 다시 돌아오고, 더 기여하고 참여할 만한 게 있는지 찾게 하는 큰 변화를 만들 수 있습니다. 센드그리드는 커뮤니티 멤버가 SDK들 중 하나에 풀리퀘스트를 할 때마다 감사 인사의 트윗을 보냅니다. 이런 작은 메시지를 통해 커뮤니티가 쏟아준 노력과 기여에 대해 감사를 표하고, 커뮤니티를 위해 기꺼이 시간을 내준 사람들을 조명해줄 수 있습니다.

## 오픈소스는 투자다

다른 커뮤니티들과 마찬가지로, 오픈소스 소프트웨어 또한 투자가 필요합니다. 오픈소스 소프트웨어는 커뮤니티와 관련된 문제에 대한 해답이 아닙니다. 공짜 노동력을 얻을 수 있는 곳도 아닙니다. 여러분 회사의 프로덕트를 사람들에게 어필하는 수단은 더욱 아닙니다. 오픈소스 프로덕트와 탄탄한 수익 기반이 되어주는 라이선스 프로덕트 사이의 균형을 맞추는 데에는 많은 수고와 노력이 듭니다. 만약 오픈소스만 취급하고 있다면 기꺼이 기여하는 좋은 커뮤니티를 만들고 유지하는 것이 얼마나 어려운 일인지 여러분도 잘 알고 있을 겁니다.

인
터
뷰

## 셰프의 오픈소스 커뮤니티 육성기

오픈소스 소프트웨어의 세계에는 자신이 사용하는 소프트웨어를 만들고 기여하는 데 열정적이고 헌신적인 사람들로 가득합니다. 셰프Chef 프레임워크는 모든 IT 시스템의 구축, 배치, 관리, 보안을 자동화하는 데 사용됩니다. 셰프의 소프트웨어 중 상당수가 오픈소스 프로젝트로 출시되어 커뮤니티에 있는 많은 사람들이 유지ㆍ관리를 돕고 있습니다. 셰프의 커뮤니티 개발 부서장인 네이슨 하비Nathen Harvey는 커뮤니티를 육성하는 것이 회사 전체에 어떻게 도움이 될 수 있는지를 이야기합니다.

"모든 프로덕트와 회사가 오픈소스를 기반으로 구축된 것은 아니지만, 모든 회사에는 프로덕트와 서비스를 중심으로 오픈소스 컨트리뷰터(기여자) 커뮤니티를 육성할 기회가 있습니다. 셰프의 핵심 프로젝트는 오픈소스로, 사람들이 코드를 검사하고 새로운 기능을 제공하거나 버그를 수정할 수 있습니다. 셰프의 아키텍처는 플랫폼의 자동화 기능에 대한 액세스를 제공하는 오픈 API를 포함하고 있습니다. 개발자들은 이러한 API를 기반으로 전체적인 툴을 구축했고, 이는 셰프 개발자도 플랫폼과 상호작용할 때 사용하는 사실상의 표준 툴 세트가 되었습니다. 셰프 프레임워크를 중심으로 구축된 도구들은 주로 개발자와 프레임워크의 상호작용을 간소화하고 개선하는 것을 목표로 합니다."

"몇 가지 예를 소개하자면 종속성 관리를 돕는 도구인 버크셸프Berkshelf, 사용자가 셰프 서버에 저장된 데이터를 다루고 상호작용할 수 있도록 도와주는 나이프Knife, 베스트 프랙티스를 따르고 있는지 셰프 레시피를 검사해주는 푸드크리틱Foodcritic 등이 있습니다. 또 커뮤니티에 있는 사람들은 누구나 서로의 인프라 정책('쿡북'이라 부르며 셰프를 활용하는 가이드북입니다), 준법 감시 및 보안 정의, 애플리케이션 패키지를 공유하고 기여할 수 있습니다. 셰프의 프로젝트에 직접 기여하거나, 오픈소스 생태계 속 다른 프로젝트에서 서로 협력하는 등 다양한 방법으로 오픈소스 생태계에 참여할 수 있기 때문에 누구나 잠재적인 기여자라 할 수 있습니다."

"프로젝트를 오픈소스로 만들려면 깃허브 기반 저장소에서 '공개make public' 버튼을 클릭하는 것 이상이 필요합니다. 오디언스와 고객을 이해하는 게 가장 중요하다는 것은 누구나 알고 있는 사실일 텐데, 프로젝트를 오픈소스 소프트웨어로 사용할 수 있도록 결정할 때도 마찬가지입니다. 소프트웨어를 오픈소스로 만드는 이유를 명확히 하는 것도 중요합니다. 누구를 위해, 어떤 이유에서인지 확실히 해야 프로젝트에 사용할 오픈소스 라이선스에 대한 결정을 내릴 수 있습니다. 그다음으로는 개발자에게 그들이 어떻게 기여할 수 있는지를 명확히 안내하고, 기여할 땐 어떤 방식으로 해야 하는지에 대한 가이드를 제공해야 합니다."

"'진짜 일'은 프로젝트에 사람들이 기여하기 시작할 때 시작됩니다. 프로젝트에 대한 활동은 더 많은 활동으로 이어집니다. 그래서 새로운 기여를 인정하고, 새로운 기여자가 환영받는다고 느끼는 것이 중요합니다. 하지만 모든 기여가 좋은 변화를 가져오는 것은 아니기 때문에, 이러한 기여들을 초기에 다루는 방법을 생각해야 합니다."

"항상 다음 원칙을 염두에 두세요.

- 프로덕트에서 어느 부분이 오픈소스가 될 수 있을지 고려하세요.
- 기여 방법에 대한 지침을 제공하세요.
- 기여를 인정해주고 새로운 기여자를 환영해주세요.
- 기여를 축하하고 그 기여가 커뮤니티에 미치는 영향을 확대하세요.

커뮤니티에서 이런 멤버들을 육성하려면 헌신, 인내, 노력이 필요합니다. 하지만 열정적인 사람들이 여러분이 만든 것을 더 멋지게 만드는 과정을 보는 것만큼 보람 있는 일은 없을 겁니다."

오픈소스 프로덕트뿐만 아니라 라이선스 프로덕트도 있는 경우, 프로덕트에 대해 비용을 지불하지 않는 오픈소스 고객이더라도 유료 고객만큼 가치가 있음을 기억하는 것이 중요합니다. 그들의 피드백, 기여, 지원은 성공을 위한 필수 요소입니다. 그렇기 때문에 회사가 가지고 있는 오픈소스 오퍼링들을 잘 보호해야 합니다. 오픈소스 프로덕트의 가치를 유료 프로덕트보다 낮게 두지 마세요. 오픈소스 유저들에게도 유료 고객들과 같은 수준의 지원을 제공하세요. 유료 고객에게 하는 것처럼 오픈소스 커뮤니티에도 존중하고 감사하는 마음을 담아 대하세요.

이렇게만 한다면 오픈소스 커뮤니티는 큰 이점이 될 수 있고, 고객을 진정한 지지자 advocate로 만드는 최고의 커뮤니티 관계로 이어질 수 있습니다. 여러분에게 프로그램을 확장할 수 있는 시간, 에너지, 능력이 있는지 확인해보세요. 기억하세요, 여러분이 섣부른 생각을 한다면 개발자들은 기가 막히게 그 냄새를 잘 맡습니다. 여러분이 오픈소스 소프트웨어를 만든 진짜 이유가 단지 새로운 커뮤니티로 사람들을 끌어들이기 위해서이고 이 커뮤니티에 그다지 열정을 쏟지 않을 것임을 개발자들이 알게 된다면 여러분은 아무것도 얻을 수 없을 것입니다.

## 커뮤니티에 환원하기

때로는 이미 존재하는 커뮤니티에 환원하는 것으로 새로운 커뮤니티를 구축할 수 있습니다. 예를 들어, 엔지니어에게 커뮤니티 기반 오픈소스 프로젝트에 투자할 시간을 주거나, 기술 스택에 필수적인 특정 오픈소스 프로젝트에서 핵심적인 역할을 하는 유지 관리자에게 금전적인 지원을 하는 방법이 있습니다. 또는 여러분이 사용하는 오픈소스 프로젝트를 불러와 크리에이터에게 크레딧을 돌려주는 것만으로도 호의를 얻을 수 있습니다. 이러한 단계를 거침으로써 코드뿐만 아니라 코드를 책임지는 사람들, 즉 이 업계를 더 나은 곳으로 만들기 위해 열심히 노력하는 사람들에게 여러분이 관심을 갖고 신경 쓰고 있다는 것을 보여줄 수 있습니다.

커뮤니티 멤버들이 모일 수 있도록 모임과 밋업에 지원금이나 공간을 후원하고, 브랜드 인지도를 쌓기 위해 네트워킹에 시간을 쏟고, 프로덕트가 커뮤니티에 유용해질 수 있는 아이디어를 교환하는 것에 대해서는 8장에서 더 자세히 설명하겠습니다. 모임 비용을 지원함으로써 여러분의 특정 오디언스를 만족시키는 것은 커뮤니티 멤버들을 돕는 또 다른 방법이 됩니다.

새로운 개발자들을 위해 팟 캐스트나 행사를 후원하는 것도 도움이 될 수 있습니다. 행사나 커뮤니티 운영자들과 관계를 맺는 것은 현재보다 최소 10배 이상의 인맥과 연결되는 것과도 같습니다. 이러한 인맥은 개발자 채용, 코딩 교육 기관과의 파트너십으로 연결될 수 있으며 선한 영향력을 끼치기 위해 노력하는 기업의 오거나이저로부터 인정을 받을 수도 있습니다. 코드뉴비즈CodeNewbies가 그 대표적인 예입니다. 사론 이바레크Saron Yitbarek가 만든 코드뉴비즈는 신입 프로그래머들을 위해 팟캐스트, 주간 트위터 채팅, 콘퍼런스를 운영하는 커뮤니티입니다. 이 커뮤니티에 적극적으로 후원한다고 해서 수익으로 직접 연결되는 것은 아니지만, 여러분의 회사가 시니어 개발자들만큼 주니어 개발자들도 소중히 여긴다는 것을 보여줄 수 있습니다.

때로는 이렇게 단순한 환원만으로도 사람들이 여러분 회사를 다시 돌아보게 하고 프로덕트의 방향성을 알릴 수도 있습니다. 대가를 바라지 않고 커뮤니티에 투자하는 기업은 그 커뮤니티에 속한 사람들에게도 기꺼이 투자할 테니까요.

---

**인터뷰** | ## 커뮤니티에 환원하기 위해 도커 워크숍을 활용한다는 것은

제롬 페타조니Jérôme Petazzoni는 어디서나 어떤 앱이든 구축 · 제공 · 실행할 수 있는 플랫폼인 도커Docker의 뛰어난 수선공입니다. 그는 도커와 오케스트레이션에 대한 좋은 워크숍과 튜토리얼을 운영하고 만드는 것으로 유명합니다. 그는 일찍이 이러한 튜토리얼을 통해 개인적인 목표도 달성할 수 있음을 알았습니다.

"처음엔 워크숍을 진행하는 게 엄청난 부담이고 투자였어요. 하지만 워크숍을 한 번 준비해두니 이후에는 기존 콘텐츠를 업데이트하고 개선하는 작은 노력만 기울여도 되었습니다."

"시간이 흐를수록 워크숍이 잘 굴러가게 되었고, 참가자 만족도도 높아졌습니다. 좋은 워크숍에 대한 수요가 많다는 것도 알게 되었죠. 또 워크숍을 통해, 발표하기는커녕 참여조차 하지 못했던 콘퍼런스에도 참여할 수 있다는 것을 깨달았습니다."

"저는 이 워크숍이 커뮤니티, 특히 소외 계층에 환원할 수 있는 좋은 방법이라는 것을 알게 되었습니다. 도커 교육은 인기가 많아 수강비가 상당히 비쌌는데, 저는 '걸 디벨롭잇Girl Develop It'과 같은 비영리단체나 '고브릿지GoBridge' 같은 조직의 도움으로 토요일이나 저녁 시간대에 무료로 워크숍을 열었습니다."

"워크숍은 우리 회사에 직접적인 매출을 가져오기도 했습니다. 워크숍을 진행할 때마다 거의 매번 수강생 분들이 저를 찾아와, 회사에 와서 도커에 대해 팀 교육을 해줄 수 있을지 물어보곤 합니다. 또 워크숍에 참여한 뒤 회사에서 도커를 도입했다거나 도커로 취업했다는 개발자 분들의 이야기도 몇 년 동안 계속해서 전해 듣고 있습니다."

"워크숍의 인기가 높아지면서, 저는 저희 회사의 파트너들에게 연락해 퍼실리테이터로 참여할 의향이 있는지 물으며 도움을 요청했습니다. 저는 꼭 필요한 사항에 대해서만 부칙을 세우고 나머지 세부 내용은 파트너들에게 맡겼습니다. 파트너들은 워크숍을 위한 장소를 찾고, 워크숍의 규모를 정하고 홍보하는 일들을 맡았습니다. 그 대가로, 원하는 경우 참석비를 받을 수 있게 했습니다. 저는 파트너들에게 한 가지를 부탁했는데, 저에게 워크숍 티켓 몇 장을 배정해달라는 것이었습니다. 저는 고브릿지의 여러 지부와 개발 관련 단체들에 연락해서 이 티켓을 무료로 제공하고 있습니다. 이를 통해 저는 커뮤니티에 계속해서 환원하면서 도커에도 직접적인 가치를 가져올 수 있게 되었습니다."

이러한 개발자 행사나 프로젝트에 아낌없이 후원해야 한다고 이해관계자들을 설득하지 못할 수도 있습니다. 하지만 행사를 주최하는 오거나이저나 코드 베이스의 크리에이터들은 많은 팔로워를 가지고 있다는 점을 명심하세요. 이들은 다음 세대의 개발자들과 함께하고 있을 수도 있고, 사고 리더이자 개척자이기도 합니다. 따라서 이런 핵심 인사들의 지원과 감사를 받는 것은 여러분 회사의 프로덕트에 아주 중요한 전환점이 될 수 있습니다.

# CHAPTER
## 07 건강한 커뮤니티 만들기

개발자 커뮤니티에서 유명해지기는 쉽지 않습니다. 주요 기술 콘퍼런스에서 주목받거나 개발과 기업가 정신에 대해 다루는 소셜 뉴스 웹사이트인 해커 뉴스Hacker News의 메인에 다뤄지는 것만큼이나요. 물론 이런 곳에서 주목받으면 유명해질 기회를 얻을 수 있지만, 개발의 세계에서는 모든 관심이 다 좋은 것만은 아닙니다. 회사의 네임 밸류와 퍼스널 브랜드가 포용력과 다양성, 피드백을 환영하고 존중하는 것과 같은 개념들과 한데 어우러질 수 있을지 궁금하실 수도 있겠네요. 일반적으로 여러분은 개발자의 니즈에 공감하는 커뮤니티를 만들고 싶을 겁니다. 동시에 누구나 환영하고 도와주려는 분위기를 만들려고 노력하는 사람들이 모여 있어 친절하고 도움이 되는 커뮤니티를 만들고 싶겠죠. 적대적이고 비난으로 가득 찬 커뮤니티의 일원이 되고 싶은 사람은 아무도 없으니까요.

그런데 이런 부정적인 분위기가 만연한데도 오로지 필요에 의해 살아남은 커뮤니티가 몇 군데 있습니다. '리눅스 커널 메일링 리스트Linux Kernel Mailing List(LKML)'가 그 예입니다. 트위터 검색을 몇 번만 해봐도, 메일링 리스트의 구성원들이 왜 서로에게 그렇게 못되게 구는지를 물어보는 사람들을 어렵지 않게 볼 수 있습니다.[1] 모든 일이 그렇듯, 해결책은 사람에게 있습니다.[2] 만약 리드하는 사람이 개방적이고 친근한 환경을 만드는 일에 관심이 없다면, 다른 사람들도 멤버들끼리 친절하게 대하라고 말하기 어려워집니다. 리눅스와 같은 성공 사례가 있긴 하지만, 이 사례가 여러분이 따르고 싶은 방향은 아마 아닐 겁니다. 수요가 많아 성공하긴 했지만, 적절한 매너를 갖추지 못한 환경의 커뮤니티인 데다 사람들이 피하고 싶어 하는 유형이니까요.

---

1  *https://twitter.com/mattklein123/status/949387830588948480*

2  *https://twitter.com/DrPizza/status/955552718126551041*

대부분의 커뮤니티 빌더들은 커뮤니티 멤버들이 서로 눈치 보며 조용한 톤으로 이야기하길 원하지 않을 겁니다. 그렇다면 커뮤니티가 회사 이미지에 도움이 될 뿐만 아니라 멤버들에게도 진정으로 도움이 되는지 어떻게 확인할 수 있을까요?

## 커뮤니티의 사명과 비전

자, 이제 2장에서 세운 목표를 꺼내볼 때입니다. 목표는 커뮤니티 팀의 비전과 사명, 즉 개발자 커뮤니티를 육성하려는 이유를 중심으로 세워져야 합니다. 명확한 비전이 없으면 무엇을 추구하는 것인지 알 수 없게 되고, 여러분이 달성하고자 하는 목표를 정의하는 데 어려움을 겪을 수밖에 없습니다.

비전은 미래지향적이고 진보적이어야 하며 5~10년 내에 커뮤니티가 나아가고자 하는 방향을 가리킬 수 있어야 합니다. 모든 전략적 목표를 달성할 때까지, 그동안 쌓아온 것을 계속해서 발전시키고 혁신할 수 있도록 팀에 도전과 영감을 줄 수 있어야 합니다. 비전 선언문Vision Statement은 사명, 가치, 목표를 담고 앞으로 5년간 어디서 어떻게 성장해야 할지 방향성을 제시해줄 것입니다.

반면, 사명 선언문Mission Statement은 팀의 목적을 반영하는 명확하고 직관적인 문장이어야 합니다. 사명 선언문에는 커뮤니티에 대한 신뢰, 공감, 배려가 분명하게 드러나야 합니다. 가볍게 생각할 수 있지만, 사명 선언문에서 이를 분명히 해두면 커뮤니티에 가입하는 모든 사람들에게 이 그룹은 부정적인 것이나 어뷰징abusing에 대해 일말의 여지도 없음을 확실하게 전달할 수 있습니다.

예를 들어, 킨 IOKeen IO는 커뮤니티 팀의 사명에 커뮤니티가 성공할 수 있도록 모든 방법을 다해 돕고 싶다는 뜻을 분명히 밝히고 있습니다.[3] 이들은 킨에 관련된 모든 사람을 위한 지원과 배려를 강조합니다.

---

3 https://github.com/keen/community-team

> 우리의 고객, 파트너, 투자자, 어드바이저, 팬, 친구, 가족 등 외부 커뮤니티가 꿈꾸는 바를 이룰 수 있도록 조직 내의 다른 팀들과 내부 커뮤니티를 지원함으로써, 킨 IO가 지속 가능한 비즈니스로 성장하도록 우리의 능력을 펼치겠습니다.

마찬가지로 트윌리오Twilio 디벨로퍼 에반젤리스트 팀의 사명은 개발자들에게 영감과 지식을 전한다는 내용을 담고 있습니다. 이들은 커뮤니티가 최고가 될 수 있도록 도구를 개발하고 교육을 제공하는 데 헌신하고 있습니다.

> 우리의 일은 개발자가 멋진 차세대 어플리케이션을 구축할 수 있도록 영감을 주고 지식을 전하는 것입니다. 개발자들이 무엇을 하려는지 이해하고, 도구와 교육을 제공하고, 개발자의 성공을 돕습니다.[4]

사명 선언문을 명확하고 간결하게 정의해두면 팀이 목표를 확실하게 설명할 수 있을 뿐만 아니라 프로젝트와 우선순위의 기준을 잡을 수 있습니다. 최근 나온 아이디어가 지금 커뮤니티를 위해 해야 할 일과 일치하나요? 그렇지 않다면 후순위로 두고 우선순위가 높은 것을 먼저 살펴보세요. 지금 하는 프로젝트가 커뮤니티를 활성화하는 데 효과적이지 않은 것으로 결론 났나요? 그렇다면 5장에서 이야기했던 '매장 안내도'를 살펴보고 커뮤니티 이니셔티브를 다시 통합할 방법을 찾아보세요.

---

4 https://www.twilio.com/blog/developer-relations-at-twilio

# CMX 허브의 가이드라인

CMX는 커뮤니티 전문가를 위해 교육과 훈련 기회를 제공하는 최고의 커뮤니티입니다. CMX가 운영하는 페이스북 그룹은 그들의 사명 선언문과 커뮤니티의 존재 이유를 명확하게 제시하고 있습니다.

CMX의 사명은 전문적인 커뮤니티 빌더의 성공을 돕는 것이며, CMX의 페이스북 그룹은 우리가 한데 모이는 성지 같은 곳입니다.

이 사명 선언문은 CMX 그룹의 멤버뿐 아니라 오거나이저에게도 명확한 가이드라인을 제시합니다. 이들은 자신의 사명을 이해하고 목표를 정합니다. 그리고 목표에서 벗어난 것은 무엇인지, 어떤 것에 초점을 맞춰야 하는지 정확히 알고 있습니다.

CMX의 프로덕트 전략 및 커뮤니티 경험 이사인 에리카 맥길리브레이[Erica Mcgillivray]는 이렇게 말했습니다.

"커뮤니티 공간은 마치 여러분의 거실과 같다고 생각하시면 됩니다. 우리가 기본적인 원칙 없이 집에 누군가를 잘 들이지 않듯이 커뮤니티에도 경계 설정이 필요합니다. 사람들에게 '서로에게 잘 대해주세요!'라고 말하는 건 좋은 시작점일 수 있지만 그뿐입니다. 사람들의 행동을 이끌려면 여러분이 사람들에게 무엇을 기대하는지, 무엇을 용납하지 않는지 분명히 말해야 합니다. 일반적으로 커뮤니티에 요구되는 사항들(예를 들어, 인종 차별, 동성애 및 트랜스 혐오 금지 등)뿐만 아니라 더 구체적인 가이드라인이 있다면 더 건강한 커뮤니티가 될 수 있습니다."

"해서는 안 되는 나쁜 행동들에 대해 먼저 다뤘다면, 다음에는 사람들에게 바라는 행동을 가이드라인에 어떻게 반영할지 고민해야 합니다. 여러분의 회사에 규칙이나 예시를 통해 나타낼 수 있는 가치가 있나요? 이러한 기대치와 요구 사항을 설정하는 것은 쉽지만 이를 여러분 스스로도 지키는 것은 좀 더 복잡한 이야기입니다. 예를 들어, CMX 페이스북 그룹의 규칙 중 하나는 '홍보성 게시물 금지'입니다. 회사 사람들을 포함해 모든 그룹 멤버가 이 규칙을 따라야 합니다. 만약 우리가 이 규칙을 어긴 다면 위선자라고 불리겠지요. 그렇다면 이 규칙을 따르면서도 우리 회사의 행사나 교육을 그룹에 어떻게 홍보할 수 있을까요? CMX 페이스북 그룹에서는 격주로 홍보용 게시물을 올릴 수 있는데, 우리도 다른 멤버들과 마찬가지로 이때를 기다렸다가 공유합니다."

"마지막으로 여러분이 알고 있어야 할 부분은, 여러분이 커뮤니티에 거는 기대를 회사도 이해하고 있다는 점입니다. 회사를 대표하는 사람으로서 여러분은 등 뒤에서 응원하고 있는 동료들이 있음을 알아야 합니다. 합리적인 방식으로 제대로 일하고 있을 뿐인데 갑자기 화난 고객이 찾아와서 왜 커뮤니티에 참여할 수 없게 막느냐고 불평하더라도 동료들은 여러분의 결정을 지지해줄 겁니다."

"이러한 기대를 중요시하고 솔직하게 이야기한다면 커뮤니티는 이야기하고 싶은 주제에 대해 개방적이고 수용적인 분위기가 될 수 있습니다. 커뮤니티가 없어지거나 홀대받을 걱정 없이요. 결국 가장 중요한 것은 여러분이 커뮤니티에 기대하는 것이 회사의 가치와 일맥상통해야 한다는 점입니다. 만약 그 가치가 팀으로서, 회사로서, 한 업계로서 우리가 어떤 존재인지를 말해준다면 이는 커뮤니티로도 확산되어 커뮤니티 멤버들이 모일 수 있는 건강하고, 강하고, 힘을 주는 장소를 만들 겁니다."

## 행동 강령을 통해 기대치 설정하기

이러한 노력에도 불구하고 그룹에는 선을 넘거나, 좋은 의도로 말했겠지만 그 말이 지닌 힘이나 영향력을 깨닫지 못하는 사람들이 있을 수 있습니다. 이럴 때 행동 강령이 도움이 됩니다. 행동 강령에는 회사가 커뮤니티 멤버들에게 기대하는 바가 무엇인지, 이를 어길 경우 어떤 결과를 초래할지에 대해 명확하게 명시합니다. 그룹에 가입할 때 커뮤니티 멤버들이 이 행동 강령에 대해 제대로 인지할 수 있도록 행동 강령을 확인했는지 묻는 체크박스를 만들어 체크하도록 해야 합니다. 이렇게 하면 어떤 문제가 발생했을 때 행동 강령에 대해 인지하고 있었는지에 대해 의문을 제기할 필요가 없기 때문입니다.

요즘에는 다양한 오픈소스 행동 강령이 있지만, 그중에서 '긱 페미니즘 위키Geek Peminism Wiki'는 아주 훌륭한 괴롭힘 방지 정책을 담고 있어 많은 기술 관련 콘퍼런스에서도 참고해 사용하고 있습니다.[5] 행동 강령은 커뮤니티에 대한 긍정적인 기대로 시작합니다. 커뮤니티에서 일어날 최악의 상황을 가정하기보다 커뮤니티 멤버들의 의도가 선하며 다른 커뮤니티를 존중과 배려의 마음으로 대한다는 것을 가정하고 시작하는 것이 좋습니다. '우리는 ~를 하지 않습니다'로 시작하기보다 '서로에게 잘 대해줍니다'로 시작하는 것이 나머지 행동 강령의 톤 앤 매너를 잡아주고 여러분이 어떤 커뮤니티를 운영하고 있는지를 보여줄 수 있습니다.

행동 강령이 완성되었다고 일이 끝난 게 아닙니다. 행동 강령을 위반한 사례가 생겼을 때, 데브렐 팀의 모든 구성원뿐 아니라 커뮤니티와 정기적으로 상호작용하는 다른 구성원들이 어떻게 대응해야 할지를 확인해야 합니다.

이 경우 6장의 쿠버네티스 사례에서 사라 노보트니Sarah Novotny가 언급한 아자 해머리의 글이 도움이 될 수 있습니다.[6] 의도와 톤을 이해하기 어려운 온라인 커뮤니티에서는 표준적인 행동 강령을 적용하기가 어려울 수 있습니다. 이때 아자 해머리처럼 '우리는 하지 않습니다'라는 문구를 사용함으로써 비난보다는 기대치를 설정하는 것이 좋습니다. 이렇게 하면 어떤 말이나 행동이 이 커뮤니티에서 받아들여지지 않는지를 커뮤니티 멤버들에게 쉽게 설명할 수 있고, 혹시라도 행동 강령을 위반한 사례가 생겼을 때 이를 처리할 수 있는 힘을 가질 수 있습니다.

또 행동 강령을 작성할 때, 여러분의 커뮤니티가 어느 지역을 기반으로 하든 상관없이 글로벌 커뮤니티가 될 수 있다는 점을 잊지 말아야 합니다. 문구가 쉽고 명확한지, 다른 언어를 사용하는 사람들이 쉽게 번역할 수 있을지를 확인하세요. 온라인 커

---

5  http://geekfeminism.wikia.com/wiki/Conference_anti-harassment/Policy

6  http://thagomizer.com/blog/2017/09/29/we-don-t-do-that-here.html

뮤니티에서는 문화적 오해가 생기기도 쉬우니, 행동 강령을 시행할 때도 마찬가지로 꼭 확인해야 합니다.

대부분 '우리는 하지 않습니다'라는 문구를 사용하는 것으로 충분하겠지만, 때로는 상황이 걷잡을 수 없이 빠르게 돌변하는 경우가 있어 항상 행동 강령을 보강해야 합니다. 온라인뿐 아니라 오프라인 행사까지, 모든 유형의 행동 강령 위반 사례에 대응할 수 있는 정책이 있는지 꼭 확인하세요. 어떤 위반 사례의 경우, 문제가 발생한 이유와 위반자의 말이나 행동으로 인한 영향에 대해 설명하기 위해 일대일 대화가 필요할 수도 있습니다. 또 어떨 땐 온라인 또는 오프라인 커뮤니티(혹은 둘 다)에서 즉시 탈퇴시켜야 할 수도 있습니다. 이러한 문화와 원칙을 처음부터 공개적으로 확립하고 커뮤니티에 기대하는 바와 함께 행동 강령을 위반했을 경우의 처분에 대해서도 투명하게 하세요. 이를 통해 여러분이 커뮤니티의 안전에 신경 쓰고 있으며 어떠한 종류의 어뷰징 행위도 용납하지 않을 것임을 분명하게 보여줄 수 있습니다.

## 커뮤니티 가이드라인으로 주제 유지하기

커뮤니티 가이드라인은 대화가 계속될 수 있도록 도움을 줍니다. CMX 허브의 예를 살펴보면 현재 진행 중인 흥미로운 프로젝트에 대해 포스팅하는 것이 잘못된 일은 아니지만, 적절한 날짜와 시간에 게시물을 올릴 수 있도록 함으로써 커뮤니티 멤버들과 관련 없는 정보들로 커뮤니티 공간이 가득 차는 것을 막을 수 있습니다.

커뮤니티 가이드라인은 커뮤니티의 주된 대화 주제를 구체화하는 데 도움을 줍니다. 어떤 주제들이 커뮤니티의 목표를 달성할 수 있도록 하나요? 1장에서 커뮤니티에 대해 정의한 개념을 떠올려봅시다. 커뮤니티의 목적이 '경험과 노하우를 발전시키고 공유함으로써 그룹의 구성원들이 성장할 수 있도록 돕는' 것이라면 이를 위한 대화가 활발하게 이뤄져야 합니다.

## 커뮤니티 리츄얼로 안정감 주기

반복을 통해 의미를 부여하는 '리츄얼Ritual'과 전통은 커뮤니티의 '끈끈함'에 좋은 원천이 되어줍니다. 예를 들어, 매주 금요일에는 사람들이 체인지로그나 릴리스 노트[7]가 공개되기를 기다린다거나, 매주 수요일 아침 8시에는 커뮤니티 미팅이 열리고 화요일 밤에는 커뮤니티 밋업에서 간식거리가 제공되는 걸 기대하는 것 등이지요. 이런 것들은 사이트의 트래픽을 발생시키고, 커뮤니티 연결을 단단히 하고, 행사에 참석하기 위한 동기부여가 될 수도 있습니다. 또 잘한다면 커뮤니티 멤버가 멋진 외부 지지자가 될 수도 있습니다. 매주 또는 매월 어떤 카테고리를 다룰지 계획해두는 콘텐츠 캘린더나 정기적으로 발행하는 뉴스레터와 같은 것들은 데브렐 팀 뿐만 아니라 커뮤니티에도 구조를 잡아주며, 서로 다른 사람들을 하나로 묶어주고 공통점을 만들어줌으로써 커뮤니티에 소속감을 느끼고 정체성을 공유할 수 있도록 도와줍니다.

## 사람들이 모일 장소

오픈소스 프로젝트 기여자, 콘텐츠 크리에이터 등 여러 사람으로 구성된 실제 커뮤니티를 만들기 위해 노력하고 있다면 이들이 모일 수 있는 장소가 필요합니다. 다시 한 번 사명 선언문과 비전 선언문을 살펴보면 이에 대한 해답을 얻는 데 도움이 될 겁니다. 일단, 포럼이나 모일 장소에 실제로 관심이 있는 사람이 몇 명인지 파악해야 합니다.

3장에서 언급했듯이 사람들이 이미 모여 있는 곳에 커뮤니티를 만드는 것이 중요합니다. 사람들이 어디서 모이는지 모른 채 무턱대고 페이스북 그룹을 만드는 일은 삼가야 합니다. 사람들이 구글 플러스를 낯설어한다면 구글 플러스로 커뮤니티를 이전하는 데 신중을 기하세요. 여러분이 운영할지 여부와 상관없이 스택오버플로, 레딧,

---

7  체인지로그 또는 릴리스 노트는 버그 수정과 새 기능 등을 포함해 프로젝트, 특히 응용 프로그램에 적용된 모든 주목할 만한 변경 사항에 대한 기록을 뜻합니다. 앱의 릴리스 노트를 잘 쓰는 회사가 바로 슬랙(Slack)입니다. 저는 체인지로그나 릴리스 노트를 잘 읽지 않는데, 슬랙의 앱 업데이트 내용만은 꼭 챙겨봅니다. 관련해서 다음 링크를 확인해보세요. https://slack.com/apps/mac/release-notes

주제 기반 슬랙 팀, 인터넷 릴레이챗 등의 커뮤니티를 직접 만들지, 아니면 이미 존재하는 커뮤니티에 합류해서 시작할지를 곰곰이 생각해보기 바랍니다.

- 여러분이 제공하는 서비스를 사용해 사람들이 구축 중인 도구나 프로젝트를 공유할 수 있는 장소를 찾고 있나요? 그렇다면 여러분의 회사 웹사이트에 이러한 프로젝트들을 강조할 수 있는 공간을 확보하세요. 셰프 슈퍼마켓Chef Supermarket 이 좋은 예입니다. 카테고리 및 기능별로 구성되어 있고, 최근에 프로젝트가 얼마나 업데이트되었으며 얼마나 인기 있는지를 확인할 수 있습니다. 소셜 미디어 담당자와 협력해서 이러한 프로젝트들을 SNS상에 공유해 커뮤니티 구성원들에게 알리고 도달률을 높여보세요. 이러한 방법 또한 커뮤니티에 환원할 수 있는 좋은 방법입니다(3장을 참고하세요).

- 커뮤니티에 질문할 수 있는 포럼 기능을 넣어서 고객 지원 팀의 부담을 덜고 싶나요? 몇 가지 좋은 포럼들이 있습니다. 디스코스Discourse나 바닐라Vanilla는 토론을 하거나 이야기하기에 좋은 포럼입니다. 최근에는 세일즈포스Salesforce도 고객 포럼 시장에 뛰어들었습니다.[8] 인플루이티브Influitive와 같이 게임 요소를 적용해 커뮤니티 구성원들에게 과제를 주고 완료하면 포인트를 주는 포럼도 있습니다. 잘 만들어진 포럼은 고객 지원 팀의 부담을 덜어주는 동시에 커뮤니티를 위한 모임 장소를 만들어줍니다. 하지만 포럼이 모든 것을 해결해주는 만능 열쇠는 아닙니다. 앞서 언급했듯이, 포럼에도 기대치를 설정하고 안정성을 제공해야 하며 적절하게 관리하고 육성하고 정보를 주지 않으면 금세 유해한 환경으로 변질될 수도 있습니다. 때문에 포럼에는 지속적인 중재와 조정이 필요하며, 내부 직원뿐만 아니라 외부의 지지자(잠시 뒤에 좀 더 자세히 다루겠습니다)도 함께 참여하면 좋습니다.

- 커뮤니티 멤버들이 아이디어를 공유하고, 리소스를 요청하고, 협업할 수 있는 공간을 만들고 싶나요? 먼저 주의 사항이 있습니다. 이미 많은 팬을 보유한 오

---

8  https://www.salesforce.com/products/community-cloud/overview

픈소스 프로젝트에 관여하는 것이 아닌 이상, 여러분이 원하는 대로 격려와 지지로 가득한 커뮤니티로 만개할 가능성은 매우 드뭅니다(제 말을 믿으세요. 저도 이런 상상을 수차례 그려봤습니다). 안타깝게도 커뮤니티의 대화를 그러한 성과에 초점을 맞춰 이끌어가기는 어려울 겁니다. 그 분야의 다른 커뮤니티 멤버들이 서로 어떻게 만나길 원하는지 아는 것도 어려울 테고요. 이 경우 여러분의 포럼을 대체할 다른 지원 포럼으로 사람들이 옮겨갈 수 있으므로, 그룹을 접을지 아니면 다른 방식으로 계속해볼지를 고민해야 합니다. 협업할 수 있는 커뮤니티 모임 장소를 구축하는 것이 목표라면, 먼저 더 광범위한 상위 그룹이 존재하는지 확인해보세요(5장의 #EmailGeeks 예시를 참고하세요). 이미 존재하는 플랫폼에서 세부 채널을 만드는 것이 새로운 포럼을 만드는 것보다 훨씬 쉽고 더 좋은 협업 결과를 가져올 수 있습니다.

- 현재 진행되는 일과 커뮤니티의 피드백을 트래킹할 곳이 필요한가요? 그렇다면 깃허브를 이용해보세요. 깃허브는 이슈와 풀리퀘스트 기능을 통해 이를 쉽게 진행할 수 있도록 도와줍니다. 또 댓글을 통해 사람들의 니즈가 무엇인지, 회사가 어떻게 도움을 줄 수 있을지 쉽게 확인할 수 있고 다른 커뮤니티 멤버들도 댓글로 달린 피드백을 보며 의견을 공유할 수 있습니다. 어쩌면 그 문제의 해결 방법을 알고 있는 커뮤니티 멤버가 풀리퀘스트를 보낼지도 모릅니다.

- 앞으로 새롭게 합류할 커뮤니티 멤버들을 위해 콘텐츠와 대화의 이력을 쌓아둘 수 있고, 커뮤니티로부터 피드백을 받아 의사결정을 내릴 수 있는 비동기 대화용 플랫폼을 원하나요? 그렇다면 너무 옛날 방식일지 모르지만 이메일 구독 리스트가 좋은 방법일 수도 있습니다. 사람들이 깊게 관여할지, 표면적으로만 가볍게 참여할지 선택할 수 있기도 하고, 이력을 남기기 위한 목적으로 모든 것들이 기록되니까요. 회사를 대표하는 사람으로서 여러분은 투표를 진행하고, 특정 이슈에 대한 피드백을 받고, 공지를 하고, 정보를 공유하고, 커뮤니티 멤버들 사이에서 오가는 대화를 잘 이끌 수도 있습니다. 그리고 메일링 리스트에 있든 없든 상관없이 누구든지 아카이브를 검색해 궁금한 내용을 찾아볼 수 있고

자신에게 도움이 될 내용에 대한 대화가 있었는지를 확인할 수 있다는 장점이 있습니다.

## 커뮤니티의 흐름에 맡기기

커뮤니티에 가장 적합한 플랫폼을 선정했다 하더라도 커뮤니티 멤버들은 그들 나름 대로 플랫폼을 사용하게 됩니다. 한 가지 조언을 드리자면 커뮤니티 멤버들이 행동 강령 안에서 행동하는 한, 멤버들과 싸우지 마세요. 플랫폼을 어떻게 사용할지는 커뮤니티 멤버에게 맡기세요. 그러면 그들에게 도움이 되고, 유용하고, 이득이 되는 방향으로 알아서 잘 사용할 겁니다. 여러분이 원하는 대로 하려고 고군분투하기보다 커뮤니티 멤버들과 함께 해보세요. 어떤 프로세스나 워크플로가 그들에게 도움이 될지, 현재 시도해본 것들 중 그다지 효과가 없는 것은 무엇인지 알아보세요. 현 상황에서 더 도움이 될 해결책이나 개선책이 있을지 계속해서 살펴보세요.

항상 그렇듯이, 잘 듣고 문제를 해결하고 피드백 루프를 촉진시키는 것은 커뮤니티를 구축할 때 최우선순위여야 합니다. 즉, 자존심을 접어두고 여러분이 처음 기획한 내용이 꼭 커뮤니티를 위한 최선의 해결책이 아닐 수 있음을 인정해야 합니다. 소매를 걷어붙이고 더 나은 해결책을 찾는 것이 여러분의 임무입니다.

마지막으로, 여러 번 강조하지만 커뮤니티 멤버들이 어디에 있는지를 찾는 것이 핵심입니다. 사람들이 스택오버플로나 쿼라Quora에 질문을 올리고 있다면 해당 사이트를 안내하며 여러분 회사의 웹사이트만큼 많은 도움이 될 거라고 알려주면 좋습니다. 사람들이 트위터에 모여 있나요? 그렇다면 인기 해시태그는 무엇인지, 커뮤니티 멤버들이 운영하는 계정이 있는지 확인해보세요. 사람들이 자주 오프라인 모임을 가지나요? 그들과 직접 만날 수 있는 기회이니 모임에 찾아가보세요.

여러분의 커뮤니티에 적합한 것이 무엇일지 해결책을 찾고, 그 해결책이 더 이상 효과가 없는 것 같을 때까지 계속해서 시도해보세요. 그런 다음에는 주요 목표를 다시 살펴보고, 다른 각도에서 이야기를 전달할 방법을 찾아보세요. 이러한 유연한 대응이 매우 중요합니다.

# 커뮤니티 지지자 키우기

커뮤니티에 적합한 온라인 플랫폼을 선택했다면, 항상 온라인으로 접속해 있거나 새로운 커뮤니티 멤버를 돕는 데 열성적인 사람들이 눈에 띄기 시작할 것입니다. 이런 사람들을 자연스럽게 육성하는 것이 중요합니다. 이러한 육성법을 마케팅 용어로는 '인플루언서 프로그램', '홍보 대사 프로그램' 등으로 부릅니다. 그런데 제가 이번 단락의 제목을 '홍보대사 프로그램 만들기'로 짓지 않은 데에는 이유가 있습니다. 이런 프로그램들은 이미 활발하게 운영되고 있는 커뮤니티에서 시작할 때 가장 효과가 좋기 때문입니다. 사실, 서로 신뢰할 수 있는 고객 커뮤니티를 먼저 구축하지 않으면 인플루언서 프로그램은 실패하기 쉽습니다. 도커의 시니어 프로그램 매니저이자 도커 캡틴즈 프로그램 담당자인 제니 버시오Jenny Burcio는 SCALE 2017 콘퍼런스에서 발표할 때 이렇게 이야기했습니다. "아직 완벽한 홍보 대사가 눈앞에 없다면, 홍보 대사 프로그램을 시작하지 마세요."

여기서 중요한 점은, 건강한 커뮤니티는 어느 한 개인이나 조직이 '소유'하고 있는 곳이 아니라는 점입니다. 물론 여러분이 커뮤니티를 성장시키고 육성한 사람일 수도 있고, 커뮤니티에서 이뤄지는 대부분의 대화가 회사의 프로덕트와 관련된 내용일 수도 있지만, 커뮤니티의 성공은 커뮤니티 그 자체에 기반을 두고 있습니다. 만약 모두가 각자의 공로를 가져가려 한다면 커뮤니티는 더 이상 즐거운 놀이터가 될 수 없고 결국 소멸될 것입니다.

그런 일이 일어나지 않게 하려면 어떻게 해야 할까요? 어떻게 하면 열성적인 커뮤니티 멤버들이 계속해서 커뮤니티를 반가운 장소로 만들 수 있도록 장려할 수 있을까요? 온라인 커뮤니티 전략가 쉬라 레비네Shira Levine[9]는 '쉬라미드Shiramyd'라고 부르는 모델을 만들었습니다. 이 모델은 ROI 중심의 마케팅 퍼널과 비슷하지만 신규 유저 확보보다 고객 유지에 더 집중합니다. 커뮤니티 멤버들을 피라미드의 위쪽으로 옮겨 그룹의 끈끈함을 키워주고 커뮤니티가 성장할 수 있도록 이끌어줍니다.

---

9   프란치스모(Fanchismo)의 오너이자 설립자. CMX 서밋에서 자주 발표하는 열정적인 사람입니다. 트위터는 @communitydrives

쉬라미드는 80 대 20의 법칙, 즉 상위 20%의 사람들이 80%의 결과를 가져온다는 이론에 기반하고 있습니다. 사람들이 점점 조용히 숨어 있으려 하는 경향을 보이고 있어 이제는 20%가 아니라 1%로 수정해야 한다는 반론도 있습니다.[10] 저는 개인적으로 10%의 커뮤니티 멤버들과 함께 다양하고 활발한 그룹을 구성하는 것을 선호합니다. 이 10%의 사람들을 통해 여러분은 아직 덜 열성적인 사람들을 끌어올릴 수 있을 뿐만 아니라 프로덕트에 내재된 문제를 해결하는 데 열정적인 사람들을 찾을 수도 있습니다. 이렇게 프로덕트를 좋아하고 문제에 대한 해결책을 찾는 데 열정적인 사람들로부터 여러분은 편견 없이 솔직한 의견을 받고 활용할 수 있을 것입니다. 이런 솔직한 의견은 다른 개발자들도 좋아하죠.

상위 멤버의 비율이 어떻든 상관없이 커뮤니티의 성공은 상위 멤버들에게 얼만큼 도달할 수 있느냐에 달려 있습니다. 쉬라미드 모델은 커뮤니티에서 어떤 사람들이 늘어나고 있는지 파악하는 데 도움이 될 뿐만 아니라 다른 사람들의 프로그램 참여율을 높이는 데에도 도움을 줍니다. 이에 대해서는 [그림 7-1]에 나타낸 헤더 웨일링 Heather Whaling의 온라인 커뮤니티 발전의 6단계[11]를 통해 더 알아보겠습니다.

그림 7-1 온라인 커뮤니티 발전의 6단계

---

10  https://en.wikipedia.org/wiki/1%_rule_(Internet_culture)

11  http://prtini.com/online-communities

헤더 웨일링은 아티클에서 이렇게 이야기합니다.

> 페이스북 페이지에 '좋아요'를 누르거나 트위터, 핀터레스트, 인스타그램 계정을 팔로우하
> 는 사람이라고 해서 갑자기 해당 커뮤니티의 멤버가 되지는 않습니다. 커뮤니티는 저절로
> 생기는 게 아닙니다. 노력이 필요합니다. 브랜드 담당자로서, 커뮤니티의 일원이 되는 단계
> 를 이해한다면 수동적이고 숨어 있는 사람들을 활발한 참여자로 이끌 수 있으며 나아가 브
> 랜드 지지자로 만들 수 있습니다.

마찬가지로 레비네의 쉬라미드(그림 7-2)는 '언젠가 우리 프로덕트를 사용하는 것에
관심을 가질 사람들'에 해당하는 일반인 그룹을 영업 프로세스를 통해 끌어올려, 고
객 커뮤니티의 단단한 기반이 되도록 합니다. 이 사람들을 '고객' 세그먼트로 이끌었
다면, 다음 단계는 참여도가 높은 커뮤니티 멤버를 계속해서 유지하는 요인이 무엇
인지 파악하는 것입니다.

- 사람들이 질문에 대한 답을 얻은 후에도, 또 다른 사람의 답을 기다리는 이유는
  무엇일까요? 사람들의 참여를 유지하기 위해 콘텐츠를 계속해서 발행해보세요.
- 무엇이 사람들로 하여금 프로덕트에 흥미를 느끼게 하고, 다음 프로덕트 로드
  맵에 나올 내용을 궁금하게 만드나요? 다음 개발 업데이트에는 무엇이 나올지
  사람들이 점점 더 관심을 갖게 하고, 그들의 참여를 유지해 피라미드의 위쪽으
  로 이동할 수 있도록 하세요.
- 어떤 문제를 해결해 사람들의 지지를 받은 적이 있나요? 그렇다면 이는 쉬라미
  드의 상위 1%에 해당하는 일입니다. 이 1%의 사람들은 여러분의 외부 지지자
  가 되어 새로운 고객을 데려오고, 프로덕트에 대한 좋은 소식을 더 큰 커뮤니티
  에 전파해주기도 합니다.

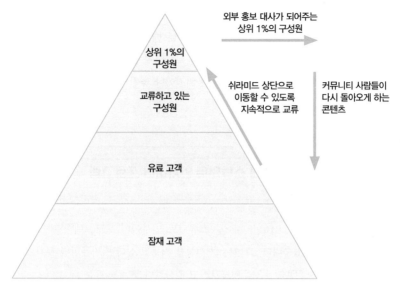

그림 7-2 쉬라 레비네의 '쉬라미드'

이러한 질문들에 대한 답을 찾았다면, 사람들이 피라미드 밑에서 위로 올라가도록 격려하는 활동들을 촉진할 수 있습니다. 레비네는 MEG(유지Maintain, 교류Engagement, 성장Grow) 모델을 사용해 이러한 공생 관계가 계속해서 이뤄지도록 합니다.

- 유지|Maintain

  커뮤니티의 상위 멤버들을 격려하고 응원하는 것을 잊지 마세요. 그들이 즐거워하고 있는지, 커뮤니티에서 계속 활발하게 활동하는지 체크하세요. 그들의 목소리가 더 커질 수 있게 돕는 방법이 있을지 고민해보세요. 의견을 존중받고 있으며 지지받고 있다고 느낄 수 있도록 돕는 것도 중요합니다. 이들과 맺은 관계를 잘 유지하세요. 여러분의 시간과 에너지의 대부분을 이들에게 쏟는 것이 좋습니다. 이들이 여러분에게 성공을 가져다줄 것이기 때문입니다.

- 교류|Engage

  피라미드 속 모든 사람들과 적극적으로 교류하세요. 피라미드의 상위권에 있지 않다고 해서 간과하면 안 됩니다. 사람들의 니즈를 충족시키고, 피라미드의 윗단계로 올라가면 얼마나 더 멋진 일이 있을지를 계속해서 상기시켜 주세요.

- **성장**Grow

커뮤니티를 계속해서 성장시키세요. 시간이 날 때마다 새로운 잠재적 커뮤니티 멤버들과 교류하세요. 커뮤니티 내에 아직 교류하지 않은 사람들이 있는지 살펴보세요. 여러분이 좀 더 띄워줄 수 있는 의견이나 놓친 의견은 없는지 계속해서 확인하세요.

인 터 뷰

# 피어슨의 스튜던트 인사이더 프로그램

린지 얼릭Lindsey Erlick은 2016년, 피어슨 스튜던트 인사이더 프로그램Pearson Student Insiders Program을 만들었습니다. 그녀는 큰 성공을 거두고 싶다면 커뮤니티 지지 프로그램Community Advocacy Program을 운영해보라고 권합니다. [12]

"우리는 브랜드 친밀감Brand Affinity을 구축하고 싶었습니다. 브랜드가 자신과 같은 가치를 공유한다고 생각할 수 있도록요. 피어슨이 학생들에게 단순한 교과서 이상이 되었으면 했고, 향후 성공적인 커리어를 쌓을 수 있도록 도움을 주고 싶은 우리의 진심이 전달되길 바랐습니다."

"스튜던트 인사이더 프로그램을 처음 시작했을 때, 우리는 이 프로그램에 얼만큼의 기대를 걸어야 할지 확신할 수 없었습니다. 우리 회사 프로덕트를 사용하는 대학생이 약 80만 명 정도라는 사실은 알고 있었지만, 그중 몇 명이 홍보 대사 프로그램에 관심을 가질지, 또 얼마나 열정적으로 참여할지는 몰랐죠.

"모든 시나리오에 대비하시길 추천드려요. 성공할 경우의 수까지요! 프로그램을 처음 시작하던 당시, 우리는 콘텐츠를 미리 업로드해 공개해두었습니다. 그래도 큰 문제가 없을 것이라는 확신이 있었고, 이렇게 하면 나중에 콘텐츠를 발행하느라 고생

---

12  린지 얼릭의 발표(2016년 CMX 서밋 이스트): *https://youtu.be/saTcOuAi0vc?t=5m54s*

하지 않아도 될 거라고 생각했습니다. 운영하는 사이트에 사람들이 다시 방문할 이유가 존재한다면 지지자들은 계속해서 활발하게 참여할 겁니다. 그리고 그들의 피드백과 참여에 감사를 표하면 그들은 자신이 가치 있으며 지지받고 있음을 느낄 겁니다."

"프로그램을 운영할 때는 학생들이 우리 회사를 위해 무언가 해주길 바랄 게 아니라, 우리가 그들을 위해 무엇을 해줄 수 있을지 고민해야 합니다. 우리는 모든 일의 중심에 학생들을 최우선순위로 두었고, 홍보 대사 프로그램을 통해 이를 실현하고 있습니다."

"우리의 지지자들에 대한 이해도가 높아질수록 인사이더 프로그램 참여자들에게 더 도움이 되는 기회를 만들 수 있고, 그러면 참여자들에게는 자기 친구들에게 이 프로그램을 추천할 더 많은 이유가 생깁니다. 최고의 공생 관계라 할 수 있습니다. 우리는 학생들을 더 잘 알게 되어 프로덕트를 개선하는 데 도움이 되고, 학생들은 GRIT 검사 등을 포함한 직업 훈련과 여러 온·오프라인 콘퍼런스 초청장을 받을 수 있죠. 피어슨의 온라인 브랜드 홍보 대사라는 경험을 이력서에 추가할 수도 있고요."

## 다양성 갖추기

쉬라미드와 MEG 모델에서 짐작할 수 있듯이, 성공적인 커뮤니티 지지자를 만드는 것은 쉬운 일이 아닙니다. 자연스럽게 지지자가 되는 사람들이 가끔 있을 수도 있지만, 이런 사람들을 계속 유지하려면 많은 격려와 육성이 필요하며 이들이 고객 기반의 좋은 단면을 대표할 수 있게 하려면 지혜가 필요합니다.

커뮤니티 지지자 그룹을 살펴볼 때 유료 고객과 무료 고객, 오픈소스 고객을 모두 대표하는지 확인하세요. 1장에서 이야기했듯이 커뮤니티의 전체 스펙트럼을 이해하기 위해선 다양성이 중요합니다. 또한 전체적인 서비스(프로덕트) 가격대에 걸쳐 고객이 어떻게 분포하는지도 살펴봐야 합니다. 이렇게 하면 기능 요청이나 변경에 대해 지지자들을 대표하여 회사에 뜻을 전달할 때 도움이 됩니다. 만약 지지자들이 모두 소과금 유저라면, 이들은 회사를 성장시키고 유지하는 데 큰 영향이 없는 고객층이기 때문에 프로덕트에 큰 변화를 가져올 수도 있는 변경 사항에 대해 회사를 설득하기 어렵습니다. 그러나 지지자들이 무료 고객부터 기업 고객까지 폭넓게 구성되어 있어 커뮤니티의 대표성을 가진다면, 여러분이 제기한 사항이 모든 고객층에서 문제라고 여기는 것임을 보여줄 수 있어 변화를 위한 탄탄한 근거와 주장이 될 수 있습니다.

다양한 유형의 고객을 확보하는 것 외에도 커뮤니티 전체에 다양성이 갖춰지도록 해야 합니다. 지난 몇 년 동안 IT 업계에서는 다양성에 대해 많이 다루고 있습니다. 저는 여기에서 그중 몇 가지만 강조하겠습니다.

다양성은 다양성을 낳습니다. 커뮤니티의 다양성을 원한다면, 먼저 여러분 팀의 다양성부터 갖추세요. 성별과 인종처럼 눈에 보이는 다양성 지표만 말하는 것이 아닙니다. 포용력 있는 커뮤니티를 만들기 위해서 이런 측면의 다양성도 꼭 필요하지만, 개발자에 초점을 맞춰 프로그래밍 언어, 개발 경험 수준, 글쓰기 능력, 발표력, 코딩 역량 등의 측면에서도 다양성을 갖추는 것이 좋습니다.

레토 마이어Reto Meier는 '데브렐의 핵심 역량'이라는 블로그 글[13]에서 이를 잘 설명하고 있습니다.

> 개발자는 자신과 관련이 있는 사람들을 더 신뢰하는 경향이 있습니다. 그렇기 때문에 더 많은 개발자에게 닿기 위해서는 다양한 배경을 가진 사람들로 팀을 구성해야 합니다. 언어, 국가, 민족, 젠더뿐 아니라 프로그래밍 언어, 통합개발환경(IDE), 산업 경험 등 여러 영역에 걸쳐 다양성을 갖춰야 합니다. 회사가 엔지니어링과 관련해 어떤 노력을 하고 있는지를 대표하는 얼굴로서 이렇게 다양성을 갖춘 팀을 내세운다면, 업계에 다양성을 장려하는 데에도 도움이 될 수 있습니다. 이는 모두에게 좋은 일이지요. 그래서 회사와 해당 업계가 가진 다양성의 수준보다 훨씬 더 다채로운 다양성을 갖춘 팀을 만드는 것이 중요합니다.

---

13 https://medium.com/google-developers/the-core-competencies-of-developerrelations-f3e1c04c0f5b

## 파트너십 구축하기

다양성을 갖춘 커뮤니티 지지자 그룹이 생겼다면, 이제 이들과 좋은 관계를 맺고 유지하는 것이 관건입니다. 이제 6장에서 이야기한 '네트워킹 디렉터'의 스킬을 발휘해야 할 때입니다. 커뮤니티 멤버들과 맺은 관계는 단순히 프로덕트 속 코드나 프로덕트에 관련된 이슈에 국한되지 않습니다. 커뮤니티 멤버들과 맺을 수 있는 더 좋은 관계는 실제적인 관계, 즉 피드백을 주고받고 프로덕트를 지지하며 니즈가 있을 때 이에 대해 도와줄 수 있는 관계입니다. 하지만 이러한 관계는 일방통행으로 이뤄질 수 없습니다. 우정을 쌓고 커뮤니티 내에서 파트너십을 위한 다리가 되는 것은 정말 보람 있는 일일 뿐 아니라 언젠가는 이러한 노력에 대한 보상과 성과가 뒤따른다는 사실을 깨닫게 될 겁니다.

---

인터뷰

# 모질라 테크 스피커의 공생 관계

---

지금까지 우리가 알아본 것처럼, 외부 지지자 그룹을 만든다면 회사에 큰 도움이 될 수 있습니다. 뿐만 아니라 그 지지자들에게 큰 이익이 되는 경우도 있죠. 모질라의 테크 스피커가 그런 그룹 중 하나입니다. 모질라 테크 스피커Mozilla Tech Speaker 그룹의 공동 창립자인 하비 호프반Havi Hoffman은 이렇게 이야기합니다.

"모질라는 인터넷을 공공 자원으로서 보호하기 위해 노력하는 글로벌 커뮤니티입니다. 우리는 전 세계 자원봉사자 커뮤니티를 지원하고 영감을 주는 일에 대해 많은 고민을 하고 있습니다. 2015년 초, 저는 모질라 지지자 커뮤니티에서 발표하는 것에 관심 있는 사람들을 위한 프로그램을 만들어달 라는 요청을 받았습니다. 전 세계에 모질라와 오픈 웹에 대해 이야기하는 사람들이 많이 있지만, 이들의 활동과 관심이 가진 가치를 더 지지하고 확장해줄 방법이 없는 상황이었습니다. 그래서 리소스를 공유할 수 있는 곳을 만들고, 그룹 내에서 발표와 연설을 할 수 있도록 커뮤니티 지지자들에게 교육과 훈련을 제공하면 어떨까 하는 아이디어가 나왔습니다. 모질라 테크 스피커 프로그램은 이러한 목표하에 탄생했습니다."

"우리는 프로그램을 정의하는 세 가지 원칙을 세웠습니다.

**열린 참여:** 시차나 문화와 상관없이 분산 환경에서 협업하고 공개적으로 커뮤니케이션합니다. 여기에 단점이 있긴 하지만, 제대로 관리되는 한 그 장점은 엄청납니다. 우리는 작업 인력을 확장할 수 있고 자원봉사자들은 스킬, 접근성, 경험을 확장할 수 있어 모두에게 이득이 됩니다.

**심리적 안전:** 사람들은 서로를 대우해주는 팀 환경에 있을 때 성장합니다. 우리는 서로를 도와줄 수 있는 사람들로 그룹을 만들었습니다. 테크 스피커들은 그들 스스로 네트워크 효과를 만들어냈습니다. 서로에게 취업 기회를 찾아주고, 다른 커뮤니티 멤버들과 교류하고, 서로의 커리어를 발전시키는 데 도움을 주면서요.

**실행 가능한 최소한의 프로그램 설계:** 유연성, 피드백, 지속적인 개선이 중요합니다. 그래서 처음 그룹을 만들 때 융통성이 있고, 피드백에 잘 반응하고, 다른 그룹의 사람들과도 계속해서 관계를 맺을 사람들로 구성했습니다. 이를 통해 각 프로그램에서 특정 멤버들의 니즈를 만족시키고 피드백을 빠르게 수용해 반영할 수 있었습니다."

"이 그룹은 일주일에 한 번씩 사람들이 짧은 대화를 나누고 건설적인 피드백을 받을 수 있는 안전한 장소로 운영되기 시작했습니다. 요즘에는 라라 호간Lala Hogan과 같은 외부 연사들을 초청해 마스터 클래스들을 운영하고 있으며, 이러한 세션들을 녹화해 다른 그룹에게도 도움이 되도록 기록하고 있습니다. 또 '테크 브리핑'을 통해 테크 스피커뿐 아니라 업계의 다른 사람들도 볼 수 있는 리소스를 제공하고 있습니다. 테크 스피커 OB들이 이 그룹에 멘토링을 제공하고 있는데, 그룹 트레이닝과 짧은 발표를 한 후 피드백 타임 등을 진행하고 있습니다. 이 OB 모임은 공동 설립자인 디트리히 아얄라Dietrich Ayala와 저만으로는 할 수 없는 더 많은 일을 할 수 있도록 활동을 넓혀주었습니다."

"교육을 받은 후 사람들은 모질라와 관련된 콘퍼런스와 이벤트에서 발표를 할 수 있고, 발표하는 데 드는 비용을 지원받을 수 있습니다. 관련 행사들에 대한 일정을 확인할 수 있는 캘린더도 업데이트하며 정보를 제공하고 있고요."

"우리는 테크 스피커 프로그램의 영향력을 확인할 수 있었습니다. 우리가 터치할 수 없었던 오디언스까지 도달할 수 있을 뿐만 아니라, 프로그램에 참여한 학생과 현업 개발자들의 삶에도 직접적으로 선한 영향을 줄 수 있어 기쁩니다. 몇몇 테크 스피커들은 이 프로그램을 통해 모질라에 디벨로퍼 애드보케이트로 입사하기도 했고, 커리어를 한 단계 끌어올리는 기회를 얻기도 했습니다. 전자의 경우 외부적 지지를 강화하고 기술 업계의 타 영역으로도 범위를 확장할 수 있는 방법을 만들어줍니다. 후자의 경우 우리가 IT 산업을 발전시키고 커뮤니티에 긍정적인 영향을 끼치는 데 도움을 줍니다. 이 두 경우에서처럼, 우리는 커뮤니티뿐 아니라 모질라와 우리의 사명에도 그 무엇과 바꿀 수 없는 소중한 가치를 줄 수 있었습니다."

## 소통하기

이러한 긴밀한 관계를 만들려면 어떻게 해야 할까요? 친구를 사귈 때처럼 자기소개부터 시작하세요. 여러분이 어떤 사람인지 알리고, 사람들의 기여에 감사하고 있음을 알려주세요. 사람들이 하고 있는 일들을 전체적인 커뮤니티와 연관시켜 더 확장해보세요. 특정 코드에서 막혀 있거나 블로그 글을 쓰는 데 어려움을 겪는 사람들을 도와주세요. 여러분이 그들을 우선순위로 생각하고 있으며, 도움을 주기 위해 항상 진심을 다하려 한다는 것을 확실하게 전달해보세요.

3장에서 이야기한 것처럼 커뮤니티 지지자들의 계정을 비공개 트위터 리스트로 만들어 관리하는 것도 도움이 됩니다. 사람들의 트윗에 빠르게 반응해 리트윗하거나 답장함으로써 신뢰를 쌓을 수 있기 때문입니다. 콘텐츠에 적극적으로 기여하는 사람들에게 여러분이 감사의 트윗을 남김으로써, 그들의 퍼스널 브랜드에도 힘을 실어주는 모습을 보여줄 수도 있습니다. 이를 통해 여러분은 멤버들이 인정받고 있으며 가치 있다고 느끼게 해줄 수 있을 뿐만 아니라 이들에게 동기부여를 해주는 것이 무엇인지도 알아낼 수 있습니다. 어떤 주제에 관심이 있고 무엇을 하며 시간을 보내는지, 어떤 이슈에 신경 쓰는지도 감을 잡을 수 있을 겁니다.

이러한 정보를 활용한다면 대화를 만들어갈 수 있을 뿐 아니라, 회사에 도움을 준 사람들에게 어떤 보답을 해주면 좋을지 결정할 수 있습니다(잠시 뒤에 자세히 설명하겠습니다).

10장에서 회사 브랜드와 퍼스널 브랜드의 차이점에 대해 간단히 설명하겠습니다. 명심해야 할 점은, 여러분이 기업 소셜 미디어 계정을 온전히 관리할 수 없어도(혹은 할 수 있어도) 개인 계정을 통해서도 충분히 활동할 수 있다는 사실입니다. 여러분이 회사를 대표하는 사람이라면, 커뮤니티 멤버들은 여러분을 그 회사와 동일시할 가능성이 큽니다. 커뮤니티 지지자들의 커리어에 도움을 주고, 생일이나 기념일을 축하해주고, 성과에 대해 칭찬해줌으로써 조금 더 개인적인 차원에서 관계를 구축하는 것도 좋은 방법입니다. 개인 계정을 통해 생일 축하 트윗을 보내는 것은, 회사 계정을 통해 오픈소스 도구에 대한 기여를 인정해주는 것만큼 혹은 그 이상으로 의미가 있을 수 있습니다.

보통 의사소통을 지나치게 많이 한다고 눈살을 찌푸리는 사람은 거의 없습니다. 오늘 날씨가 어떤지, 어디 출신인지 묻거나 '즐거운 금요일 보내세요'라고 커뮤니티 포럼에서 말하는 것은 이 커뮤니티가 단순히 프로덕트에 대해서 질문하는 곳 그 이상이라는 의미를 보여주는 좋은 방법입니다. 커뮤니티는 관심사와 목표가 비슷한 사람들과 함께 실제로 소통하는 곳이니까요.

매주 또는 매월 도움이 될 만한 체인지로그를 공개하는 것부터 한 달에 한 번 타운홀 미팅을 주최하는 일까지, 커뮤니티 사람들과 그들이 관심 있어 하는 기술을 알아가는 데 관심이 있음을 다양한 방법으로 보여줄 수 있습니다. 개인적인 인간관계를 쌓고 연결될수록 사람들은 더 단단하게 커뮤니티의 일원이 될 것입니다. 또 여러분이 궁금할 이슈에 대해 털어놓게 될 것이고요. 이는 커뮤니티와 커뮤니티 빌더 모두에게 윈윈win-win이며, 여러분의 퍼스널 브랜드 인지도가 높아지는 것도 느낄 수 있을 것입니다.

## 준비하기

아무리 미리 계획하고, 있을 수 있는 모든 시나리오를 준비하더라도 항상 예기치 못한 일이 벌어질 수 있습니다. 커뮤니티에서 생긴 사건들에 빠르게 대응하려면 어떻게 해야 할까요?

긍정적인 사건의 경우 회사의 공식적인 입장으로 대응하면 됩니다. 예를 들어, 커뮤니티 멤버 중 누군가가 자신이 선호하는 언어를 위한 클라이언트 라이브러리가 구축되기를 마냥 기다리지 않고 자신이 만들어버리기로 결정했다고 해봅시다.

정말 멋진 일이지만, 동시에 내부에서 시기적절하게 논의하지 않으면 안 되는 문제이기도 합니다. 이렇게 만들어진 클라이언트 라이브러리는 커뮤니티 멤버의 소유일까요? 커뮤니티 멤버가 클라이언트 라이브러리를 만든 크리에이터이자 유지보수자이긴 하지만 회사가 이에 대한 지원을 해줄 것 같나요? 만약 그렇지 않다면 공식 클라이언트 라이브러리처럼 보이지만 회사에서는 어떠한 지원도 하지 않을 것이라는 점을 커뮤니티에 어떻게 알려야 할까요?

모든 상황이 이처럼 긍정적인 측면을 가지고 있는 것은 아닙니다. 예를 들어, 커뮤니티 관리자나 커뮤니티 책임자가 행동 강령에서 벗어난 행동을 해 이를 위반했을 경우 어떻게 처리해야 할까요? 커뮤니티 멤버 중 누군가가 타당한 불만이나 문제를 품고 있거나, 타당하지 않은 적대적인 자세로 나온다면 여러분의 팀원들은 이에 대처할 준비가 되어 있나요?

새로운 프로그램을 시작할 때마다 생각할 수 있는 모든 시나리오에 대비한다면(적어도 미리 알고 있다면), 장기적으로 시간과 고민을 절약할 수 있으며 유연하고 빠르게 대응할 수 있습니다. 만약 새로운 경우의 수가 생긴다면, 다시 비전 및 사명 선언문으로 돌아와서 이를 기준으로 살펴보세요. 5~10년 후 되고 싶은 커뮤니티의 모습과 그 상황이 연관되어 있나요? 팀의 가장 중요한 목표를 달성하는 데 도움이 되는 것인가요? 만약 그렇지 않다면, 우선순위를 조정하고 기대치를 재설정하고 선언문을 주의 깊게 살펴보며 적절하게 대응해야 합니다.

## 규모 키우기

커뮤니티가 성장하기 시작하면 데브렐 팀원 한 사람만으로는 해낼 수 없는 일이 있음을 깨닫는 때가 옵니다. 운이 좋아서 더 큰 팀을 두더라도, 어느 순간 모든 커뮤니티 지지자들과 일대일로 소통하는 것은 시간적으로 역부족이라는 것을 알게 됩니다. 온라인이든 오프라인이든, 여러분이 가고 싶은 곳에 모두 갈 수 없기도 하고, 포럼의 모든 채널을 관리하는 것도 어려워집니다.

| 인<br>터<br>뷰 | **커뮤니티 리드를 확장하는 법을 알고 있는 레드햇** |
| --- | --- |

모든 행사에서 발표를 하거나 모든 장소에 직접 가는 것에 대해, 레드햇Red Hat 수석 매니저이자 커뮤니티 리드인 스토미 피터스Stormy Peters는 활동 범위를 키우는 가장 좋은 방법은 스스로 모든 것을 하려고 하지 않는 것이라 이야기합니다. 커뮤니티 멤버들에게 권한을 부여하고 출장비를 지원함으로써 훨씬 더 많은 행사를 취재할 수 있고, 더 많은 잠재 유저와 커뮤니티 멤버들에게 다가갈 수 있으며, 동시에 커뮤니티 전반에 활력을 불어넣을 수 있습니다. 모든 행사에 커뮤니티 매니저를 보내는 것이 가장 쉬운 방법이지만 이렇게 하면 규모가 커지지 않습니다. 한 사람이 한 번에 하나의 행사만 커버할 수 있으니까요. 그리고 연달아 있는 여러 행사를 챙기려다간 진이 빠지게 될 겁니다.

세계 최고의 오픈소스 솔루션 공급 업체인 레드햇과 같은 기업은 이런 상황을 자주 겪습니다. 레드햇은 다른 회사에 비해 많은 커뮤니티 매니저를 두고 있지만, 광범위한 주제를 다루기 때문에 아무래도 잠재적 이벤트 풀이 훨씬 더 크고 많습니다. 이에 대해 스토미는 이렇게 이야기합니다.

"동시에 여러 장소에 있을 수 없기도 하고, 무엇보다 시간이 부족합니다. 레드햇과 관련된 모든 콘퍼런스에 참석하고 싶지만, 그렇게 되면 출장이 너무 많아서 실제로 커뮤니티와 교류할 시간이 부족한 경우가 많습니다."

"또한 사람들은 커뮤니티를 관리하는 사람뿐 아니라 소프트웨어를 만들거나 설계한 사람의 의견을 듣고 싶어 합니다. 커뮤니티 매니저도 훌륭한 발표자이지만, 코드에 적극적으로 기여하는 커뮤니티 멤버를 콘퍼런스에 보내는 것도 양쪽 모두에 도움이 됩니다. 콘퍼런스에 참여한 사람들은 실제로 일을 만들어가는 사람을 만날 수 있고, 커뮤니티 멤버들은 소프트웨어를 사용하는 사람들과 직접 대화할 수 있는 멋진 경험을 할 수 있습니다."

"마지막으로, 엔지니어나 커뮤니티 멤버들을 행사에 보내는 것은 그들의 커리어에 도움을 줄 뿐만 아니라 그들에 대한 감사를 표현하는 좋은 방법이기도 합니다. 콘퍼런스 참여나 출장은 많은 사람에게 동기부여가 되어줍니다. 만약 여러분이 커뮤니티 멤버들에게 콘퍼런스에 참여하는 데 들어가는 비용을 지원하고 거기서 활동할 권한을 준다면, 그들은 단순히 참여하는 것 이상의 일들을 기꺼이 하고 여러분 회사의 프로덕트에 대해 더 이야기하려고 할 것입니다."

"이 모든 것은 커뮤니티를 성장시키는 데 도움이 됩니다. 오픈소스 프로젝트를 위해 코드를 작성했거나 기여한 사람들의 의견이 콘퍼런스 참여자들에게 전달될 수 있기 때문이지요. 이는 더 많은 다른 사람들이 프로젝트에 기여하고 참여할 수 있도록 동기부여를 합니다."

"커뮤니티의 목소리를 키워서 얻을 수 있는 또 다른 이점은 새로운 커뮤니티 매니저를 찾아낼 수도 있다는 것입니다. RDO 커뮤니티 리드인 래인 린더[Rain Leander][14]는 RDO와 관련해 그녀가 한 일들에 대해 발표하기를 좋아하는 커뮤니티 멤버였습니다. 얼마 지나지 않아 우리는 그녀를 커뮤니티 리드로 채용했습니다. 커뮤니티의 목소리를 키우는 것이 어떻게 커뮤니티 구성원들의 커리어를 돕고 회사에도 도움이 되는지를 보여주는 사례가 되지 않을까 합니다."

"커뮤니티 매니저로서, 다른 사람이 여러분을 대신해 어딘가에서 말하거나 발표하게

---

[14] 코드데이즈(CodeDaze) 2016에서 처음 만난 그녀는 저의 컨설팅 비즈니스에 도움을 주고 있기도 합니다. 트위터는 @rainleander

하는 것이 어렵게 느껴질 수도 있습니다. 당연히 그럴 거예요. 프로젝트를 대표하는 얼굴로서, 다른 사람이 프로젝트에 대해 이야기하게끔 하는 것은 여러분의 명성과 평판을 걸어야 하는 일처럼 느껴질 수도 있습니다. 그리고 때로는 여러분이 잘 알려진 사람이다 보니 콘퍼런스 운영자가 커뮤니티 매니저인 당신을 섭외할 수 있을지 직접 요청해올 수도 있습니다. 이 경우 친절하게 초대를 수락한 다음 운영자에게 공동 발표자를 데려가겠다고 하는 것이 가장 좋습니다. 이렇게 하면 여러분은 한 발짝 뒤로 물러서서 커뮤니티 멤버가 발표 무대에 잘 데뷔할 수 있도록 도울 수 있습니다."

"이처럼 커뮤니티 멤버들이 프로젝트에 대해 발표할 수 있도록 격려하고 기회를 주면 여러분의 시간과 에너지를 관리하는데 도움이 될 뿐만 아니라 관련된 다른 사람들의 목소리도 널리 키울 수 있습니다. 다양한 관점과 배경을 가진 커뮤니티 멤버들을 통해 프로젝트 자체의 다양성을 키울 수도 있습니다."

커뮤니티 지지자들과 구축한 관계가 실제로 성과를 거두기 시작하는 지점도 바로 여기서부터입니다. 커뮤니티 지지자 또한 여러분의 고객입니다. 여러분의 프로덕트가 그들이 다니는 회사의 주요 문제들을 해결하는 데 도움이 되었다는 것을 알리기에 가장 도움이 되는 존재인 것이지요. "말하지 말고 보여줘라"라는 문화 속에서, 커뮤니티로부터 나온 칭찬이나 호평은 여러분의 프로덕트를 기술 시장에서 한 단계 더 나아갈 수 있게 하는 데 큰 역할을 합니다.

하지만 동시에 민감한 일일 수도 있습니다. 회사의 이익을 위해 커뮤니티 멤버가 이용당하거나 그렇게 해서 오랜 시간 쌓아온 관계가 무너질까봐 걱정될 수 있습니다. 행사, 콘텐츠, 발표나 여러분이 커뮤니티에 도움을 요청한 것들을 누가 관리하느냐에 대한 이슈도 있을 수 있습니다. 이를 담당할 사람으로 여러분만큼이나 커뮤니티 지지자들의 가치를 인정하고 존중하는 사람을 팀이나 회사 내부에서 찾고 싶을 것입니다.

그렇다면 프로세스를 만들고 명확하게 문서화하세요. 누군가가 개입해 일을 엉망으로 만들 리스크를 줄일 수 있습니다. 여러분이 모든 일을 다 챙기고 관리할 수는 없습니다. 모든 것을 혼자서 다 해내려 한다면 번아웃이 오거나, 혹시라도 실패했을 경우 여러분의 실패가 팀의 실패로 이어질 수도 있습니다. 정보를 널리 공유하세요. 프로세스를 문서화하고, 커뮤니티 지지자들의 정보를 회사의 내부 공개용 문서로 만들어 관리하고, 커뮤니티를 지지하는 프로그램의 가치에 대해 설명하세요. 커뮤니티 멤버들에게 연락하기 전에 커뮤니티 팀과 먼저 상의해야 한다는 것을 모든 회사 구성원에게 인지시키는 것이 중요합니다.

## 보상하기

MEG 모델의 유지Maintain 단계에서 필요한 것 중 하나는 커뮤니티 지지자들을 행복하게 만드는 것입니다. 여기에는 그들이 하는 일에 감사하고 있다는 것을 느끼게 해주는 것도 포함됩니다. 커뮤니티 지지자들에게 너무 많은 것을 요구해서 그들이 지치거나 번아웃되지 않도록 하는 것도 중요하지만, 그들이 한 일에 대해 보상받았다고 느끼게 하는 것도 중요합니다.

일반적으로 '보상'은 돈과 밀접한 관련이 있지만, 글로벌한 커뮤니티 멤버들과의 관계를 복잡하게 만들 수 있기 때문에 금전적인 보상은 가능한 다루지 않으려 합니다. 돈은 교류의 가치를 떨어뜨릴 뿐만 아니라 관계에 돈이 얽히는 순간 비즈니스적으로 느껴지게 만듭니다. 콘퍼런스에서 발표하는 사람을 위해 교통비와 숙박비를 지원하는 등 금전적인 보상이 타당한 몇 가지 상황이 있긴 합니다. 하지만 일반적으로 돈보다는 직접 쓴 감사 편지, 그 사람을 위해 준비한 굿즈, 회사 트위터를 통한 감사 인사, 회사의 연간 콘퍼런스에서 수여하는 상을 주는 등의 방법이 커뮤니티 멤버들과 오랫동안 관계를 유지하고 발전시키는 데 큰 도움이 될 수 있습니다.

# 센드그리드의 오픈소스 커뮤니티

엘머 토마스Elmer Thomas는 매달 400억 건이 넘는 이메일을 처리하는 트랜잭션 및 마케팅 이메일 커뮤니케이션 플랫폼 센드그리드Sendgrid에서 개발자 경험 엔지니어로 일하고 있습니다. 센드그리드 자체는 라이선스 프로덕트이지만 개발자가 쉽게 통합할 수 있도록 오픈소스 툴과 SDK를 유지·관리합니다. 엘머는 매일 오픈소스 커뮤니티와 상호작용하며 풀리퀘스트와 이슈를 관리하고 이들의 애로 사항을 해결할 수 있는 최선의 방법을 찾습니다.

"우리는 커뮤니티 멤버들이 서밋한 깃허브 이슈를 개인적으로 받아들여 검토하고 있는데 여기에는 매우 의도적인 이유가 있습니다. 우리는 그들의 기여에 감사를 표하고 싶은 마음과 함께 기대치를 정하고 싶은 마음도 있습니다. 어떤 이슈는 단순히 명확하게 정리하면 되고, 어떤 것은 당장 해결할 수 없는 것임을 우리도 알고 있는 요청일 수 있습니다. 하지만 우리가 시간을 내서 커뮤니티 멤버들과 소통하고 문제를 공개적으로 공유한다면, 다른 커뮤니티 멤버가 자신의 시간을 투자해 문제 해결을 위한 풀리퀘스트를 보내기도 한다는 것을 배웠습니다."

"몇 년 전, 우리는 센드그리드 v3 API를 지원하기 위해 모든 SDK를 업데이트해야 하는 대규모 프로젝트에 직면한 적이 있습니다. 그때 당시의 SDK는 메일 전송 엔드포인트만 지원했는데, 이제는 7개의 다른 프로그래밍 언어에 대해 230개 이상의 엔드포인트를 모두 지원해야 했죠. 프로젝트에 대해 대략적으로 정리해본 결과, 내부에서 이 모든 것을 해내려면 8년이나 걸린다는 것을 깨달았습니다. 그래서 우리는 커뮤니티를 통해 피드백과 업데이트를 위한 도움을 받기로 했습니다."

"그 과정에서 사람들에게 직접적으로 연락하는 것이 중요했습니다. 먼저 우리는 누가 가장 큰 지지자인지 알아보기 위해 데이터를 살펴보기 시작했습니다. 가장 댓글을 많이 달고, 가장 많은 피드백과 풀리퀘스트를 보내고, 프로세스에 가장 활발하게 참여한 사람이 누구인지 찾아봤죠. 그리고 그들을 이슈에 태그해서 그들의 의견을 소중하게 생각하고 있으며 도움을 얻고 싶다는 것을 알렸습니다. 이를 통해 새로운 지지자들도 나타나기 시작했고, 커뮤니티가 성장했을 뿐만 아니라 향후 프로젝트에 함께할 수 있는 새로운 사람들을 얻을 수 있었습니다."

"우리에게 풀리퀘스트는 황금과도 같습니다. 개발자들이 보내는 우리를 향한 사랑의 표현이니까요. 이들은 프로덕트를 발전시키기 위해 시간을 투자하고 재능을 기부하면서도 보상을 바라지 않습니다. 그래서 우리는 풀리퀘스트를 머지할 때, 이들을 공개적으로 불러 기여해준 것에 대해 감사를 표합니다. 또 다가올 변경 사항에 대한 구체적인 피드백을 요청함으로써 그들의 의견을 소중히 여긴다는 것을 알리고 있습니다. 가끔 깜짝 굿즈를 보내드리기도 하고요. 우리가 커뮤니티를 소중히 여기고 있고 그들의 기여에 감사하고 있음을 알리는 것, 그것이 오픈소스 프로젝트를 한 발짝 더 나아가게 합니다. 커뮤니티의 도움 없이는 이런 일들을 해내지 못했을 거예요."

커뮤니티 멤버들이 한 일에 대해 인정해주는 것만으로도 그들의 기여를 얼마나 소중히 여기는지 보여줄 수 있습니다. 회사 외부뿐만 아니라 내부에도 이러한 성과들을 부각하고 잘 알려야 합니다. 여러분이 구축한 관계가 매우 가치 있으며 예산이 현명하게 사용되고 있음을 회사에 있는 많은 이해관계자들이 알 수 있도록 하세요.

이것이 바로 데브렐 팀이, 아니 데브렐 팀만이 커뮤니티 지지자들에게 무언가 요청할 수 있다는 것을 회사 전체에 알리고 이해시켜야 하는 이유입니다.

데브렐 팀을 거치지 않고 영업 팀이나 마케팅 팀 등 다른 팀의 요청이 커뮤니티 지지자들에게 바로 들어간다면 몇 가지 문제가 생길 수 있습니다.

- 어떤 사람이 글을 쓰면 좋을지, 프로젝트를 수행하기에 적합할지, 행사에 참여하면 좋을지 가장 잘 아는 것은 커뮤니티 전문가인 여러분입니다. 이와 같은 일을 잘 해낼 수 있는 다른 사람도 있겠지만, 요청들이 적절한 채널을 통해 한데 들어오지 않으면 기회를 놓칠 수 있습니다.

- 어떤 비즈니스 기회를 배턴 터치해 넘겼는데, 여러분이 알지 못하는 다른 부서로 계약이나 거래가 떠넘겨져 마무리될 경우 더 이상 커뮤니티 지지자들의 요청을 인지할 수 없게 될 수 있습니다.

  이로 인해 커뮤니티 지지자들에게 과부하가 걸리거나, 자발적인 헌신이 아니라 반드시 해야 한다는 의무감을 갖게 되는 자리로 커뮤니티 지지자들이 내몰릴 수 있습니다.

- 커뮤니티 지지자들은 일과 보상에 대한 특정 시스템에 익숙해져 있는 상황입니다. 그런데 다른 부서가 개입해 다른 것을 제안하는 경우, 여러분이 그동안 구축해온 관계를 약화시킬 수 있는 선택지들에 대해 커뮤니티 지지자들이 알게 될 수 있습니다.

이러한 상황은 쉽게 대처하기 어렵고, 천천히 혹은 빠르게 누적되면서 데브렐 팀이 쌓아온 신뢰를 조금씩 떨어뜨립니다. 데브렐 팀이 커뮤니티 멤버들을 대표해 옹호해줄 수 있다는 신뢰를 잃기 시작한다면, 더 나아가 개발자 커뮤니티에서의 회사에 대한 신뢰까지 잃게 될 수 있습니다.

위의 상황 중 한두 가지만 발생해도 그동안 데브렐 팀이 커뮤니티 관계를 구축하기 위해 쏟아온 노력에 돌이킬 수 없는 데미지를 줄 수 있습니다(자세한 내용은 9장을 참고합니다).

한정판 굿즈를 제공하든 소셜 미디어를 통해 감사를 표하든, 중요한 것은 커뮤니티 지지자들에게 여러분이 감사하고 있고, 공로에 대해 인정하고 있음을 알리는 것입니다. 그렇지 않으면 커뮤니티의 성공도, 프로덕트의 성공도 이루기 어렵습니다.

## 지금 시작해보기

이 글을 읽은 후, 커뮤니티 프로그램을 만들 시간이 부족할 것 같다면 다음과 같은 점을 유념하세요. 지금 당장은 시간적으로 여력이 없다고 느낄 수 있겠지만, 커뮤니티 프로그램에 투자하면 장기적으로 볼 때 오히려 여러분의 시간과 노력을 절약할 수 있습니다. 어쩌면 여러분의 업무를 수행해낼 유일한 방법이 될 수도 있습니다. 열성적인 커뮤니티 멤버들을 통해 콘텐츠를 만들고, 케이스 스터디에 기여하고, 정기적인 피드백을 받으세요. 그러면 커뮤니티 멤버들의 목소리를 키우고 이들을 쉬라미드의 윗 단계로 이동할 수 있도록 도울 시간을 벌 수 있을 겁니다.

# 오프라인 모임: 어떻게, 왜, 어디서 해야 할까?

여러분의 오디언스가 누구이고 어디에 모이는지 알아냈다면, 다음과 같은 질문을 통해 어떤 행사를 만들면 좋을지 생각해볼 차례입니다. 온라인으로 만나며 트렌드를 관찰하는 것도 좋지만, 직접 오프라인에서 만남으로써 커뮤니티 멤버들을 한층 다른 차원에서 이해할 수 있습니다.

트위터나 비디오챗을 통한 대화가 첫걸음이라면, 그다음 단계로 직접 만나 상호작용해보세요. 온라인으로 쌓아왔던 관계를 여러분도 예상하지 못한 방향으로 이끌어줄 겁니다.[1]

하지만 4장에서 다뤘듯이, 실제로 오프라인 행사를 열려면 몇 가지 어려운 점이 있을 수 있습니다. 예를 들면 '어떤 행사에 후원해야 하는가?'라는 질문부터 '행사 후원 예산은 얼마로 잡아야 하는가?'라는 질문까지 여러 가지 해결해야 할 문제가 있습니다. 또 콘퍼런스에서 얻은 성과에 대해 문서화하는 방법, 행사에 참여하고 발표하고 후원하는 목표는 무엇이어야 할지 등 고민해야 할 사항이 많습니다.

이런 말들이 나올 수도 있습니다. 한쪽에서는 "우리만의 콘퍼런스를 만들어야 한다"라거나 "행사 내내 부스를 지켜야 한다"라는 말이 나오고, 다른 쪽에서는 "행사를 후원할 예산이 전혀 없다"라는 말이 나옵니다. 이러한 혼란을 헤쳐나가고 질문에 답을 내리기 위해서는 어떻게 해야 할까요?

---

1  팁: 커뮤니티를 위한 콘퍼런스를 연다면, 소셜상의 친구와 동료들을 쉽게 알아볼 수 있도록 목걸이에 슬랙이나 트위터 아이디를 적어두는 것도 좋습니다.

# 무엇이 목표인가요?

행사에 대한 올바른 접근 방법을 찾으려면 여러분의 핵심 목표로 돌아가 생각해야 합니다.

- 전체적인 브랜드 인지도를 높이려고 하나요?
- 프로덕트의 사용성에 대한 피드백이 필요한가요?
- 회사가 지리적 범위를 넓히거나 새로운 고객 영역으로 확장하려고 하나요?

이 모든 목표를 행사를 통해 달성할 수는 있겠지만, 행사 하나만으로는 어렵습니다. 행사로 이를 달성하려다 자칫 전 세계를 날아다니며 여러 행사에 참여하고, 후원하고, 발표하는 데 모든 시간을 써버릴 수도 있습니다. 4장에서 이야기한 것처럼 여러분이 어디를 왜 가는지에 대해 전략적으로 생각하지 않는다면, 경영진에서는 성과 지표를 기준으로 여러분이 예산을 얼마나 썼는지만 살펴보게 될 것입니다.

## 브랜드 인지도

브랜드 인지도는 행사에서 발표하거나 행사를 후원함으로써 얻을 수 있는 가장 직접적인 결과입니다. 발표 무대에서 시간을 보내든, 엑스포 홀에 배너를 전시하든, 콘퍼런스 참여자들에게 여러분 회사의 로고를 노출하는 것은 개발자 인지도를 높이기 위한 가장 중요한 첫 관문이자 지표가 될 수 있습니다.

하지만 브랜드 인지도를 측정하기 위한 데이터를 트래킹하기는 매우 어렵습니다. 이때 출장 보고서, 타 부서로 배턴 터치해 넘긴 비즈니스 기회, IP 주소를 통한 등록자들의 위치 정보 등이 도움이 될 수 있습니다. 발표 전에 강연장에서 간단히 설문 조사를 한다면 얼마나 많은 사람이 여러분 회사의 프로덕트에 대해 알고 있는지 파악할 수 있습니다. 그러면 다음 번에 다시 발표나 후원을 할 때 도움이 될 뿐만 아니라 인지도의 변화를 알 수도 있습니다.

브랜드 인지도는 다양한 행사를 통해 높일 수 있습니다. 회사의 이름을 알리기 위해 발표하고, 후원하고, 콘퍼런스 운영을 돕고, 회사에서 행사를 개최하는 것은 생각보다 많은 예산과 시간이 들지 않는 경우도 있습니다. 단순히 행사에 참여하는 것도 커뮤니티를 만나는 좋은 방법이고요. 어느 날 오후에 커피 타임 모임을 열거나, 저녁 회식 모임을 만들어보세요. 간단하게 이런 이벤트도 할 수 있습니다. 트위터에 '(굿즈 사진을 올리며) 제가 초록색 티셔츠를 입은 날에는 오후 휴식 시간에 굿즈를 나눠 드릴게요'라고 트윗을 날리는 거죠. 생각보다 쉽게 사람들을 만날 수 있고 이를 통해 회사 소식을 빠르게 퍼뜨릴 수도 있습니다.

행사에 참여하면 어떤 콘퍼런스가 우리 회사에 적합한지 알 수 있다는 장점이 있습니다. 우리 회사 외에 어떤 후원사들이 있는지, 부스에 얼마나 많은 사람이 찾아오는지, 다뤄지는 테크 토크 내용들은 어떤지, 내년에 프로덕트 관련 발표를 하기에 적합한 곳일지 등. 이러한 정보가 있다면 다음 해에 해당 행사를 후원할지 여부를 논의하기 한결 쉬워질 것입니다.

## 피드백

새롭게 만든 시작 가이드가 유저에게 유용한지 테스트하거나, 가치 제안을 하기에 가장 좋은 타이밍은 언제인지 파악하거나, 개발자가 여러분의 프로덕트를 어떻게 사용하는지 관찰하고 싶다면 오프라인 행사를 진행해보세요. 잠재 고객에게서 실제 사용 경험에 대한 피드백을 받을 수 있습니다.

### 해커톤

여러분의 프로덕트 중에 API 플랫폼이 있다면, 해커톤을 통해 피드백을 받는 것이 가장 좋은 방법입니다. 현업 개발자가 주로 참여하는 해커톤이든, 대학생 레벨의 해커톤(주말 48시간 동안 밤을 새며 전력 질주하는 경우가 많음)이든, 해커톤에서는 여러분의 API 플랫폼을 가능한 빠르고 쉽게 사용하며 통합하려고 시도하는 사람들을 지켜볼 수 있습니다.

하지만 해커톤이 모든 상황에 적합한 건 아닙니다. 프로덕트가 특정 고객들만 사용하는 엔터프라이즈 전용이거나, 해커톤이 열리는 1박 2일 동안 다른 API와 통합해 사용하기에는 너무 복잡하다면 해커톤은 적절한 방법이 아닐 수 있습니다.

만약 여러분이 해커톤을 열기로 결정했다면, 적어도 3명의 개발자 또는 엔지니어를 데려가 교대로 근무할 수 있도록 해야 합니다. 해커톤은 일반적으로 24시간 동안 열리는 행사입니다. 행사에 스태프로 참여한 팀원이 너무 지쳐서도 안 되지만 그렇다고 부스를 내내 비운 채로 두는 것도 좋지 않습니다.

학생을 대상으로 한 해커톤에서 사람들과 교류할 때 유념해야 할 세 가지 핵심은 다음과 같습니다.

- **참가자들에게 흥미롭고 매력적인 과제를 제시해야 합니다.**
  대다수 해커톤에서는 각 부문별 시상 외에도, 후원사들이 낸 과제를 성공적으로 수행한 팀을 대상으로 후원사 시상을 하고 있습니다. 시상품으로는 상금, 기프트 카드, 드론·로봇·레고 세트 같은 재밌는 테크 아이템 등을 겁니다. 상을 걸면 학생들을 끌어모을 수 있겠지만, 그보다 더 중요한 것은 후원사마다 잘 어울리는 실용적이고 쉽게 달성할 수 있는 과제를 내서 참여자들이 이탈하지 않도록 하는 것입니다.

- **부스에서 너무 많은 시간을 보내지 마세요.**
  행사장을 돌아다니며 참여자들을 관찰하는 것이 중요합니다. 프로젝트가 잘 되어 가고 있는지 물어보기도 하고(여러분의 API를 사용하지 않더라도요), 멘토링을 해주거나 도움을 주는 과정에서 특정 프로세스를 더 쉽게 만들 힌트를 얻을 수도 있습니다. 참여자들과 대화하는 과정에서 자연스럽게 회사를 홍보할 수도 있고요. 센드그리드의 개발자 경험 엔지니어인 엘머 토마스Elmer Thomas(7장의 인터뷰 사례에 등장했습니다)는 센드그리드 초창기 때 이벤트에 참여했던 경험에 대해 다음과 같이 이야기했습니다. "처음에 우리는 회사를 홍보하기 위해 파란색 후드를 쓰고 행사에 참석한 사람들을 최대한 도왔습니다. 당시에는 사람들에게 이메일과 관련 없는 기술에 대해서도 도움을 주었는데 그렇게 1~2년 정도 되었을 때, 우리에게 도움받았던 것을 기억하는 사람들에게서 여러 소식을 들을 수 있었습니다. 몇 년 후, 그 사람들이 대학을 졸업하거나 직장을 옮겼는데, 그렇게 들어간 회사에서 마침 이메일 공급자를 찾고 있었고, 우리에게 도움을 받았던 경험이 그들의 의사결정에 큰 영향을 끼쳤습니다."

- 잘 활용할 수 있을 굿즈를 만들어보세요.

스티커, 배지, 티셔츠 등과 같은 기본적인 굿즈들 외에도 실용적으로 쓰일 것들을 준비해두면 좋습니다. 예를 들어, 브레인스토밍 세션에서 펜을 준다거나 그래프를 그리기 쉬운 모눈종이로 된 수첩 등을 만드는 것도 방법입니다. 해커톤을 위한 특별 굿즈를 만든다면 더 인기를 끌 수 있을 겁니다. AWS는 한 대학생 해커톤에서 퀴즈 콘테스트를 개최하며 우승자들에게는 후드가 달려 있고 바람을 불어넣어 쓰는 휴대용 목베개를 나눠줬습니다. 해커톤이 진행되는 밝은 체육관에서 낮잠을 잘 때, 빛을 가릴 수 있으면서도 편안하게 휴식을 취할 수 있는 실용적인 아이템이었습니다.

전 세계에서 매년 수백 개의 해커톤이 열리는데, 이 중 어느 해커톤에 참여하면 좋을지 어떻게 알 수 있을까요? 대학생 대상 해커톤의 경우, 공식 학생 해커톤 리그인 MLHMajor League Hacking에 등록되어 있는지 살펴보면 좋습니다. 매년 MLH는 전 세계에서 열리는 수백 개의 학생 해커톤을 지원하고 있습니다. MLH는 해커톤이 성공적으로 개최될 수 있도록 학생 운영진들과 긴밀하게 협력하고 멘토링해주기도 합니다. 그래서 MLH가 함께하는 해커톤에 후원사로 참여한다면 좋은 경험을 하게 될 가능성이 큽니다.

또 다른 방법은 지난해 해커톤에서 나온 프로젝트를 살펴보는 것입니다. 실제로 완료된 프로젝트는 몇 개인지, 몇 개의 API를 사용했는지, 어떤 프로젝트가 상을 수상했는지 등을 살펴봄으로써 프로젝트의 질과 참여자들의 참여도를 알 수 있습니다.

## 콘퍼런스

해커톤에 대해 잘 모르거나 기술 인력이 부족해서 제대로 운영하기 어려울 것 같다면, 콘퍼런스를 통해 피드백을 얻을 수도 있습니다. 프로덕트 팀에 있는 동료 중 한 명과 함께 콘퍼런스에 참석해보세요. 사람들이 여러분의 메시지에 대해 어떻게 생각하는지 물어보고, 여러분의 프로덕트를 어떻게 활용할 수 있을 것 같은지 이야기를 들어보세요. 다음 프로덕트의 로드맵을 그리는 데 도움이 될 겁니다.

만약 여러분이 새로운 오디언스 세그먼트에 접근하려고 한다면, 그 오디언스들이 자주 하는 질문들과 해결하고 싶어 하는 문제를 메모하세요. 여러분의 프로덕트가 오디언스들의 문제를 해결해줄 수도 있겠지만, 이에 앞서 그 커뮤니티의 특징을 잘 반영해 메시지를 업데이트할 필요가 있습니다. 6장에서 스파크포스트가 오디언스 속에 직접 들어갔던 사례를 떠올려보세요. 스파크포스트가 사용하기 쉬운 API에 대해서 어필하는 대신 고객의 이메일 서버 유지보수에 대한 부담을 덜어줄 수 있다는 점을 강조했던 것처럼, 오디언스를 위한 마케팅 메시지를 업데이트하는 것이 좋습니다.

여러분의 프로덕트가 시장에 새롭게 진출하는 것이 아니라면, 참석자들이 여러분의 프로덕트와 경쟁사 프로덕트 간 어떤 차이점에 주목하는지 귀 기울여야 합니다. 어떤 특징이 사람들의 눈길을 끌고 있나요? 어떤 화면에 멈춰 서서 자세히 보나요? 어떤 카탈로그와 팸플릿이 가장 빨리 없어지나요? 때로는 사람들과 대화를 나누며 직함이 무엇인지, 어떤 문제들을 해결하고 싶은지, 프로덕트에서 어떤 부분이 흥미로운지 등을 질문해보는 것도 좋습니다. 아니면 그냥 참석자들이 나누는 대화를 듣고 있는 것만으로도 도움이 될 수 있습니다.

## 커뮤니티와 교류하기

때로는 얼마나 많은 사람들과 악수를 나눴고 얼마나 많은 사람들을 서로 소개해줬는지가 어떤 행사를 통해 얻을 수 있는 가장 큰 지표일 때도 있습니다. 저는 '커뮤니티 네트워킹 디렉터'로서 이것이 최고의 결과를 만드는 상황들을 만나곤 합니다. 새로운 장소에서 열리는 새로운 행사에는 새로운 오디언스가 있을 수 있습니다. 그리고 이런 행사는 엄청나게 많은 사람들을 만나고 소개하며 연결시킬 수 있는 기회의 장이기도 합니다. 새로운 커뮤니티 멤버에게 시니어 멤버를, 밋업 주최자에게 연사와 후원사를, 프로젝트 리더에게 주제 전문가를 소개하는 등 많은 사람들을 서로 이어줄 수 있습니다.

앞서 언급했듯이 커뮤니티에 귀 기울이고, 대화에 참여하고, 소개하는 등 단순히 사람들 주변에 있는 것만으로도 소중한 시간을 보낼 수 있습니다. 콘퍼런스에 따라 어떨 때는 부스가 커뮤니티와 함께하기 가장 좋은 방법이 되기도 합니다. 사람들이 여러분을 찾아오기 쉬우니까요. 부스를 팀원 여러 명과 함께 운영한다면, 커뮤니티 멤버들과 함께 부스에서 여유롭게 이야기를 나눌 수 있을 뿐만 아니라 콘퍼런스 곳곳에서 열리는 이벤트와 세션에도 함께 돌아다니며 참여할 수 있습니다. 이렇게 행사장에서 쌓은 인맥이 나중에는 둘도 없는 우정 또는 소중한 비즈니스 관계로도 이어질 수 있습니다.

콘퍼런스에 참여한다는 소식을 여러분이 갖고 있는 다양한 채널을 통해 알린다면 회사의 메시지를 더 많은 사람들에게 알릴 수 있습니다. 여러분이 발표하거나 후원하는 행사에 대해 웹사이트 또는 소셜 미디어에 공지를 올려보세요. 또는 단순히 참여하는 이벤트에 대해서도 커뮤니티 내 많은 사람들에게 알려보세요. 우리 회사 사람들이 없는 슬랙 워크스페이스나 채널, 페이스북 그룹 등에 이와 같은 소식을 올릴 땐 좀 더 여러분의 목소리와 애정을 담은 메시지를 써서 공유해도 좋습니다. 행사에 관심 있는 사람들을 모아 참석 여부를 물어본 후, 커뮤니티 리더들과 뒤풀이 시간을 만들어보세요. 이렇게 이야기를 나눈 사람들은 나중에 어떤 문제에 대한 해결책이 필요하게 될 때 여러분 회사의 이름을 떠올릴 가능성이 큽니다.

## 행사들을 살펴보기

행사 전략을 처음 세운다면 작게 시작하세요. 일단 한두 개의 콘퍼런스를 후원해보고 여러분의 전략이 어떻게 흘러가는지 지켜보세요. 부스 이벤트를 더 늘려야 할지, 더 매력적인 굿즈를 만들어야 할지, 개발자 리소스 카드를 어떻게 만들지(부록 D를 참고하세요), 다음 행사에는 무엇을 더 개선하고 준비해야 할지(부록 E의 이벤트 플레이북 템플릿을 참고하세요) 정리해두세요.

커뮤니티에서 좋은 평판을 얻고 있는 행사에서 여러분의 전략을 테스트해본다면 큰 예산을 쓰지 않고도 향후 행사에 적용할 수 있는 좋은 피드백을 얻을 가능성이 높습니다. 제 경우, 최근 몇 년 동안 성공적인 결과를 얻을 수 있었던 행사는 대규모 컨벤션 홀에서 진행되는 큰 행사보다는 특정 지역에서 진행된 루비 콘퍼런스나 자원봉사자들이 운영하는 데브옵스 데이 행사 등 작은 지역 행사였습니다. 큰 행사의 경우, 부스를 화려하게 꾸미고 큰 경품과 굿즈가 걸린 이벤트를 진행하는 벤더가 많이 참여합니다. 그렇다 보니 오히려 커다란 엑스포 홀 안에서 길을 잃기 쉽습니다. 작은 행사의 경우, 비록 큰 이벤트에 비해 10분의 1밖에 안 되는 사람들이 참여할지라도 참석자들과 일대일로 이야기를 나누며 더 가까이 교류를 할 수 있다는 장점이 있습니다. 여러분의 프로덕트에는 관심도 없으면서 굿즈를 얻기 위해 부스로 쏟아지듯 찾아오는 사람들에 치일 일도 없지요.

## 최소한의 시간, 최소한의 출장

행사를 통해 얻으려는 최종 목표가 무엇이든, 비행기나 기차에서 보내는 시간을 최소화하고 한 장소에서 시간을 최대한 활용하길 추천합니다. 사람들과 함께 보내는 시간을 극대화하는 것이 비용 대비 가장 큰 효과를 발휘할 뿐만 아니라 팀의 번아웃을 최소화해줍니다. 한 번의 외근이나 출장으로 여러 개의 콘퍼런스에 모두 다녀오거나, 여러 밋업에서 발표할 경우 발표 일정을 최대한 몰아서 잡는 것도 방법입니다.

2013년에 저는 오라일리 미디어가 벨로시티 뉴욕Velocity New York 콘퍼런스를 론칭하기 몇 달 전, 이런 식으로 출장을 다닌 적이 있습니다. 미국 동부 지역에 벨로시티 콘퍼런스에 대해 홍보하는 것은 물론, 트랙을 확정 지으면서 사람들이 어떤 주제에 관심이 있는지 살펴봐야 했습니다. 3주 동안 보스턴, 워싱턴 D.C, 뉴욕시, 필라델피아의 콘퍼런스에 참석하고, 밋업을 후원하고, 커뮤니티 멤버들과 식사 약속을 잡고 티타임을 가지면서 시간을 보냈습니다. 그러면서 웹 퍼포먼스와 데브옵스와 관련해 미국 동부 지역에서 꿈틀거리는 아이디어들을 모니터링했습니다.

이렇게 여러 지역의 출장 일정을 한 번에 이어서 잡음으로써 저는 회사로 다시 복귀하는 왕복 시간을 줄이고 커뮤니티와 함께하는 것에 더 많은 시간을 들일 수 있었습니다. 기차를 이용해 이동하고, 에어비앤비로 숙박을 해결하고, 그 지역의 마트를 이용하면 출장 경비를 최소화할 수 있었고 도시 간 이동 전 여유로운 시간을 보내며 에너지와 체력을 보강할 수 있었습니다.

# 타입폼의 데브렐

새롭게 시작하는 데브렐 팀에 합류하는 것은 쉽게 할 수 없는 경험입니다. 이번에는 타입폼Typeform의 데브렐 코디네이터 안드레아 레빌라Andrea Revilla와 디벨로퍼 커뮤니티 매니저 에바 카사도 데 아마주어Eva Casado de Amezua의 이야기를 들어보겠습니다. 타입폼은 대화식 데이터 수집을 통해 기업이 고객에 대해 알 수 있도록 지원하는 플랫폼으로, 사람들을 기쁘게 하는 데브렐 팀을 만드는 데 많은 시간을 들이고 있습니다.

"우리는 현재 플래닝과 리서치를 하는 단계에 있습니다. 회사의 API를 중심으로 만들어지는 커뮤니티를 조사하고 데브렐 팀을 운영하기 위해서요. 이 과정에서 우리는 다양한 유형의 데브렐 활동이 어떤 파장을 일으킨다는 것을 발견했습니다. 1년에 2분기 정도는 행사에 참석하여 발표하거나 사람들을 만나 피드백  을 얻고, 브랜드 인지도를 쌓는 등 프로덕트를 알리는 활동에 집중해야 합니다. 나머지 2분기 동안은 집에서 리서칭을 하고 콘텐츠를 만들고 샘플 애플리케이션과 SDK를 만들면서 코드 단에서 진행되는 작업을 하고 커뮤니티 전략을 수립해야 합니다."

"이러한 전체 흐름을 파악하면 각 분기별 목표를 구체화하는 데 도움이 되며, 팀이 무엇을 계획해야 하고 무엇을 기대해야 하는지(혹은 기대해서는 안 되는지)를 알 수 있습니다. 또 디벨로퍼 애드보케이트들의 번아웃을 막는 데 도움이 되기도 했습니다. 디벨로퍼 애드보케이트들이 각 분기별로 무엇에 초점을 맞출지 파악하면 그것에 집중할 수 있도록 도와줄 수 있고, 각 프로젝트를 완수하는 데 필요한 시간을 확보해줄 수 있습니다. 또 생활 리듬을 지켜줄 수도 있습니다. 어떤 분기에는 출장이 자주 있을 것이고, 어떤 분기에는 집에서만 일하면 된다는 것을 미리 알 수 있어 좋습니다. 콘퍼런스 발표를 준비하고 출장을 가야 하는 상황 속에서 주요 프로젝트를 끝내야 한다는 스트레스 없이 이 모든 것을 계획할 수 있는 충분한 시간을 확보할 수 있죠."

모든 데브렐 멤버들이 이러한 아이디어를 반가워하지는 않을 겁니다. 가정 상황이나 라이프 스타일에 따라 짧게 자주 출장 가는 것을 더 선호할 수도 있습니다. 내향적인 사람들은 콘퍼런스에 참여한 후 회복하는 데 더 많은 휴가가 필요할 수도 있고요. 앞서 언급했듯이, 팀원들의 강점을 살리면 최고의 퍼포먼스를 낼 뿐만 아니라 월드 클래스 데브렐 팀으로서 명성도 쌓을 수 있어 개발자 커뮤니티에서 좋은 평판을 얻는 데 큰 도움이 됩니다.

적절한 출장 횟수가 몇 번인지는 사람마다 다르기 때문에 기준을 만드는 것이 좋습니다. 물론 규칙에는 어느 정도 예외가 있을 수 있지만(예를 들어, 노마드 라이프를 좋아하는 사람도 있고 콘퍼런스가 많은 가을 시즌에 한꺼번에 많은 CFP를 수락하는 사람도 있습니다) 다음 두 가지 사항에 유의해야 합니다.

- 약속했던 발표나 후원을 철회해도 괜찮습니다. 콘퍼런스 운영진들도 이러한 상황에 대해 이해하고 있을 뿐만 아니라, 이러한 경우를 대비해 예비 발표자 또는 후원사 리스트를 가지고 있기도 합니다. 계약 내용에 따라서 때로는 후원하기로 했던 내용 전체를 취소하는 것이 어려울 수도 있습니다. 발표를 취소할 경우 대신 참여할 사람을 동료나 커뮤니티에서 구하는 것도 방법입니다. 해당 지역에 누가 살고 있는지, 커뮤니티 포럼에서 질문에 자주 답하는 사람은 누구인지, 여러분의 프로덕트가 조직 운영 방식을 어떻게 바꾸었는지에 대해 이야기했던 사람이 있는지 살펴보세요. 또 번아웃을 방지하기 위해서라도 '아니요'라고 말하는 법을 배워야 합니다(번아웃 방지법에 대해서는 9장을 참고하세요). 항상 다른 콘퍼런스들이 있을 테고, 정말 많은 콘퍼런스들이 계속해서 열릴 겁니다. 데브렐 역할을 수행하는 동안 이 중 하나라도 놓치게 될까봐 초조해지는 경험을 하게 될 수도 있습니다. 여러분이 발표자 또는 후원사로 참여하기로 한 콘퍼런스가 가장 최선의 선택인지 확인하고 내년에 열릴 콘퍼런스 중 체크해야 할 것들을 모두 메모해두세요.
- 전체 업무의 50%를 출장으로 잡는 것은 무리입니다. 커뮤니티 애드보케이트이자 데브렐 전문가로서 우리는 커뮤니티와 주기적으로 교류하면서도 동료들에

게 정보를 전달하고 유용한 콘텐츠를 만들어야 하니까요. 또 출장을 다니느라 온라인 커뮤니티에 소홀해져서도 안 됩니다. 커뮤니티와 직접 대면하는 것도 중요하지만, 온라인상의 교류도 잊어서는 안 됩니다. 전체 업무의 50% 이상을 출장으로 보내면 콘텐츠를 만들고, 질문에 답하고, 스레드에 대응하는 등의 다른 일을 할 수 없게 되고 초과 근무를 할 수밖에 없습니다. 행사에 참여했다는 이유로 마감일을 미루거나 지친 하루를 보냈음에도 일을 끝내기 위해 늦은 밤까지 작업하는 상황에 처할 수 있는데, 이 두 가지 상황 어느 쪽도 좋은 선택은 아닙니다. 마감일을 미루게 되면 다음 행사에 참여할 때 또 마감일을 미룰 것이라는 좋지 않은 편견을 이해관계자들에게 줄 수 있고, 지친 상태에서 늦게까지 일을 하면 작업 효율뿐만 아니라 퀄리티도 낮아져 커뮤니티나 동료들에게 도움이 되지 않을 수도 있습니다.

핵심은 바로 균형입니다. 앞의 인터뷰 사례에서 타입폼Typeform이 했던 것처럼 접근해보세요. 팀이 너무 무리하지 않게 일할 방법을 찾는 것은 데브렐 팀을 관리하는 데 꼭 필요한 부분입니다.

## 적절한 행사 후원하기

예전에는 콘퍼런스가 열리는 시즌이 2~5월이었는데, 언젠가부터 9~10월도 시즌이 되었습니다. 요즘 콘퍼런스 시즌은 1년 내내 계속되고, 행사 횟수도 어마어마하게 많습니다. 주제별로 모든 행사에 전부 참석하는 것은 말도 안 되는 일이죠. 모든 행사 동향을 따라잡으려 하다간 여러분과 팀은 두 달을 붙잡고 있어야 할 수도 있습니다. 그렇다면 후원할 만한 좋은 행사를 어떻게 가려내 선정할 수 있을까요?

이 결정을 내리기 위해 다시 회사의 목표로 돌아가봅시다. 만약 여러분이 커뮤니티에서 브랜드 인지도를 높이고 싶다면, 여러분의 현재 오디언스와 닿고자 하는 새로운 커뮤니티의 교집합에 해당되는 행사들을 찾아보세요. 현재 오디언스인 커뮤니티 멤버들과의 관계와 편안함을 바탕으로 새로운 커뮤니티와의 연결과 전환을 만들기 쉬워집니다. 사이트 트래픽, 가입 수, 트위터 대화, 스택오버플로 유저 프로필 등 활동이 증가함에 따라 커버하는 지역 범위를 새롭게 확장하고 싶다면, 해당 지역의 커뮤니티 멤버들이 어떤 행사에 관심을 갖고 있는지, 활동을 시작하기 좋은 곳으로 어디를 추천하는지 확인하세요.[2]

이러한 상황 속에서 커뮤니티 디너나 티타임을 만들고 공식적으로 또는 입소문을 통해 사람들을 초대하면 커뮤니티를 더 잘 이해할 수 있게 될 뿐만 아니라 더 친밀한 관계를 맺는 데 도움이 됩니다. 몇 백 달러 정도만 투자하면 커뮤니티 멤버들과 사적으로 친해질 기회를 만들 수도 있고 그들의 커리어적 욕구, 희망 사항, 꿈꾸는 것, 귀찮아하는 것 등에 대한 대화를 나눌 수도 있습니다. 이러한 깊은 대화를 통해 이력서에 적힌 회사 이름을 떠나 오래도록 진정한 우정을 쌓는 관계로 이어질 수 있습니다.

그러니 지역 행사부터 작게 시작해보세요. 커뮤니티가 어디에 있는지 조사하고 방문하세요. MQL<sup>Marketing Qualified Leads</sup>(마케팅 활동을 통해 관심을 보인 리드)이 될 가능성이 적더라도 작은 이벤트들을 지원해보세요. 제롬 페타조니가 도커<sup>Docker</sup>에서 했던 것처럼 부트캠프나 다양한 이니셔티브를 가진 기관에 환원하기 위해 연락해보는 것도 방법입니다(6장의 인터뷰 사례를 참고하세요). 이러한 행사들을 후원함으로써 콘퍼런스 운영진, 발표자, 사고 리더들과 장기적인 관계로 이어질 수도 있습니다. 이를 통해 오랜 시간을 들여 관계를 쌓는 연습을 할 수 있을 뿐만 아니라 커뮤니티 전체에 여러분의 프로덕트에 대한 신뢰를 쌓을 수 있습니다.

어느 행사를 후원할지 결정하는 마지막 방법은 회사의 가치를 반영할 수 있는 행사를 찾는 것입니다. 다양한 발표자 라인업을 갖추고, 참석자들을 위한 포용력 있는 환경을 만들기 위해 노력하는 콘퍼런스를 찾아보세요. 기술을 통해 업계와 산업을 더 나은 모습으로 만들려고 노력하는 행사를 지원하세요. 여성 개발자를 조명하거나 차세대 개발자를 키우는 사명을 가진 커뮤니티에 시간과 에너지를 쏟아보세요.

---

2  후원 예산이 적은 스타트업 또는 작은 기업을 위한 팁: 콘퍼런스 주최 측에 후원 규모를 조정하는 것이 가능할지 물어보세요. 대부분의 콘퍼런스는 처음 후원하는 회사나 신생 기업을 위해 협상할 여지를 남겨두는 경우가 많습니다.

# 헤로쿠의 콘퍼런스 및 행사 정책

많은 기업들이 점점 행동 강령이 마련되어 있지 않은 콘퍼런스에 후원하지 않으려는 경향을 보이고 있습니다. 그런 점에서, 헤로쿠Heroku는 공개적으로 후원 정책을 세워 관리하고 있는 몇 안 되는 기업입니다. 헤로쿠 플랫폼을 사용하면 개발자는 아이디어를 떠올리고 URL을 만들기까지 몇 초면 될 정도로 쉽게 애플리케이션을 배포·관리·확장할 수 있습니다. 디벨로퍼 애드보케이트인 조난 셰플러Jonan Scheffler는 헤로쿠를 최대한 쉽게 경험할 수 있도록 하고, 커뮤니티를 편안하고 안전한 환경으로 만드는 데 최선을 다하고 있습니다.

"헤로쿠는 지금까지 수년 동안 자체 행사를 위해 행동 강령 정책을 시행해왔습니다. 그리고 2010년에는 우리가 금전적으로 지원하는 모든 행사에도 비슷한 행동 강령을 적용해야 한다는 결정을 내렸지요. 우리는 행동 강령에 기대 사항을 매우 구체적으로 정리했습니다. 행동 강령에는 반드시 괴롭힘과 차별 같은 용납  할 수 없는 행동에 대한 정의가 들어가야 하며, 정책을 위반하는 사람이 있을 경우 어떻게 대처해야 하는지에 대한 실행 가능한 프로세스도 있어야 합니다."

"나중에 알고 보니 행동 강령을 갖추고 있지 않은 행사에 참여하게 된 경우에는, 행사 운영진 측에 에이다 이니셔티브Ada Initiative(오픈소스 기술과 문화에 여성 참여를 높이기 위해 노력하는 비영리 단체)가 만든 정책 템플릿을 전달해주곤 합니다.[3] 그래도 요즘은 행동 강령이 없는 콘퍼런스는 거의 없습니다. 우리가 꼭 참여하는 콘퍼런스는 대부분 확고한 가치를 가지고 있는 편인데, 아마도 제가 사람들을 환영하고 포용력 있는 콘퍼런스를 주로 찾아봤기 때문일 겁니다."

---

3  http://geekfeminism.wikia.com/wiki/Conference_anti-harassment/Policy

"행동 강령과 기대 사항에는 헤로쿠의 핵심 가치가 일부 반영되어 있습니다. 헤로쿠가 훨씬 작은 규모였을 때부터 이 정책을 시행해오고 있지요. 물론 헤로쿠가 성장함에 따라 기대 사항도 많아지긴 했지만, 12,000명의 영업 인력을 가진 팀으로 성장한 지금도 원칙은 그대로 유지되고 있습니다. 우리가 주최하는 행사든 후원하는 행사든, 헤로쿠가 참여하는 모든 행사가 편안하고 즐겁게 함께할 수 있는 곳이 되도록 하고 싶습니다."

## 밋업이라는 미로 탐색하기

밋업은 요즘 여기저기서 굉장히 많이 생기고 있어, 그중 어느 밋업에 참여하고 발표하고 후원할지 고르기가 굉장히 어렵습니다. 겉으로 보기에 괜찮아 보이는 행사더라도 노쇼율이 높아서 실제 참석자가 많지 않을 수도 있고, 어떤 행사는 마케팅은 형편없지만 멋진 콘텐츠와 열정적인 커뮤니티 멤버들로 구성된 견고한 핵심 그룹을 가지고 있을 수도 있습니다. 몇몇 밋업은 매월 열리는 콘퍼런스처럼 운영되기도 합니다. 이런 밋업들에 금전적으로 후원할 필요는 없지만 피자와 음료를 제공하며 더 많은 커뮤니티 사람들과 함께할 수 있는 멋진 기회를 발견할 수도 있습니다.

어떤 밋업이 시간을 들일 만큼 가치가 있는지 찾으려면 직접 뛰어들 수밖에 없습니다. 커뮤니티에 관련된 일들이 대부분 그렇듯, 커뮤니티 멤버들에게 어떤 밋업이 좋은지 물어보는게 제일 좋은 방법입니다. 아니면 밋업닷컴(*Meetup.com*) 사이트를 방문해보세요. 지속적으로 모임이 열리고 있는지, 참석자 수가 많은지, 관심 있는 주제들을 다루고 있는지를 살펴볼 수 있어서 좋습니다.[4]

여러분이 직접 밋업을 만들 수도 있겠지만, 그보다는 이미 존재하는 다른 커뮤니티의 하위그룹으로 들어가 여러분의 커뮤니티 커넥션을 육성하는 것이 더 나은 선택일

---

4 데브릴레이트(DevRelate)의 설립자이자 커뮤니티 펄스의 공동 호스트 중 하나인 PJ 해거티(PJ Hagerty)는 밋업닷컴에서 특정 주제에 대한 상위 20개 밋업을 큐레이션하기도 했습니다.

수 있습니다. 이는 6장에서 말한 '맨땅에 헤딩하지 마세요'와도 관련이 있습니다. 여러분만의 프로덕트별 밋업을 시작하기보다 주변의 관련 있는 밋업에 먼저 참석해보세요. 어느 정도 규모가 있는 밋업에서 분기마다 발표하는 것을 목표로 하고, 프로덕트를 판매하려 하지 말고 여러분이 직면한 이슈, 해결하려는 문제, 발견한 흥미로운 버그에 대해 이야기하세요. 오디언스와 관련 있는 흥미롭고 매력적인 콘텐츠를 만들어 여러분과 회사에 대해 더 많이 알고 싶게 만들 수도 있습니다.

리소스(사람 또는 예산)가 있다면 여러분이 커버하지 못한 지역의 밋업에 연락해 행사를 위한 발표자를 지원해주거나 밋업닷컴 멤버십 비용을 후원해도 괜찮을지 확인해보세요. 그리고 여러분의 커뮤니티에서 가장 활발하게 활동하는 멤버에게 이러한 밋업에서 발표할 의향이 있는지 확인해보고, 홍보나 영업을 하려는 목적보다는 프로덕트를 통해 어떻게 문제를 해결했는지에 대해 이야기해줄 수 있는지 물어보세요.

근처 지역에서 자주 찾아갈 만한, 신뢰할 수 있는 밋업을 발견했다면 금전적 후원을 통해 감사의 마음을 전해보세요. 여러분의 회사에 사람들이 모일 수 있는 공간이 있다면 행사를 진행할 수 있도록 장소를 후원하거나, 커뮤니티에서 발표자를 찾아 도움을 주세요. 또 회사 및 개인 계정을 통해 밋업에 대한 이야기를 포스팅하는 등 그들의 목소리를 높이는 데 도움을 주는 것도 방법입니다.

다시 한 번 이야기하지만, 프로덕트를 중심으로 한 밋업을 시작하는 것이 개발자 커뮤니티에서 입지를 다지는 좋은 방법처럼 보일 수 있지만, 다음과 같은 몇 가지 이유로 이 방법을 추천하지 않습니다.[5]

- 개발자들은 회사에서 주최하는 프로덕트(보통 라이선스 프로덕트)에 관련된 밋업을 영업용 행사라고 여기기 쉽습니다.
- 라이선스 프로덕트를 주제로 하는 월간 밋업의 경우, 여러분이 오픈소스 회사라 할지라도 발표자를 찾는 것이 어려울 수 있습니다. 또한 회사 리소스뿐 아니라 커뮤니티에서 쌓아온 호의마저 모두 고갈시킬 수 있습니다.

---

5 커뮤니티 펄스의 에피소드 20화에서 저와 공동 호스트들이 이 주제에 대해서 이야기를 나눴습니다.
http://communitypulse.io/20-meetups

- 오픈소스 프로덕트를 가지고 있다 해도, 밋업 대상자를 고객과 잠재 고객으로만 제한하면 오디언스 또한 제한될 수밖에 없습니다. 사람들이 밋업에 오는 이유는 다른 사람들에게 배우려는 목적도 있는데, 이러한 동기를 막아버리게 됩니다.
- 비슷한 주제에 대한 밋업이 이미 있고 여러분이 끌어모으고 싶은 비슷한 그룹을 타깃으로 하고 있다면, 여러분의 오디언스 세그먼트 속 커뮤니티의 자발적 움직임과 노력을 방해하는 것이 될 수도 있습니다.

간단히 말해, 전체 커뮤니티(잠재 고객, 활성 유저, 고객)를 하나로 묶는 밋업을 만들려면, 다양한 사람을 끌어모을 수 있는 광범위한 주제를 찾거나(예를 들어, 셰프 대신 데브옵스) 이미 운영되고 있는 다른 밋업에 합류하는 것이 좋습니다. 주변의 커뮤니티를 공개적으로 지원함으로써 여러분만의 브랜드를 적극적으로 구축할 수 있습니다.

---

**인터뷰** | **셰프 밋업**

---

잘 살펴보면 셰프Chef를 주제로 하는 인프라 쪽 밋업을 찾아보기 힘듭니다. 왜 그런지 궁금하신가요? 셰프는 데브옵스와 관련된 수많은 사람들을 위한 오픈소스 도구입니다. 그런 만큼 셰프에 관련된 밋업이 열린다면 참여자, 후원사, 발표자도 충분히 많이 모여들 것입니다.

그래서 얼핏 보면 셰프 쪽에서 기회를 놓치고 있는 것처럼 보이기도 합니다. 하지만 네이선 하비Nathen Harvey는 새로운 밋업을 만드는 대신 이미 만들어진 데브옵스 밋업에 집중함으로써 셰프가 후원사로 주목을 받을 수 있을 뿐만 아니라 커뮤니티를 지원할 수 있고,

밋업에 정기적으로 참여하는 사람들과 진정성 있는 교류를 할 수 있다고 말합니다.

그래서 셰프는 밋업을 직접 주관하기 위해 계속해서 후원사, 밋업 장소, 발표자를 찾을 필요가 없습니다. 대신 다른 밋업에 연사가 부족하거나, 다른 지사의 직원이 준비 중인 새로운 콘퍼런스나 세션이 있을 경우 발표자를 제공할 수 있죠.

무엇보다 사람들은 셰프 직원들이 영업을 위해 자리에 참석했다고 생각하지 않기 때문에 교류를 하는 데 더할 나위 없는 기회를 얻을 수 있습니다. 이는 밋업 주최자뿐만 아니라 커뮤니티에도 도움이 됩니다. 밋업 주최자가 어떤 인프라 관련 프로덕트를 사용하든 이러한 관계는 기억에 남을 수밖에 없습니다.

## 직접 밋업 운영하기

샌프란시스코에서 성공적으로 밋업을 만들고 주최하는 몇몇 회사들을 본 적이 있습니다. 이들은 '개발자 성공 엔지니어링' 또는 '오픈소스 소프트웨어'와 같은 넓은 범위의 주제에 초점을 맞추고 있었고, 다양한 참석자를 유치하는 것을 목표로 하고 있었습니다. 이들은 네트워크를 활용해 패널 토크나 짧은 발표를 하기 위한 다양한 발표자를 섭외하는 경우가 많았습니다. 이를 통해 업계의 다양한 사람들과 함께 회사를 대표할 뿐만 아니라 패널을 십분 활용하여 마케팅 범위를 넓히기도 했습니다. 이러한 방식으로 커뮤니티에 자신들을 포함시켜 서비스에 대한 인식을 넓히고, 서비스에 대한 후기도 확산시킬 수 있죠.

| 인터뷰 | 나일라스의 개발자 행사 |
| --- | --- |

다른 API와 통합하는 일부터 공동 제작 콘텐츠나 샘플 프로젝트, 공동 주최 행사에 이르기까지, 비슷한 사고방식을 지닌 다른 회사와 제휴하는 것은 때로 브랜드 인지도를 높이는 가장 쉬운 방법이 됩니다. 개발자 커뮤니티와 관계를 맺는 것이 바로 이와 같은 협업에서 성공하는 열쇠가 됩니다.

나일라스Nylas는 수천 개의 소프트웨어 애플리케이션에 걸쳐 수십억 개의 메시지를 생성하는 이메일, 캘린더, 연락처 API를 만들고 있습니다. 나일라스는 비즈니스 차원에서 고객 커뮤니티를 육성해야 할 특별한 이유가 없지만, 개발자 커뮤니티와 함께하는 것이 얼마나 중요한지 알고 있습니다. 개발자 커뮤니티는 브랜드 인지도를 구축하는 데 중요할 뿐 아니라 잠재적 엔드 유저의 피드백을 장려하는 데에도 도움이 됩니다. 그래서 마케팅 팀장인 타시아 포타신스키Tasia Potasinski는 개발자 오디언스를 사로잡을 수 있는 가치 있는 콘텐츠를 제공할 방법을 찾았습니다. 바로 '나일라스 개발자 행사'라는 이름의 분기별 밋업입니다.

"나일라스가 가진 네트워크의 도움으로 우리는 베이 지역에 있는 다른 회사와 파트너십을 맺을 수 있었고, 샌프란시스코 전역의 개발자들을 끌어들일 수 있는 분기별 이벤트를 만들 수 있었습니다. 우리는 개발자 성공 엔지니어링과 API 확장 방법 등과 같은 주제에 초점을 맞춘 패널 토크를 만들었습니다. 이 패널 토크 주제는 나일라스의 개발자와 패널로 참여하는 크고 작은 기업의 개발자들이 선정하고 있습니다."

"다른 회사와 파트너가 됨으로써 우리 회사에 대해 아직 들어본 적 없는 분들에게 브랜드에 대한 신뢰를 줄 수 있었습니다. 슬랙과 트윌리오 같은 회사의 패널들과 나란히 함께 참여하면 행사 자체의 질을 높일 수 있을 뿐만 아니라, 참여자들이 직면한 과제를 나일라스를 통해 어떻게 해결했는지 공유함으로써 신뢰를 높일 수 있었습니다. 이러한 기회는 우리 회사가 그동안 쌓아온 관계가 있었기에 가능했습니다. 전문가나 담당자에게 연락해 함께 행사를 주최할 의사가 있는지 또는 패널로 추천할 만한 사람이 있는지 문의할 때가 있는데요. 어떤 경우든 우리가 구축한 네트워크와 협업하면 결국 함께하는 모든 사람에게 이로운 일이 된다는 것을 보여주곤 합니다."

"이러한 행사는 회사의 일반적인 브랜드 인지도를 높일 뿐만 아니라 더 많은 개발자들이 API를 사용하게끔 했습니다. 또한 채용 파이프라인이 늘어나는 데도 도움이 되었습니다. 이 행사는 우리 회사 직원들에겐 매 분기의 하이라이트이기도 한데, 행사를 통해 그동안 해온 일들의 성과를 자랑할 수 있고 개발자 동료들과 네트워킹할 수 있는 좋은 기회를 얻을 수 있기 때문입니다."

5장에서 언급한 #EmailGeeks 커뮤니티 사례로 돌아가봅시다. 해당 사례에서는 엔지니어링과 이메일 관련 주제로 이야기를 나눌 수 있는 오프라인 밋업을 만들고 싶어 했습니다. 회사들이 밋업 비용을 지원하고 회사 공간을 모임 장소로 제공하는 이유는 브랜드 인지도를 높이고 회사 이름을 알리고 싶은 마음과 커뮤니티의 일원이 되고자 하는 의지도 있겠지만, 사실 영업 기회를 얻고자 하는 바람도 있을 것입니다. 하지만 이러한 모임에 ROI의 개념을 도입할 수는 없기 때문에 담당자 입장에서는 경영진을 상대로 밋업을 후원하는 것에 대해 설득하기 어려울 수 있습니다. 그럼에도 불구하고 밋업을 후원하는 것은 여러분이 개발자 커뮤니티에 기여하고 싶다는 진정성을 보여줄 소중한 장기 투자라 할 수 있습니다.

처음부터 직접 밋업을 만들고 싶다면 커뮤니티 전문가로서 알아야 할 두 가지 요소가 있습니다. 밋업을 열 수 있는 고정된 장소를 찾는 것과 발표자 리스트를 만드는 것입니다.

대관 문제의 경우, 매달 같은 요일에 장소를 빌려줄 스폰서를 찾으면 쉽게 해결할 수 있습니다. 일관된 장소와 시간에 밋업을 개최하면 참여할 사람들도 일정을 관리하기 쉬워져 참여율을 높일 수 있습니다. 예를 들어, 매달 셋째 주 목요일에 밋업을 한다고 하면 주최자와 참석자 모두 행사일을 예측하기 쉽고 일정 충돌이 생기지 않게 조정할 수 있습니다.

발표자 리스트를 만드는 것은 밋업을 운영할 때 가장 스트레스를 많이 받는 부분입니다. 밋업 1회당 좋은 발표자 한 명을 섭외할 수 있다면 정말 좋겠지요. 발표자를 한 번에 섭외해서 리스트를 만들어두기보다는 밋업에서 발표하고 싶은 사람들을 그때그때 신청받는 것이 더 좋습니다. 만약 한 달 동안 적절한 발표자를 구하지 못했다면 창의력을 발휘해보세요. 예를 들면, 저녁에 라이트닝 토크를 열어보는 겁니다. 그리고 발표자가 무대에서 내려오는 순간 이야기를 걸어보는 거죠.

발표자뿐 아니라 발표 주제 면에서도 다양성을 고려해야 합니다. 밋업이 진행될수록 점점 심화된 주제가 다뤄지는데, 밋업이 성장함에 따라 커뮤니티도 함께 성장한다는 점을 고려할 때 이는 당연한 과정입니다. 하지만 항상 심화된 주제만 다룰 경우 다른 참여자들이 참석을 주저하게 되어 밋업이 계속 성장하는 데 문제가 될 수 있습니다. 또 발표자도 높은 수준의 오디언스를 대상으로 발표할 수 있는 사람들로 제한되어 점점 찾기 힘들어집니다. 주니어 개발자들은 어려운 주제를 발표할 만큼 전문성이 있다고 스스로 생각하지 않기 때문에 발표에 대한 자신감을 잃게 됩니다. 그래서 기본적인 내용들을 라이트닝 토크 형식으로 다루면, 긴 시간 진행될 더 어려운 내용의 발표를 보완해줄 뿐 아니라 서로 다른 수준을 지닌 그룹의 참여를 유지할 수 있습니다.

---

<table>
<tr><td>인<br>터<br>뷰</td><td>밋업에서 데브렐까지, 그리고 다시 밋업으로</td></tr>
</table>

테크니컬 에반젤리스트인 제이슨 이Jason Yee는 전 세계 콘퍼런스에서 자주 발표를 하는데, 그의 활동은 콜로라도 덴버에서 열린 작은 드루팔 밋업에서 시작되었습니다.

"데브렐과 커뮤니티 업계에 제가 소개되기 시작한 것은 DBUGDenver/Boulder Drupal Users Group(덴버/볼더 드루팔 유저 그룹)에 참여하면서부터였습니다.[6] 다른 많은 개발자들이 그렇듯이, 드루팔에 대해 배우며 더 잘하고 싶기도 하고, 업계 사람들과 네트워킹하고 싶어서 참여하기 시작했습니다. 밋업 운영은 제 친구 그렉Greg 때문에 시작하게 되었습니다. 어느 날 저녁, 행사를 언제쯤 시작할 거냐고 그에게 물었는데 대뜸 저에게 오프닝 멘트를 하라고 하더라고요."

---

6  https://groups.drupal.org/colorado

"저는 이 밋업 때문에 발표도 하기 시작했습니다. 밋업 운영 진이라면 다들 아시다시피, 몇 달 동안 발표자가 없어서 곤란 할 땐 직접 무대에 올라가서 뭔가 흥미로운 이야기를 해야 할 때도 있습니다. 쇼는 계속되어야 하니까요. 가능하면 커뮤니 티 사람들을 참여시킬 방법을 찾긴 하지만 잘 안돼서 공백이 생기기도 하고, 그럴 땐 행사가 어떻게든 이어지도록 책임을 져야 합니다."

"저희가 운영하는 밋업에 매달 발표자들이 줄을 서는 비결은 바로 '참여'에 있습니 다. 행사 운영에 너무 집중하기보다 참석자들과 적극적으로 이야기를 나누고 친해지 세요. 현재 하고 있는 작업이나 최근 프로젝트의 진행 상황 등 일상적인 업무나 사이 드 프로젝트에 대한 이야기를 나누면서요. 커뮤니티 전문가로서, 우리의 전문 영역 인 '관계'를 잘 구축하고 그다음에 열릴 행사에 그 사람들을 초대합니다. 누군가가 여 러분에게 찾아와서, 멋진 결과물이 될 수도 있는 프로젝트의 진행 상황을 공유해준 다는 것은 정말 귀한 일입니다. 참석자들과 소통하고, 그들의 이야기를 한데 모으고, 발표해보기에 정말 좋은 소재라고 이야기해보세요!"

"한 가지 팁을 드리자면, 참석자들에게 발표를 한번 해보겠냐고 물어보지 말고 그냥 다음 달 또는 두 달 후에 있을 행사에 함께하고 싶다고 이야기하세요. 그럼 상대방도 좀 더 편안하게 그 의견을 받아들이게 됩니다. 그리고 '발표하기에 충분한 역량을 가 지고 있다'라고 자신감을 불어넣어주세요. 만약 상대방이 정말로 발표하기 부담스러 워한다면 발표 준비를 함께 도와주거나, 긴 세션을 맡기 어려워할 경우 짧은 라이트 닝 토크 세션을 만들어 참여해보도록 독려해보세요. 또는 좀 더 발표 경험이 많거나 프로젝트에 대해 잘 아는 다른 커뮤니티 멤버와 함께 발표하는 것은 어떨지 제안하 는 것도 좋은 방법입니다."

"마지막으로 성별, 배경의 다양성뿐 아니라 프로그램 수준의 다양성도 중요합니다. 전문가만 이야기할 수 있는 고급 주제만 다루는 것은 좋지 않습니다. 커뮤니티 멤버 들의 수준이 올라감에 따라 난이도를 섞는 것이 좋습니다. 멤버들에게 한 해를 돌아 보며 '작년에 알았더라면 좋았을 다섯 가지'에 대해 물어보는 것도 방법입니다. 멤버 들이 초급에서 중급으로, 중급에서 고급으로 레벨업하면서 서로에게 멘토링해줄 수도 있습니다. 예전에는 다른 사람들의 발표를 들었던 멤버가 성장해서 이제는 발표자가 되어 다른 사람들에게 이야기해주는 모습은 다른 멤버들에게도 자극이 되고 동기부여가 됩니다. 여러분이 조금만 더 격려해준다면 그 사람들이 다음 번 발표자가 될 겁니다."

## 발표 기회

행사에서 발표하는 횟수와 양은 제각각 다를 수 있지만, 그와 별개로 우리는 데브렐 담당자라는 것만으로 주목을 받기도 합니다. 밋업 시작 전 후원사를 소개하는 것이든, 여러분 커뮤니티에서 최근 화제가 된 최신 툴에 대해 영업 팀에서 발표하는 것이든, 수천 명의 사람들 앞에서 키노트를 하든, 우리는 모두 대중 앞에서 발표하는 것에 대한 두려움에 대처하는 방법을 배워야 합니다.

학생 때부터 발표 경험이 많거나 발표에 자신이 있다 하더라도[7] 콘퍼런스에서 발표할 때는 여전히 신경 써야 할 것들이 많습니다. 적절한 행사를 찾고, 오디언스에 대해 조사하고, 트랙에 적합한 주제를 찾고, 좋은 발표 자료를 만드는 데 시간을 들여야하죠. 이 부분은 여러분이 직접 발표나 토크에 참여하지 않더라도 꼭 알아두어야 합니다.

좋은 발표 자료를 만드는 방법에 대한 좋은 글들이 많이 있으니[8] 여기서는 이에 대해

---

7 발표와 관련해 좋은 자료를 찾고 있다면 아래를 참고하세요.
· 발표에 대한 라라 호건(Lara Hogan)의 저서(http://larahogan.me/speaking)
· 스콧 버컨(Scott Berkun)의 이그나이트(Ignite) 강연 준비와 진행 방법에 대한 팁
 (http://scottberkun.com/2009/how-to-give-a-great-ignite-talk).
 이 팁은 긴 형식의 회담에도 적용할 수 있습니다.
· 크리스티안 하일만(Christian Heilman)의 '말하면 안 되는 것' 블로그 포스팅
 (https://christianheilmann.com/2016/07/06/things-not-to-say-on-stage-at-a-tech-event)
8 저는 특히 이 글을 추천합니다.
 https://medium.com/devrel-life/the-art-of-the-conference-talk-proposal-3e97cd3bd33a

더 설명하지 않겠습니다. 다만, 여러분의 오디언스에 대해 잘 알아야 한다는 점을 다시 한 번 강조하고 싶습니다. 발표 자료를 만드는 데 도움을 주는 편리한 툴들도 있지만, 여러분의 콘퍼런스나 오디언스에 맞는 양식으로 커스터마이징하는 기능을 제공하진 않습니다. 예를 들어, 수많은 오픈소스 콘퍼런스가 있는데 그 속에서도 오픈소스의 최신 현황에 대해 이야기하는 사람이 있는 반면, 커뮤니티 측면을 다루는 사람도 있고, 체계적인 방식으로 진행하기 위해 필요한 프로세스와 플랜에 대해 이야기하는 사람도 있습니다.

다양한 콘퍼런스에서 활용할 수 있는 발표 템플릿을 만들어 사용하는 일이 많을 겁니다. 그러나 각 콘퍼런스를 조사하면서 전년도의 발표와 올해 참여할 것으로 기대되는 오디언스의 인구통계, 집중하고자 하는 분야의 새로운 프로그램이나 트랙, 주제에 주목해야 합니다.

다시 말하지만, 프레젠테이션을 할 때는 오디언스에 맞춰 준비해야 합니다. 어떤 발표 모집 요강에서는 발표 내용의 개요와 각 목차별 소요 시간을 적으라고 요구하는 경우도 있습니다. 이러한 방법을 통해 발표 자료를 구성하면 좋은 발표 개요를 만들 수 있을 뿐만 아니라 더 집중력 있는 발표를 하기에도 좋습니다. 메인 포인트를 잡아내면 주제를 탄탄하게 만들 수 있고 발표 슬라이드 전체에 걸쳐 일관성을 유지할 수 있습니다. 또 하나 신경 써야 할 점은, 여러분의 발표 내용 중 '사람들이 무릎을 탁 치게 하고 싶은 부분은 어디인가'입니다. 이것을 파악하고 준비한다면 여러분의 발표를 사람들의 기억 속에 남길 수 있고 포커스를 강화할 수 있습니다.

슬라이드는 심플하게 만드세요. 여러분의 발표 내용을 뒷받침해줄 적절한 이미지나 재밌는 짤을 넣는 것도 좋고, 자세히 설명하고 싶은 부분은 블릿 포인트로 강조 표시하는 것도 방법입니다. 슬라이드를 심플하게 만듦으로써 오디언스들이 발표 자료를 쳐다보기보다 여러분의 이야기에 집중하게 할 수 있습니다. 리처드 파인만Richard Feynman도 그의 저서 『남이야 뭐라 하건What Do You Care what Other People Think?』(W. W. Norton & Company, 2018)에서 사람들은 읽고, 듣고, 이해할 수 있지만 이 세 가지를 한 번에 동시에 하지는 못한다고 이야기합니다. 그래서 발표자 뒤에 텍스트가 가득 적힌 슬라이드가 있으면 사람들은 그곳에 시선을 빼앗기게 됩니다. 발표 슬라이드를 활용할 때는 오디언스들이 내 말을 듣게 할 것인지, 화면을 읽게 할 것인지, 우리가 전하고자 하는 바를 이해하게끔 할 것인지 정하는 것이 좋습니다.

멀린다 세킹턴Melinda Seckington은 '데브렐콘 런던DevRelCon London 2017'에서 슬라이드 디자인의 기술에 대해 다음과 같이 설명했습니다.

> 발표 슬라이드는 발표가 끝난 후 사람들에게 공유하기 위한 참고 자료로 쓰기 위해 만드는 것이 아닙니다. 여러분과 함께 발표장 안에 있는 청중을 위한 것이죠. 발표 후에 사람들과 공유해야 할 것이 있다면, 슬라이드가 아니라 블로그 포스팅이나 유튜브 영상 등 다른 적절한 형식을 사용하시길 추천합니다. 발표 슬라이드를 만들 때는 청중을 최우선으로 두고 만드세요.

다음으로, 여러분의 발표 시간을 영업 기회로 삼지 마세요. 후원을 통해 마련된 발표 세션이라 하더라도 홍보를 위한 시간으로 쓰기보다 청중에게 흥미롭고 유익한 내용을 다루는 것이 좋습니다. 여러분 회사의 프로덕트에 대해 말하는 대신 어떻게 문제를 해결했는지, 특별히 발견하기 어려웠던 버그를 어떻게 찾아냈는지에 대해서 이야기하세요. 새로운 기능의 기술적인 측면이나 프로덕트를 만드는 데 어떤 다른 방법을 사용했는지에 대해 다루면 좋습니다.

3장에서 언급한 기업 블로그 사례처럼, 프로덕트와 직접적으로 관련이 없더라도 흥미롭고 인사이트가 있는 기술 이야기를 다룬다면 비슷한 주제에 관심이 있는 개발자가 참여할 수도 있습니다. 이를 통해 스마트한 사람들과 재밌는 일을 하는 기업이라는 브랜드 인지도를 쌓을 수 있을 뿐 아니라 이렇게 쌓은 관계가 향후 잠재 고객으로 이어질 수 있습니다.

여러분이 베테랑 발표자라면 팁이 하나 있습니다. 대부분 발표 마무리는 그냥 빨리 지나가는 등, 어떻게 마무리 지을지에 대해 깊이 고민하지 않는 경우가 많은데요. 발표를 어떻게 마무리했는지에 대해 참여자들이 이야기하는 경우도 종종 있습니다. 여러분은 수십, 수백 개의 콘퍼런스에서 같은 발표를 할지 몰라도 그 자리에 참석한 참여자들 중 일부는 특별히 여러분의 발표를 듣기 위해 콘퍼런스를 찾아왔을 수도 있습니다. 그런데 만약 여러분이 발표를 끝내기 5분 전에 퉁명스럽게 코멘트했다면, 그것만으로도 진중하지 못한 인상을 남길 수 있습니다. 물론, 할 일이 너무 많아서 다른 때보다 발표에 더 신경을 쓰지 못할 때도 있겠지만, 모든 발표는 소중하고 영광스러운 기회로 여겨야 합니다.

발표 경험이 많든 적든 간에, 논리 정연한 흐름을 만드는 것은 좋은 스토리텔링을 하기 위한 열쇠입니다. 블릿 포인트와 그림으로 가득한 슬라이드를 만들기보다 기승전결이 있는 스토리를 만드세요. 잘 만들어진 스토리라인은 참석자들의 마음 속에 더 오래 남습니다. 기억하세요, 우리는 좋은 이야기꾼이 되어야 합니다.

비키 브라수어Vicky Brasseur[9]는 이렇게 말합니다. "발표는 단순한 프레젠테이션이 아니라 퍼포먼스, 즉 공연입니다. 자신의 대사를 잘 숙지해야 하고, 어느 위치에 있어야 하는지 알아야 하고, 동선을 파악해야 하죠. 무대에 선 사람은 관객들에게 좋은 공연을 선보여야 합니다. 그렇지 않으면 관객들은 공연에서 아무런 가치도 얻지 못할 것이고 여러분은 관객들의 시간만 축내게 될 테니까요."

---

9  커뮤니티 펄스(Community Pulse)에서 PJ 제이슨과 비키 브라수어를 인터뷰해 좋은 발표 개요서를 제출하고 멋진 발표를 하는 방법에 대한 이야기를 들어보았습니다(*http://communitypulse.io/23-cfps*). 비키 브라수어는 경이로운 발표자이며 오픈소스의 전설이자 놀라운 사람입니다. 트위터는 @vmbrasseur

지금까지 데브렐 팀을 회사의 중요한 부분으로 키우는 방법과 일상적으로 마주칠 일들을 어떻게 다루면 될지에 대해 설명했습니다. 이를 통해 여러분은 회사에서 데브렐이 어떻게 움직일지, 어떻게 시작하고 스토리를 풀어나갈지에 대해 기본적인 내용을 이해할 수 있었을 겁니다. 하지만 데브렐 관련 업무를 시작하고 팀을 관리하러 가기 전에 꼭 알아야 할 사항들이 몇 가지 있습니다. 이 리스크들은 여러분이 방심하고 있을 때 몰래 다가오기 때문에 허를 찔리지 않기 위해서라도 항상 대비해두는 것이 좋습니다.

## 번아웃

첫 번째 리스크는 바로 번아웃입니다. 가장 큰 리스크라고 해도 과언이 아니지요. 저는 의사가 아니지만, 번아웃에 대한 많은 경험과 연구 결과를 가지고 있습니다.[1]

번아웃은 요즘 기술 업계에서 많이 쓰이는 단어입니다. 밤에 충분히 수면을 취하지 못하는 등의 신체적인 피로부터 과도한 업무와 책임을 지고 있어 낮에 일을 끝마치지 못하는 것까지, 번아웃은 우리의 일상 대화 속에서 이와 같은 모든 증상을 설명하는 데 쓰이곤 합니다.

하지만 진짜 번아웃[2]은 직장에서 겪는 만성적인 스트레스와 좌절 상태를 말합니다. 이는 육체적·정서적 피로감과 냉소와 무관심의 감정, 비효율과 성취감의 부재 등으로 이어집니다. 지속적인 스트레스가 문제되는 이유는 이것이 자신뿐 아니라 다른

---

1  https://dev.to/mary_grace/burnout-what-happens-when-you-take-on-too-much-74d

2  https://www.ncbi.nlm.nih.gov/pmc/articles/PMC4911781

사람에 대한 인식에도 영향을 미치기 때문입니다. 또한 번아웃은 우울증에 빠질 위험을 높이고 우울한 상태를 더 악화시킬 수 있습니다.

최근엔 상황이 나아지고 있지만 보통 IT 업계에서는 시간이 얼마나 걸리든 상관없이 작업을 완수하는 '열심히 일하는 사람'에게 더 많은 보상을 주고, 번아웃을 '높은 업무 강도를 감당하지 못하는 사람들의 핑계'로 취급하는 경향이 있습니다. 번아웃을 다룬 자료는 많습니다.[3] 그러나 데브렐에서 번아웃은 훨씬 더 깊고 장기적인 문제가 될 수 있습니다.

만성적인 스트레스와 좌절로 인한 정서적 피로는 과도한 출장으로 인한 육체적 피로와 꼭 참석해야 하는 콘퍼런스에서 보내는 시간이 누적된 결과입니다. 다양한 영역의 전문성이 계속해서 요구되는 상황과 때로는 불공정하지만 꼭 달성해야 하는 지표들, 목표와 우선순위를 둘러싼 불확실성들이 한꺼번에 생겨나 번아웃이 올 완벽한 환경을 만들기도 합니다.

그래서 사람들을 대면하는 일이나 커뮤니티 구축에 깊숙이 관여하는 일, 애드보케이트와 같은 유형의 직무를 18개월 이상 지속하기 어렵다는 인식이 있기도 합니다.[4] 우리가 이 일을 사랑하든 사랑하지 않든, 우리를 180%까지 몰아붙여 회사, 커뮤니티, 프로덕트를 지지하기엔 18개월은 너무 긴 시간입니다. 이런 라이프 스타일이 지속되면 활력을 주기는커녕 영혼이 바스라져버릴 겁니다.

데브렐에 관련된 사람들은 대부분 이 새로운 커리어에 열정적이며 열심히 투자합니다. 하지만 제가 이 책에서 다룬 여러 어려움과 한정된 리소스라는 문제가 한데 뭉쳐 우리의 에너지를 빼앗아가기 시작합니다. 그런데도 사람들은 도망치기보다 일을 계속하는 경향이 있습니다. 이러한 문제들의 첫 번째 신호가 나타나더라도 사람들은 피하지 못합니다. 왜냐하면 우리는 일을 단순히 직업이 아닌 우리 자신으로 여기고,

---

3 burnout.io(*https://burnout.io/en/latest/resources.html*)에는 번아웃 관련 블로그 포스팅 링크와 커뮤니티 멤버들이 번아웃에 대해 이야기했던 내용(*https://burnout.io/en/latest/furtherReading.html*) 등 좋은 리소스들이 모여 있습니다.

4 이에 대해서 입증된 것은 아니지만, 디벨로퍼 애드보케이트들의 여러 블로그 포스팅에서 살펴볼 수 있습니다. 실제로 제 커리어에서뿐 아니라 동료나 친구들에게서도 이러한 추세를 확인할 수 있었습니다.

일과 자신의 삶을 구별하지 않기 때문입니다.

우리는 직업적으로나 개인적인 삶에서나 커뮤니티 빌더로 활약하고 있고 커뮤니티에 대한 충성도가 너무 높아서 일을 손에서 쉽게 놓지 못합니다. 이 때문에 업무로 인한 스트레스가 얼마나 해롭고 우리를 쇠약하게 하는지 깨닫기도 전에 이미 컨디션이 바닥을 칠 때도 있습니다.

컴패셔네이트 코딩Compassionate Coding을 만든 에이프릴 웬셀April Wensel은 번아웃이 오는 이유에 대해서 이렇게 말합니다. "번아웃은 열심히 일해서 오는 것이 아니라 내가 하는 일이 중요하지 않다고 느끼는 데서 옵니다."[5]

세상에는 당연히 재미없고 기초적이고 반복적인 일들이 있다는 사실을 많은 사람들이 알고 있습니다. 하지만 만약 우리가 사랑하고 아끼는 일보다는 우리의 능력을 넘어선 일을 더 하라고 지시받는다면, 우리가 가장 애정을 품고 하는 일이 회사에 가치가 없다는 뜻으로 들릴 수밖에 없습니다. 반면, 여러분의 스킬 레벨보다 훨씬 낮은 일을 하라고 지시받는다면 사기가 떨어질 겁니다. 왜냐하면 그건 여러분이 좋아하는 일도 아닐 뿐더러 관리자가 여러분의 진짜 가치를 알아보지 못한다고 느껴질 테니까요.

하지만 안타깝게도 이러한 기대의 불일치는 데브렐에서 자주 있는 일입니다. 특히 관리자가 여러분이 하는 일의 진정한 가치를 이해하지 못하거나, 여러분이 만들어내는 관계와 연결의 가치를 제대로 측정할 줄 모르는 경우라면 더더욱 그렇습니다. 그렇기 때문에 회사의 고위 경영진이 여러분의 미션과 목표에 동참할 수 있도록 하는 일이 중요합니다. 직속 관리자가 여러분의 우선순위를 잘 이해하고 있는지 주기적으로 확인하는 것이 중요합니다. 그래야 관리자가 회사 전체의 이해관계자들에게 여러분이 하는 일의 가치를 잘 전달할 수 있기 때문입니다.

---

5  https://medium.com/compassionate-coding/only-you-can-prevent-tech-burnout-be3f0504c627

# 팀의 번아웃을 막는 법

번아웃을 막는 데 가장 중요한 것은 관리자와 팀원 모두 명확하고 열린 커뮤니케이션을 하는 것입니다. 여러분이 관리자라면 자기 자신뿐 아니라 팀도 책임져야 합니다. 스스로를 돌보며 자신이 감당할 수 있는 일이 어디까지인지를 파악하는 건 결국 팀원 각자에게 달려 있습니다. 하지만 관리자는 팀원들이 번아웃을 겪지 않도록 관리할 수 있는 유일한 사람입니다. 일상적인 업무를 소홀히 하지 않고 팀을 너무 마이크로 매니징하지 않으면서도 팀원들의 번아웃을 관리할 수 있는 방법이 있을까요?

## 팀원들과 두 달에 한 번 일대일 미팅하기

일대일 미팅은 일상 업무나 현재 프로젝트의 진행 상황을 확인하는 시간이 되어서는 안 됩니다. 팀원이 업무에 대해 어떻게 느끼는지를 주로 이야기하는 것이 좋습니다. 다음과 같은 질문을 통해 잠재적인 이슈가 심각해지고 팀원에게 영향을 미치기 전에 상황을 파악할 수 있습니다.

- 맡은 업무가 너무 많지는 않나요?
- 현재 업무를 감당할 수 없을 정도인가요?
- 커리어를 위해 해보고 싶은 일이 있나요?
- 앞으로 어떤 프로젝트에 참여하고 싶나요?
- 현재 팀 구조에 대해 어떻게 생각하나요?
- 회사 문화에 대해 어떻게 생각하나요?

정기적으로 이러한 질문을 하면 여러분의 허를 찌르는 일이 생기는 것을 방지할 수 있고 팀원들이 자신의 기분을 표현해도 괜찮다고 느끼도록 하는 데 도움이 됩니다. 그러면 더 솔직하고 열린 관계를 이어갈 수 있습니다.

## 실수가 있었더라도 탓하지 않으면서 회고하기

이 주제에 대한 많은 책들이 있지만,[6] 기본적인 틀은 존 루니John Lunney와 수 루더Sue Lueder가 만들었습니다.

> 정말로 비난 없는 회고를 하려면, 누가 잘못했는지 개인이나 팀을 지목하지 말고 문제의 원인을 규명하는 데 집중해야 합니다. 누군가를 향한 비난 없이 작성된 회고는 사건에 연루된 모든 사람에게 좋은 의도가 있었고 그들이 가지고 있는 정보 내에서 올바르게 행동했다고 가정합니다. 잘못된 일에 대해 한 개인이나 팀을 손가락질하고 비난하며 부끄럽게 만드는 문화가 만연하면, 그런 처벌이 무서워서 문제를 드러내지 않으려 할 것입니다.[7]

## 정기적으로 회고하기

위기 상황이 아니더라도 회고는 열린 소통과 함께 같은 방향으로 나아가는 문화를 장려할 수 있습니다. 4장에서 언급한 아래 질문은 여러분의 팀이 더 적극적으로 일을 수행하고, 리스크를 감수하고, 새로운 것을 시도할 수 있게끔 신뢰를 유지하는 데 도움이 됩니다.

- 무엇이 잘되고 있나요?
- 무엇이 잘 안되고 있나요?
- 무엇을 다르게 해봐야 할까요?

이러한 질문을 통해 관리자로서 여러분이 눈치채기 힘들었던, 그러나 일상적으로 일어나고 있는 실제 일들을 파악할 수 있게 되고 번아웃이나 스트레스를 비롯해 혹시라도 발생할 수 있는 문제를 예방할 수 있습니다.

---

6 니콜 포스그렌(Nicole Forsgren)이 제즈 험블(Jez Humble), 진 킴(Gene Kim)과 함께 쓴 『엑셀러레이트(Accelerate)』는 비난 없는 회고와 데브옵스, 애자일에 대해 참고하기 좋은 책입니다.

7 *https://landing.google.com/sre/book/chapters/postmortem-culture.html*

## 휴가를 내도록 장려하기

많은 기업들이 '무제한 유급휴가 제도'를 도입하면서 오히려 휴가를 소홀히 여기는 사람들이 늘어나고 있습니다.[8] 이러한 제도에는 장단점이 있지만, 일을 잘할 수 있도록 충분한 휴식을 취하는 것은 팀원 개인과 관리자 모두의 책임입니다. 어떤 회사들은 모든 직원이 최소한 며칠 이상의 휴가를 쓰도록 권고하기도 합니다. 어떤 회사들은 2주 연속 휴가를 주기도 합니다.

휴가 제도와 병가 외에도, 최고의 컨디션과 업무를 유지하기 위한 별도의 시간을 갖는 것도 중요합니다. 관리자로서 직원들의 휴가 현황을 파악하고 정기적으로 휴가를 쓰도록 격려한다면, 팀원들에게 휴가의 필요성을 강조할 수 있을 뿐만 아니라 휴가를 많이 쓰면 게으르거나 성취도가 낮은 사람으로 비춰지지는 않을까 하는 두려움과 불안도 덜어줄 수 있습니다. 필요하다면 휴식을 취하도록 조언하고 휴가를 오랫동안 쓰지 않은 팀원에게 휴가를 내도록 적극적으로 격려함으로써 일상적인 업무도 중요하지만 팀원들의 건강을 더 우선시하고 있음을 확실하게 전달할 수 있습니다. 이렇게 하는 관리자들은 팀원들이 휴가를 내 휴식을 취하지 않으면 양질의 업무를 수행할 수 없다는 것을 알고 있습니다.

## 불필요한 업무로부터 팀 보호하기

관리자로서 여러분은 팀을 위한 방패 역할을 해야 합니다. 스트레스 요인으로부터 팀원을 보호하고 전사적 이니셔티브에 대해 지속적으로 공유하세요. 다른 팀에서 오는 업무 요청을 너무 많이 받아들이지 않도록 하는 것도 관리자에게 달렸습니다. 특히 작은 회사나 스타트업에서 타 팀원들이 관리자를 통하지 않고 업무를 요청하는 경우가 꽤 많이 일어납니다. 이때 일대일 미팅이 중요합니다. 미팅을 통해 팀원들이 맡는 업무 중 여러분이 미처 몰랐던 부분을 알 수 있을 뿐만 아니라 목표에 어긋나는 업무 요청을 거절할 수 있도록 도와줄 수 있습니다.

---

8  https://www.shrm.org/resourcesandtools/hr-topics/benefits/pages/unlimited-pto.aspx

어떤 경우엔 업무 요청을 해오는 타 팀원에게 직접 이야기하기보다, 회사 전체 메일을 보내 관리자인 여러분을 통해 업무 요청을 하도록 공지하는게 필요할 수도 있습니다. 이를 통해 타 부서의 요구 사항을 받아주면서도 워크로드를 분산시킬 수 있습니다. 이는 다음 분기의 우선순위를 평가하고 해결해야 할 문제를 선정할 때 유용한 정보가 될 수 있습니다.

하지만 이 경계를 너무 극단적으로 설정하지 않도록 주의하세요. 데브렐 팀의 차별점은 여러 부서와 함께 협업할 수 있다는 점이며, 팀을 가치 있게 만드는 요소도 팀워크이니까요. 특정 프로젝트를 거절해야겠다고 생각했다면, 우리 팀은 프로젝트를 거절하지만 이 다음엔 어떻게 하는 것이 좋으며, 다른 누가 그 프로젝트를 수행해줄 수 있을지에 대해 의문을 남기지 않도록 명확하게 문서화해야 합니다.

## 인터뷰 │ 구글의 데브렐: 사일로와 정보 과부하 간의 밸런스 찾기

우리는 지금까지 데브렐 팀이 다른 부서로부터 쇄도하는 업무 요청을 받거나 관련 없는 프로젝트에 의해 다른 방향으로 끌려가지 않도록 보호하는 방법에 대해 많은 이야기를 나눴습니다. 하지만 구글처럼 많은 프로덕트와 기술을 보유한 회사에서 팀 주위에 사일로를 만든다는 것은 전혀 다른 의미를 가집니다. 구글의 IoT/어시스턴트 데브렐 팀은 안드로이드와 구글 어시스턴트에 초점을 맞추고 있습니다. 디벨로퍼 프로그램 엔지니어인 닉 펠커Nick Felker의 말처럼 비즈니스의 다른 측면으로부터 팀이 보호를 받는 것에는 장단점이 있습니다.

"저와 제 팀이 하고 있는 중요한 일에 집중할 수 있다는 것은 정말 큰 장점입니다. 다른 프로덕트와 그에 관련된 일에 휩쓸리지 않고 제가 담당한 플랫폼에 집중할 수 있으니까요. 저희 매니저는 생산성을 높이고 프로젝트 진행에 도움이 될 툴을 쓸 수 있도

록 항상 최선을 다해 지원해줍니다. 다른 프로덕트 부문에서 저희에게 업무 요청을 해오면, 매니저가 빠르게 개입해서 저희가 최우선순위에 집중할 수 있도록 합니다."

"프로덕트에 초점을 맞춘다는 것은 우리가 해야 할 일을 하는 데 도움이 되기 때문에 확실히 플러스 요인이 됩니다. 하지만 제가 컨트롤 키를 잡고 있지 않은 특정 프로덕트와 통합해야 하는 문제에 개발자가 뛰어들게 되면 곤란해질 때도 있습니다. 이해관계자가 너무 많아 누구에게 이를 넘겨야 할지 잘 모르게 돼서요."

"이때 잘 정리된 문서와 샘플 애플리케이션이 도움이 됩니다. 사람들한테 알아서 찾아서 하라고 하는 대신, 참조할 수 있는 적절한 콘텐츠와 정보를 줄 수 있으니까요. 그래서 우리는 문서를 최신 상태로 유지하는 것을 우선순위로 두고 있습니다. 사람들이 데브렐 팀에 있는 모든 팀원들을 거치지 않고도 업무를 수행할 수 있도록요."

## 업무를 없애거나 우선순위를 정하는 법

여러분과 팀에 너무 많은 업무가 쏟아지는 것을 피할 수 없는 상황이라면, 할 일 목록to-do list에서 일부를 없애거나 일의 우선순위를 정하는 데 기준이 될 수 있는 몇 가지 질문이 있습니다. 이 질문을 하나씩 다뤄보겠습니다.

### 나만 할 수 있는 일은?

이 질문을 던지면 데브렐 팀의 우선순위가 아닌 일을 거절하거나, 시간적 여유가 있는 다른 팀에 업무를 넘길 수 있습니다. 여러분이 하는 일은 다른 누구도 할 수 없는 일임을 공고히 함으로써 여러분의 가치를 높이고 여러분이 해야 할 일의 범위를 좁힐 수 있습니다. 이 질문은 지금 당장 일을 쳐내는 데 도움이 될 뿐만 아니라 향후 주어지게 될 일에도 판단을 내리는 기준이 되어줄 것입니다.

### 목표를 달성하는 데 더 중요한 업무는?

4장에서 리비박스를 다루며 이야기했듯, 여러분의 일상적인 업무를 직접 트래킹하며 그 업무들이 회사의 목표를 달성하는 데까지 이어지는지를 살펴보는 것이 매우 중요합니다. 이 질문과 함께 다음과 같은 질문도 던질 수 있습니다. '나는 지금 급한 일을 하고 있는가, 아니면 중요한 일을 하고 있는가?'. 아이젠하워 방법Eisenhower Method은 마감일과 책임을 매개변수로 하여 시간을 '긴급'과 '중요'라는 두 축으로 나누는 데 도움이 됩니다.

중요하고 긴급한 사분면에 해당하는 항목은 지금 바로 수행해야 하는 업무(예: 위기 또는 마감)입니다. 중요하지만 긴급하지 않은 항목(예: 플래닝, 전략, 휴가, 건강검진 등)에는 마감 기한을 설정하고 직접 수행하도록 합니다. 중요하지 않지만 긴급한 사항(예: 필요하긴 하지만 적극적으로 참여할 필요가 없는 미팅, 집중을 방해하는 슬랙이나 예기치 않게 걸려온 중요하지 않은 전화 등)은 다른 사람에게 넘깁니다. 마지막으로 중요하지도 않고 급하지도 않은 것들은 버리면 됩니다.

중요하고 급한 일은 보통 분기별 목표보다 우선시되긴 하지만, 그건 주기적으로 계속 생기는 것이 아니라 어쩌다 가끔 생기는 일이어야 합니다. 팀의 목표를 달성하는 데 도움이 되지 않는 모든 것들을 할 일 목록에서 지움으로써 다른 팀원들, 나아가 회사에 도움이 되고 중요한 일에 집중할 수 있습니다.

### 완벽하게 해야 할 일과 그렇지 않은 일은?

많은 데브렐 전문가들은 사람들을 기쁘게 하려는 성향이 있습니다. 이로 인해 누군가에게 도움이 되고자 하는 욕망에서 비롯된 완벽주의가 더 심해지곤 합니다. 이때 팀 어반Tim Urban이 제시한 갈망 계층 구조화 모델Yearning Hierarchy Prioritization Model[9]이 유용한데, 그는 프로젝트의 우선순위를 결정하는 것을 책장에 비유합니다.

- 타협 불가능의 그릇: 책장 꼭대기에 놓인 이 그릇은 잘 보호받으면서도 눈에 가장 잘 띕니다.
- 책장 상단: 110%의 퍼포먼스를 내야 하는 최우선순위 과제는 무엇인가요?

---

[9] 블로그 포스팅의 주 내용은 커리어에 관한 것이지만, 글을 반쯤 읽어보면 제가 언급한 책장 이미지가 나옵니다.
https://waitbutwhy.com/2018/04/picking-career.html

- 책장 중간: 완전히 실패하는 것을 방지하려면 어떤 프로젝트가 중요한가요?
- 책장 하단: 시간이 있을 때 해보면 좋을 프로젝트들이 여기에 해당합니다.
- 쓰레기통: 혹 발을 들이게 되더라도 기어코 다시 발을 빼야 하는 일은 어떤 것인가요?

다른 관점에서 보면, 타협 불가능의 그릇과 책장 상단은 완벽하게 해내서 A+를 받아야 하는 작업입니다. 반면 책장의 중간과 하단은 B−나 C−를 받아도 됩니다. 책장 맨 밑에 해당하는 일을 한다면 가산점을 받을 수 있겠네요. 이는 1~2장에서 이야기했던 것처럼 이해관계자가 누구인지 파악할 때 꼭 기억해야 할 핵심 사항입니다. 모든 일을 완벽하게 A+로 해내기엔 시간이 부족합니다. 회사의 이해관계자들에 우선순위를 매기면 요청받은 일의 우선순위도 매길 수 있습니다.

타협 불가능의 그릇은 팀을 행복하고 건강하게 유지하는 데 꼭 필요한 업무들이어야 합니다. 회사 전체의 목표에 기여하는 업무도 당연히 중요하고 긴급하지만, 만약 여러분이 팀을 잘 돌보지 않는다면 그런 업무도 수행할 수 없게 됩니다. 우선순위를 매김으로써 팀원들에게 일을 잘 해낼 수 있다는 자신감을 주고, 팀원들은 관리자인 여러분을 신뢰하며 업무의 우선순위를 정해나갑니다. 이를 통해 여러분은 팀원들을 과도한 업무로부터 보호할 수 있습니다.

책장 상단은 관리자와 팀, 경영진이 합의한 분기별 목표여야 합니다. 이것은 해야 할 일이자 '잘' 해야 하는 일이지요. 마감일을 지켜야 하고 팀이 해낼 수 있는 최고의 결과를 만들어야 합니다. 여러분이 빛을 발할 시간이죠!

책장 중간 및 하단은 회사 전체의 이해관계자가 팀에 요청한 일들이 포함됩니다. 이 경우 이해관계자에 우선순위를 매겨야 합니다. 여러분의 팀에 가장 큰 영향을 미치는 이해관계자는 누구인가요? 팀에 도움이 되긴 하지만 예산을 더 따내거나 팀이 회사에 인식되는 것에 영향을 미치지 않는 사람은 누구인가요? 전자로부터 넘어온 일은 해야 하지만 반드시 완벽하게 해내야 할 필요는 없으므로 책장 중간에 놓여야 합니다. 후자로부터 넘어온 일은 '여유가 있으면 할 일' 카테고리로 두고, 이러한 결정에 대해 이해관계자에게 양해를 구하는 것이 좋습니다.

## 문서화와 정보 공유 잘 하기

팀의 인지도를 높이고 안정을 유지하는 데 개방성과 투명성이 중요한 것처럼, 프로젝트 상황을 공개적으로 공유하고 커뮤니티 구축, CFP 제출, 기술 블로그 포스팅, 샘플 애플리케이션 만들기와 관련된 프로세스들을 문서화하는 것이 중요합니다. 문서화는 번아웃을 막는 데 필수적인 요소입니다.

현재 하고 있는 작업을 문서화함으로써 여러분이 현재 하고 있는 업무량을 다른 사람들이 확인할 수 있고, 이 분야의 전문가는 어떤 일을 하는지를 더욱 명확하게 알 수 있습니다. 이를 통해 여러분은 회사에서 훨씬 더 가치 있는 존재가 되는 동시에, 여러분이 자리에 없을 때 다른 사람이 여러분의 일을 대신 처리할 수 있어 휴가 기간을 충분히 잡을 수 있습니다.

팀원이 갑자기 업무를 하지 못하게 될 경우를 대비해 업무를 문서화하는 것의 중요성을 3장에서 언급했었죠. 버스 팩터Bus Factor 또는 로또 팩터Lottery Factor라고 불리는 개념이 있는데, 팀원이 갑자기 버스에 치이는 '비극'이 생기거나 로또에 당첨되어 '갑작스러운 퇴사'를 하는 등 아무런 예고 없이 핵심 전문가를 잃는 상황을 말합니다.

팀원들이 하는 일을 더 많이 문서화할수록, 일주일 내내 집중적으로 잡힌 미팅에 지쳐서 휴식이 필요할 때나 예상치 못한 개인적인 문제가 생겨 휴가를 써야 하는 상황에서도 팀원들이 휴가를 더 편하게 요청할 수 있을 겁니다.


## 번아웃을 극복하는 방법

번아웃을 극복하는 가장 좋은 방법은 예방입니다. 하지만 번아웃되었다는 것을 깨달았을 땐 이미 너무 늦어서 번아웃이 많이 진행된 상태라 탈출구를 찾아야 할 수도 있습니다.

## 관리자에게 알리기

나아질 때까지 기다리거나 강해지려고 하지 마세요. 프로젝트가 끝날 때까지 버티거나 그냥 내버려두지 마세요. 관리자를 찾아가 솔직하게 이야기하세요.

업무가 너무 많다는 것을 빨리 알릴수록 관리자도 팀원들이 맡고 있는 업무의 우선순위를 살펴보고 변경이 필요한 부분을 찾을 수 있습니다. 무엇이 급하고 중요한지 결정할 수 있도록 도움을 청하고 업무를 분담하거나 취소할 방법을 찾으세요.

## 휴식 취하기

가능한 빨리 휴식을 취하세요. 하루든 일주일이든 한 달이든 업무용 이메일과 슬랙, 트위터 계정 등 모든 것과 연결을 끊을 수 있는 방법을 찾으세요. 그리고 일정 기간 동안 휴식을 취할 거라고 주변 동료들에게 알리세요. 문서화해둔 것이 있다면 이때 도움이 될 수 있습니다. 현재 프로젝트와 일상적인 업무가 문서화되어 있는 경우 여러분이 번아웃에서 회복하는 동안 다른 팀원이 업무를 대신 수행할 수 있습니다.

매일 잘 쉬는 것도 중요합니다. 아플 때는 재택근무를 하기보다 병가를 내서 확실히 휴식을 취하는 것이 좋고, 앞서 이야기한 것처럼 휴가를 미리 계획하는 것도 중요합니다. 재충전을 위한 휴가는 정신적으로나 육체적으로나 장기적인 관점에서 건강을 유지하는 데 꼭 필요합니다.

휴가에 대해 한 가지만 더 이야기하겠습니다. 정신 건강을 터부시하던 옛날과 달리 요즘은 인식이 달라지고 있습니다. 하지만 정신 건강을 챙긴다고 하면 여전히 많은 사람들이 일이나 책임을 회피하려 한다고 생각하거나, 날씨 좋은 날 휴가를 쓰기 위한 핑곗거리로 여기곤 합니다. 하지만 정신 건강은 육체적인 건강만큼이나 중요하고 그만큼 심각하게 여겨야 합니다. 만약 어느 날 병이나 두통, 과로로 인해 일을 하지 못할 것 같다고 느낀다면 저는 회사에 아프다고 전화를 할 겁니다. 한계점에 아랑곳하지 않고 자신을 계속해서 몰아붙이면 회복에 필요한 시간이 늘어날 뿐만 아니라 생산성도 떨어지고, 나와 내 팀의 실패를 불러오게 될 수도 있습니다.

## 숨통 틔우기

데브렐 팀이 일반적으로 외근이나 출장을 자주 간다는 점을 생각하면, 여러분은 아마 나름대로 숨통을 틔우는 방법을 갖고 있을 겁니다. 비행기를 타면 나오는 안내 방송을 떠올려보세요. 위급 시 주변 사람들에게 도움을 주기 전에 본인이 먼저 산소 마스크를 착용하라고 말합니다. 내가 먼저 산소를 공급받지 못하면 다른 사람을 도울 수 없기 때문입니다.

보통 사람들은 데브렐 전문가라면 콘퍼런스나 온라인 커뮤니티에서 항상 대화를 나눌 준비가 되어 있을 것이라고 생각합니다. 그렇기 때문에 우리는 우리의 숨통을 틔울 산소 마스크를 먼저 착용해야 합니다. 그것은 자신만을 위한 시간을 확보하는 것일 수도, 개인적이거나 직업적인 의무에 아니라고 대답하는 것일 수도, 긴 행사에 참여한 후 돌아온 호텔에서 잠옷 바람으로 룸서비스를 주문하는 것일 수도 있습니다. 만약 이렇게 하지 않으면 여러분은 커뮤니티를 소홀히 대하게 되거나 쉽게 번아웃에 빠질 수 있습니다.

## 뒤로 물러나는 법 배우기

커뮤니티 전문가로서 우리는 항상 온라인에 접속해 있거나, 커뮤니티의 문제를 해결하거나, 콘퍼런스와 네트워킹 행사에서 사람들을 연결해주는 데 익숙해져 있습니다. 하지만 사실 이런 일을 계속해서 하는 것은 건강에 좋지 않습니다. '이 질문 하나만 더 대답해줘야지', '이 이야기만 한 번 더 나눠야지'라고 생각하기 쉽지만 그 전에 우리의 한계를 알고 선을 확실히 그어야 합니다. 우리가 '할 수 있는 일'에는 끝이 없지만, 우리가 '해야 할 일'에는 끝이 있습니다.

오라일리 미디어에 다니던 시절 동료였던 캐스린 배럿Kathryn Barrett[10]은 우리가 중요하고 영향력 있는 일을 하고 있긴 하지만, 컴퓨터에서 하루 떨어져 쉰다고 해서 큰일이 나지 않는다는 것을 사람들에게 상기시키면서 프로필 문구를 '오늘도 한 생명 구

---

10 저의 직장 생활 초반부터 함께해준 지지자이자 테크니컬 라이터. 트위터는 @kathrynb

하는 중'이라고 설정하곤 했습니다. 휴식을 취하면 이메일을 하루 늦게 보내게 되거나 포스팅 업데이트가 원래 계획보다 약간 늦어질 수 있지만, 그래도 삶은 흘러갑니다. 우리가 봉사하는 커뮤니티를 위해 계속해서 최선을 다하기 위해서라도 우리는 꼭 휴식을 취해야 합니다.

## 덜 관여하기

관리자로서 팀의 방패막이 된다는 것은 팀원들을 적절하지 않은 업무로부터 보호한다는 것을 의미하지만, 때로는 업무 범위 밖의 일을 하도록 요청이 올 때도 있을 겁니다. 다른 사람이 업무를 요청했다고 해서 여러분이 그 일을 끝까지 꼭 해내야 할 책임은 없다는 점을 명심해야 합니다. 관리자를 방패막으로 활용하세요. 매니저와 상의해야 한다고 말하거나, 현재 업무 요청을 받지 말라고 지시받았다고 이야기하세요.

그리고 특정 시스템 또는 프로그램에 대한 액세스 권한을 받는 것도 주의해야 합니다. 예를 들어, 저는 지금까지 서포트 티켓 시스템에 접속해본 적이 없습니다. 액세스 권한이 있었다면 어떤 커뮤니티 멤버의 요청에 도움을 주기가 조금 더 쉬웠을 테지만, 이에 대한 문제를 해결하는 전담 팀은 따로 있습니다. 커뮤니티 멤버가 서포트 티켓의 처리 상태를 물어보면 전담 팀에 물어봐서 확인해도 됐지만, 커뮤니티 멤버들이 우리 팀에 서포트 티켓을 확인해달라는 요청을 하지 않도록 선을 확실히 그어두었습니다. 마찬가지로, 저는 제가 영업 미팅에 들어가게 되는 일이 생기지 않도록 했습니다. 영업 목적으로 영업 팀과 함께 미팅에 들어가기 위한 기술 인력은 따로 있었기 때문입니다. 물론 영업 팀이 특정 잠재 고객에 대해 가지고 있는 고민을 해결하는 데 도움을 주거나 질문에 답변을 하긴 하지만, 이렇게 선을 그어둠으로써 제가 관여할 사항과 관여하지 않을 사항은 어디까지인지를 명확히 했습니다.

5장에서 다룬 것처럼 데브렐 팀은 여러 부서에 도움이 될 수 있는 고유한 스킬을 가지고 있는 경우가 많지만, 우리가 도움을 주고 싶은 것과 별개로 우리에게는 그 부서의 문제를 해결해야 할 책임이 없습니다.

조금 이기적인 관점처럼 보일 수 있겠지만, 만약 우리가 다른 모든 사람들을 도와줘야 한다면 정작 우리 팀의 성과는 낼 수 없게 됩니다. 그렇게 되면 회사가 인지하는 팀의 가치를 떨어뜨릴 뿐입니다. 주변 동료들에게 우리 팀이 도움을 줄 수 있는 유일한 팀이라는 인상을 준다면, 그것은 그들이 우리를 이용하도록 가르치는 것밖에 되지 않습니다. 차라리 그들을 도울 수 있는 다른 사람들을 소개해주거나 물고기 잡는 법을 가르치는 것이 좋습니다.

## 숲을 보기

일상적인 업무를 하다 보면 잡초 속에 갇혀 큰 그림을 보지 못하는 경우가 있습니다. 노트북에서 한 발짝 물러나는 것뿐만 아니라 업무에서도 한 발짝 물러서세요. 그러면 시야를 확보할 수 있을 뿐만 아니라 더 효과적이면서도 더 효율적으로 업무를 할 수 있고, 일상 업무에도 더 동기부여를 받을 수 있습니다. 나무만 아니라 숲을 볼 시간을 가지면 커뮤니티를 이끌고 성장시키기 위한 좋은 아이디어도 얻을 수 있습니다.

J. 폴 리드J. Paul Reed[11]는 몇 년 전 개인적인 이유로 사업에서 물러났을 때 '4시간 휴식'이라는 아이디어를 생각해냈습니다. 그는 번아웃을 막는 방법으로 매주 '4시간 휴식'를 하면서 다음 한 주의 업무를 시작하기 전에 목표와 아이디어를 돌아보고, 평가하고, 다시 중심을 잡는 시간을 보내고 있습니다.

그는 이 연습의 과정과 의도에 대해 블로그 포스팅[12]을 남기기도 했습니다. 그 내용을 보고 저는 다음과 같이 적용해보았습니다.

- 처음 한 시간 동안은 일상 업무와 단절하는 시간을 갖습니다. 마지막 몇 가지 일을 마무리한 후, 머릿속에서 일과 관련된 업무를 분리해내기 위해 강아지와 함께 달리기를 하거나 산책을 합니다. 전화와 컴퓨터도 방해 금지 모드로 설정

---

11  릴리스 엔지니어링 접근법을 만든 사람으로, 저의 오랜 친구이자 퍼시 컨설팅이라는 회사를 시작할 때 도움을 준 사업 멘토이기도 합니다. 트위터는 @jpaullied

12  https://medium.com/@jpaulreed/dodging-burnout-4-hours-at-a-time-965f1921e6a2

해서 이 시간을 방해받지 않도록 합니다.

- 그런 다음 늘어져서 편하게 휴식을 취할 수 있는 장소를 찾습니다. 카페, 도서관, 공원의 벤치, 호텔 수영장 등 잠시 자리를 잡을 수 있는 곳이면 됩니다.
- 그리고 2~3시간째에는 일상 업무와 직접적인 관련은 없지만 건설적인 것들을 하며 시간을 보냅니다. 예를 들어, 저는 읽으려고 저장해둔 커뮤니티 구축에 대한 아티클을 분석하거나, 이전에 수락했던 사업을 진척시키거나 업무 관련 서적을 집필하기도 합니다. 어떤 때는 그동안 머릿속에 담아둔 최근 토픽들을 가지고 아이디에이션을 해보기도 합니다. 업계에서 관찰한 큰 그림과 제 일상 업무 사이의 연결 고리를 찾아보기도 하면서요.
- 4시간 째에는 읽거나 배운 내용을 블로그나 노트에 기록합니다. 업무에 대한 제 감정을 돌아보고 다음에 무엇을 해야 할지 생각해보거나, 워크로드의 우선순위를 다시 매기고, 번아웃이 오지는 않았는지 체크합니다.

이런 시간을 통해 일상 업무와 의도적으로 단절함으로써 회고를 할 수 있습니다. 무엇이 잘 되어가고 있는지, 무엇을 더 잘 할 수 있을지, 앞으로 어떤 새로운 시도를 해볼지 등. 팀뿐만 아니라 내 자신에게도 이러한 질문을 던지는 것이 중요합니다. 업무에 대한 큰 그림이 없다면 너무 지치거나, 개인적인 미션과 목표에서 멀어질 위험이 있습니다.

여러분이 팀원이든 관리자든, 이 '4시간 휴식'은 커뮤니티 전략과 관련된 문제를 발견하고, 데브렐 업계에서 어떤 일이 일어나고 있는지 소식을 계속해서 파악하고, 여러분의 업무에 대한 인사이트를 얻는 데 도움이 될 것입니다.


# 가면증후군

번아웃과 비슷하게 가면증후군을 겪게 되면 일이 손에 잡히지 않습니다. 가면증후군을 겪는 사람은 여기서 더 나아가 자신이 이룬 성취를 의심하고, 능력 없는 자신의 실체가 드러날까봐 끊임없이 불안해하며 두려움을 느낍니다. 자신을 증명하고 주변 사람의 기대에 부응하려는 끊임없는 욕구로 인해 쉽게 과로와 번아웃으로 이어질 수 있습니다.

에이다 이니셔티브Ada Initiative에서는 가면증후군을 "공개된 기술과 열린 문화 속에서, 수행한 일에 대해 공개적으로 소개되고 비판받는 일에 대한 일반적인 반응"으로 정의합니다. 성취하지 못했다는 느낌, 가지고 있는 지위와 업무에 내가 어울리는 사람이 아니라는 생각, 모두가 보는 앞에서 실패하거나 실력이 부풀려진 사기꾼이라고 밝혀지는 것에 대한 두려움 등이 이에 해당합니다. 가면증후군은 특히 위와 같은 상황에 놓인 여성들에게서 매우 흔하게 나타납니다. 이들 중 많은 사람이 일에 대해 자신의 의견보다 타인의 의견을 더 중요하게 생각하고, '정석대로' 일하는 것에 사회적으로 학습되어 있습니다.[13]

## 모든 일을 잘할 필요가 없다는 것을 인정하기

데브렐 분야에서 가면증후군의 가장 큰 예시는, 우리가 특정한 주제에 대해 충분히 알지 못해서 마치 자신을 사기꾼처럼 느끼는 경우입니다. 사람들은 우리를 이 분야의 전문가로 생각합니다. 하지만 그런 우리도 답을 잘 모르는 질문을 받거나 전혀 익숙하지 않은 주제에 대해 강연을 해야 하는 경우가 있습니다. 이럴 때 우리는 '모른다'고 말해도 괜찮다는 사실을 종종 잊어버리곤 합니다. 모른다고 인정함으로써 커뮤니티 멤버들을 회사 동료나 다른 커뮤니티 멤버 등 새로운 사람과 연결해주는 기회로 이어갈 수도 있는데 말이죠. 이 책 전반에 걸쳐 이야기했듯이, 데브렐의 가장 가치 있는 측면 중 하나는 커뮤니티 내의 동향에 대해 경청하고 관찰하고 파악할 수 있는 능력입니다. 모든 답을 아는 것이 아니라, 질문을 확장시키며 대화를 시작하는 것이 우리의 일입니다. 그리고 가만히 앉아서 다음에 어떤 일이 일어날지 지켜보는 것도요.

비현실적인 JDJob Description도 데브렐에서 가면증후군을 일으킬 수 있는 또 다른 요인입니다. 콘퍼런스에서 발표하기, 정기적으로 콘텐츠 제작하기, 소셜 미디어 운영

---

[13] *https://adainitiative.org/continue-our-work/impostor-syndrome-training*

하기, 특정 프로그래밍 언어 및 IT 업계의 최신 트렌드와 현황 조사하기 등 이 많은 일을 한 사람에게 기대하는 것은 사실 무리입니다. 여기에 여가 시간에는 커뮤니티 멤버들과 관계를 돈독히 하는 일까지 해야 하죠. 이 모든 일을 다 수행할 수 있다 하더라도, 이 모든 업무가 다 리스트업되어 있는 JD를 누군가 보게 된다면 절망스럽고 혼란스럽고 어쩌면 겁허해질지도 모릅니다. 건강하게 워라밸을 유지하려는 사람이 이런 JD와 업무 리스트를 본다면 말도 안 된다고 생각할지 모르겠지만, 우리는 실제로 '스타' 디벨로퍼 애드보케이트들이 이런 일들을 모두 수행하며 활약하고 있는 사례들을 너무 자주 봅니다.

대부분의 채용 담당자들은 '스타'를 요구하는 것이 옳지 않다는 사실을 이제 이해하기 시작했지만,[14] 여전히 IT 업계에서는 팀 전체가 담당해야 할 역할을 한 사람의 포지션에 요구하는 경우가 만연해 있습니다.

5장에서 이야기했듯이 데브렐 팀을 채용할 때는 어느 이니셔티브부터 시작할지를 선택하고, 그다음 어느 스킬을 가진 사람을 채용할지를 정해야 합니다. 구글이나 마이크로소프트와 같은 대기업에서 자주 볼 수 있는 데브렐 활동들을 한 사람이 모두 다 담당할 수 없으며, 신규 입사자를 여기에 배치하는 것 또한 공정한 처사는 아닙니다.

## 세대 차이

일반적으로, 가면증후군은 특정 직업이나 특정인들에게만 일어나는 일이 아닙니다. 오픈소스 커뮤니티 구축은 1970년대 중반부터 여러 형태로 진행되어 왔지만, 데브렐은 상대적으로 새로운 영역입니다. 많은 데브렐 담당자들이 각자 다양한 방식으로 이 직업을 접하게 됩니다. 저는 저널리즘과 홍보라는 배경을 가지고 있고, 어떤 사람들은 연극 쪽 커리어를 가지고 있기도 합니다. 코드를 작성하는 것 외에도 커뮤니티와 상호작용하는 것을 즐기던 엔지니어들도 있습니다. 데브렐 관련자들은 이런 것들을 벽돌을 하나씩 쌓듯 조금씩 알아가고 있습니다. 그리고 데브렐의 이런 유동적인

---

14 https://www.forbes.com/sites/lizryan/2015/06/29/im-so-over-we-need-a-rock-star/#3f4ddf050c1f

특징은 때로 혼란과 불확실성을 가져옵니다.

데브렐을 '정석대로' 하는 방법은 없습니다. 이 책조차 여러 연구와 대화, 시도를 기반으로 썼고, 절대 불변의 규칙보다는 가이드라인을 설정하는 방향으로 작성했습니다. 우리가 하는 일을 명확한 한 줄로 나타내려는 시도를 멈추고 정답은 없다는 것을 인정하는 것, 그리고 도움을 요청하는 것이 성공을 향한 열쇠입니다. 켈시 하이타워 Kelsey Hightower가 커뮤니티 펄스Community Pulse에서 이야기했듯이,[15] 재미의 한 요소는 리스크입니다. 미지의 것을 추구하지 않는다면 데브렐은 다른 부서와 차별화되는 흥미로운 점들을 잃게 될 것입니다.

앞으로 몇 년 안에, 데브렐에 여러 추가적인 리소스가 생기고 프로세스의 기본적인 틀이 갖춰져 광범위하게 적용된다면 세대 간 격차가 생길지도 모릅니다. 요즘 '데브렐 인턴' 포지션의 채용 공고가 생기고 있고, 이 분야에 관심을 갖고 멘토링을 요청해오는 사람들도 많아지고 있습니다. IT 업계에 데브렐 담당자가 정말 소수였던 2010년 중반에는 상상도 못했던 일이죠. 한 번에 하나의 상호작용을 통해 배우고 우리가 모든 해답을 가지고 있지 않다는 것을 인정한다면, 회사 내에서 또 업계에서 배우고 성장하며 관계를 지속해나가는 데 도움이 될 것입니다.

## 가면증후군을 퇴치하는 방법

가면증후군이 무엇인지 알고 인정하는 것은 이를 극복하기 위한 좋은 시작입니다. 가면증후군을 인정하면, 여러분이 최근에 성취한 것과 특정 주제에 대해 알고 있는 것이 생각했던 것보다 훨씬 더 많다는 사실을 발견할 수 있을 것입니다. 『성공한 여성들의 생각 비법: 능력 있는 사람이 가면증후군에 시달리는 이유와 이를 극복하고 성공하는 법The Secret Thoughts of Successful Women: Why Capable People Suffer from the Impostor Syndrome and How to Thrive in Spite of It』(Currency, 2011)을 쓴 발레리 영Valerie Young은 가면증후군을 앓고 있는 사람들의 다섯 가지 유형을 정의했습니다.

---

15 `http://communitypulse.io/24-imposter-syndrome`

구체적으로 어떤 유형이 있는지 살펴보겠습니다.

## 완벽주의자

완벽주의자는 스스로 높은 목표를 세우는 경향이 있습니다. 목표를 달성하지 못하면 회의감이 들고 다른 사람들이 기대하는 수준에 못 미칠까봐 걱정합니다. 목표를 달성하더라도 '더 잘할 수 있었는데' 하며 아쉬워합니다. 이런 감정을 해소하느라 과로를 하다 보니 번아웃으로 이어지기도 합니다. 결국 완벽주의, 업무 과부하, 번아웃이라는 헤어나올 수 없는 악순환이 시작됩니다. 이 경우 기대치와 우선순위를 재조정해야 합니다.

최고의 결과라고 느끼든 그렇지 않든, 성과를 기념하고 축하하는 것이 가면증후군을 물리치는 좋은 방법입니다. 완료한 프로젝트를 인정하면 가면증후군과 번아웃을 피할 수 있습니다.

B- 또는 C 점수를 받아들이는 것도 가면증후군을 극복하는 또 다른 방법입니다. 여러분이 하는 모든 일이 완벽할 수 없고, 사실 완벽할 필요도 없다는 것을 깨달아야 합니다. 스스로에게 조금 더 관대해지세요. 프로젝트를 잘 완수할 수 있으며 완벽하게 A+의 결과를 낼 필요도 없다는 것을 깨달으면 조금 더 자유로워질 수 있을 뿐만 아니라 번아웃으로부터 자신을 보호할 수 있습니다.

## 슈퍼맨, 슈퍼우먼

이 유형의 가면증후군은 주변 사람들의 기대에 부응하기 위해 자신을 몰아붙이며 일을 오래 붙들고 있거나, 존경을 받고 싶어 여러 프로젝트에 자원하는 사람들을 뜻합니다. 이들은 일 자체보다는 일을 끝낸 후 결과물에서 오는 희열에 중독되는 경향이 있습니다. 성과에 대해 기뻐하는 것은 건강한 습관이긴 하지만, 너무 거기에 매몰되는 것은 위험한 패턴이 될 수 있습니다. 만약 어떤 성과에 대해 다른 사람들의 칭찬을 받지 못한다면, 기대에 부응하지 못한 것처럼 느낄 수 있기 때문입니다.

다른 사람들의 평가에 의존하지 않고, 성과에 대해 잘 해냈다는 자신감을 키움으로써 자신의 결과물을 감상하는 여유와 더 건강한 워라밸을 가질 수 있습니다. 여러분의 목표나 주변 이해관계자들의 목표와 관련 없는 일을 수행할 때 동료들과 함께 기대치를 조정해보세요. 어렵겠지만 이렇게 조정하는 것이 장기적으로 큰 도움이 됩니다.

## 타고난 천재

어떤 사람들은 성공에 익숙해져 있습니다. 이 사람들은 학교에서 전 과목 A를 받거나 똑똑하다는 칭찬을 들으며 자랐습니다. 그래서 성공하기 어려운 새로운 도전이나 상황에 직면했을 때 답을 모른다는 것을 인정하는 데 어려움을 겪습니다. '천재'라는 자신의 정체성과 모순되기 때문입니다.

이 유형의 가면증후군을 극복하려면 여러분이 지금 하고 있는 업무를 생각해보세요. 어떤 분야에서 스킬이 부족하다고 느낄 때 자책하거나 도움을 거절하기보다는 항상 개선의 여지가 있음을 받아들이세요. 그리고 스킬을 향상할 구체적이고 실행 가능한 계획을 세워야 합니다.

## 굳건한 개인주의자

앞서 이야기했듯이, 모든 걸 다 알지 못한다는 게 약점이 아니라는 점을 인정하는 것이 중요하지만 간혹 이로 인해서 가면증후군이 생기기도 합니다. 굳건한 개인주의자는 독립성을 고집하면서 자신의 진짜 실력이 드러날까봐 두려워, 지식이 부족하다는 것을 결코 드러내지 않는 유형의 사람입니다.

데브렐은 다양한 주제에 대해 많은 정보를 알고 있어야 하기 때문에 균형을 잡는 것이 중요합니다. 데브렐 팀은 T자형 역량[16]에서 수직막대(한 분야에 대한 깊이)보다 수평막대(여러 분야에 걸친 폭넓은 경험)가 더 긴 형태를 보입니다. 그래서 다양한 주제와 부서로 확장될 수 있는 광범위한 영역을 다루지만, 한 가지 전문 영역을 깊이 있게 파고들기에는 시간이 부족할 수밖에 없습니다.

---

16  *https://en.wikipedia.org/wiki/T-shaped_skills*

다시 말하지만, 어떤 주제에 대해 잘 모른다는 것을 인정해도 괜찮습니다. 모른다는 것을 인정하면 오히려 여러분은 더 뻗어가며 성장할 수 있고, 더 많이 배울 수 있습니다. 그리고 주변 사람들에게 모든 것을 다 알고 있어서 다가가기 힘든 사람이 아닌, 공감대가 있고 친근하게 느껴지는 사람으로서 다가갈 수 있을 거예요.

## 전문가

이 마지막 유형에는 회사나 커뮤니티 내에서 전문가로 여겨지지만 막상 자신은 스스로를 전문가로 생각하지 않는 사람들이 속합니다. 앞서 언급한 굳건한 개인주의자나 스타 플레이어와 관련이 있죠. 이 유형에 속하는 사람들은 경험이 없거나 잘 모르는 영역에 노출되는 것을 두려워합니다. 자신이 속한 곳에서 전문가로서 다른 사람들의 본보기가 되고 있다는 것을 알고 있기 때문에 사람들을 실망시키고 싶지 않아 합니다.

어떤 사람을 무대 위에 올려놓으면 관련된 모든 사람들에게 상처를 줍니다. 무대 위에 올려진 사람이 다른 사람들과 다를 바가 없는데도 기대를 높이고 영웅으로 만듦으로써, 부족함과 잘못을 제대로 드러내지 못하게 만듭니다.

필요할 때 도움을 요청하는 것은 부끄러운 일이 아닙니다. 끊임없이 변화하는 시대에 발맞춰 가기 위해 새로운 스킬을 계속해서 쌓으며 노력하는 것은 커리어에 도움이 되지만, 지식을 쌓기만 하지 말고 실행에 옮기는 것이 더 중요합니다. 멘토링 프로그램에 참여하면 자신이 어느 주제에 대해 잘 알고 있는지를 깨달을 수 있어 가면증후군을 극복하는 데 좋은 수단이 될 수 있습니다. 자신이 알고 있는 것을 공유함으로써 다른 사람에게도 도움을 줄 뿐만 아니라 소속감을 높이고, 내가 가지고 있는 스킬이 다른 사람에게 나눠줄 만큼 가치 있다는 것을 깨닫는 데에도 도움이 됩니다.

눈치챘는지 모르겠지만, 번아웃과 가면증후군은 서로 밀접하게 연관되어 있습니다. 둘 다 자신에게 실력과 자격이 없다고 느끼게 하고, 자신을 증명하기 위해 더 열심히 일하게 만듭니다. 이는 불필요한 초과근무와 고립감을 초래할 수 있습니다. 누구도 여러분의 상황을 완전히 이해할 수 없을 겁니다. 누군가에게 여러분의 감정을 표현하려면 여러분의 부족함을 드러내야 합니다. 실제로 케이트 윈슬렛Kate

Winslett, 세스 고딘Seth Godin, 마야 안젤루Maya Angelou, 톰 행크스Tom Hanks, 셰릴 샌드버그Sheryl Sandberg, 닐 게이먼Neil Gaiman 등과 같은 사람들도 가면증후군을 경험한 적이 있습니다.

팀원이 가면증후군의 희생양이 되지 않도록 관리자 또는 이해관계자로서 적극적으로 대처해야 합니다. 질문하고 탐색하도록 장려하세요. 그리고 불완전한 지식을 바탕으로 무언가를 추측했을 때 이를 인정해주면서, 리스크를 감수하는 것을 한결 편안하게 느낄 수 있게 해주세요. 데브렐 팀의 팀원들이 프로덕트 로드맵이나 커뮤니티에 직접적인 영향을 주게 될 변화에 대해 논의할 수 있는 자리를 만들어주고, 여러분은 경청하면서 팀원들의 의견을 소중하게 생각하고 있다는 것을 보여주세요. 커뮤니티 전문가로서 팀원들의 피드백은 의사결정 과정에서 중요하게 다뤄져야 합니다. 하지만 데브렐 팀은 의사결정 과정에 처음부터 참여하지 않기 때문에 이미 새 기능이 출시되거나 가격 정책이 바뀌고 난 후에나 이런 기회가 주어지는 경우가 많습니다. 데브렐 팀을 이러한 대화에 포함시킨다면, 팀원들이 자신의 전문성에 대해 자신감을 가지게 될 뿐만 아니라 피드백이 잘 반영됨으로써 프로덕트에 대한 커뮤니티의 신뢰도 높일 수 있습니다.

## 불신과의 싸움

데브렐이 성공하려면 개발자 커뮤니티로부터 큰 신뢰를 받아야 합니다. 당연한 것처럼 보이겠지만, 이는 결코 간단하지 않습니다. 영업 팀, 마케팅 팀, 엔지니어링 팀에서는 프로덕트 로드맵을 변경하거나 서비스를 조금 과장해서 홍보하거나 지나칠 정도로 광고를 하는 경우도 있기 때문에, 개발자들은 데브렐 팀이 핵심만 전달하고 진실을 이야기해줄 것을 기대합니다.

마이크로소프트의 시니어 디벨로퍼 애드보케이트인 애슐리 맥나마라Ashley McNamara는 디벨로퍼 애드보커시[17]에 대해 다음과 같이 이야기합니다.

---

17 *https://medium.com/@ashleymcnamara/what-is-developer-advocacy-3a92442b627c*

디벨로퍼 애드보케이트가 된다는 것은 사람들이 가장 필요로 할 때 도움의 손길을 내밀거나, 프로덕트가 방향성을 잃었을 때 중간에서 타협할 존재가 된다는 것을 의미합니다. 이러한 대화를 잘 나누기 위해서는 신뢰가 있어야 합니다. 디벨로퍼 애드보케이트의 일은 명확하게 전달하고, 혹 지나칠 수도 있는 것들을 부각하고, 아무것도 없는 곳에 길을 터줌으로써 신뢰를 굳건히 쌓는 것입니다. 커뮤니티를 위한 진정한 지지자가 되는 것이죠. 이 과정에서 때로는 소속된 조직 내부 사람들을 화나게 할 수도 있지만 이를 두려워해서는 안 됩니다.

이러한 신뢰, 즉 사회적 자본은 얻기 어려울 뿐만 아니라 잃기도 쉽습니다. 사회적 자본은 개발자와 좋은 상호작용을 할 때마다 쌓이고, 나쁜 상호작용을 할 때마다 깎여나갑니다. 안타깝게도 3장에서 보았던 것처럼 개발자 커뮤니티의 신뢰에서 멀어지는 것은 한순간이고 나쁜 상호작용 사례들은 가십거리들을 만들어냅니다. 신뢰는 좋은 상호작용으로 아주 조금씩 쌓이지만, 나쁜 상호작용으로 순식간에 사라질 수 있습니다. 10장에서 퍼스널 브랜딩에 대해 다루며 더 자세히 설명하겠지만, 개발자에게 여러분과 팀이 신뢰할 수 있는 리소스임을 말뿐 아니라 행동으로 보여주는 것이 매우 중요합니다.

문제는 여러분의 의견을 회사가 뒷받침해주지 않을 때 옵니다. 커뮤니티로부터 받은 피드백을 여러 팀에 전달할 수는 있지만, 의사결정을 내리는 자리에 여러분이 없다면 결정에 개입할 수 있는 여지가 사라집니다. 커뮤니티 멤버들과 이야기를 나눈 후 그 결과가 어떻게 되느냐에 따라 회사의 평판과 퍼스널 브랜드가 달라질 수 있습니다. 이 경우, 회사에 피드백을 전달했으나 여러 비즈니스적인 이유로 다른 방향으로 가기로 결정됐다고 커뮤니티 멤버에게 이야기해주는 것도 신뢰를 유지하는 방법이 될 수 있습니다. 그 비즈니스적 이유가 무엇인지까지 설명해준다면 더 많은 신뢰를 얻을 수 있을 겁니다. 하지만 이 사회적 자본을 현명하게 사용하세요. 이 방법을 너무 자주 사용한다면 개발자들은 여러분의 회사가 비즈니스적 이유를 커뮤니티보다 더 중요하게 생각한다고 받아들이기 시작할 겁니다.

# 트위터가 개발자 커뮤니티의 신뢰를 회복한 방법

트위터의 디벨로퍼 애드보케이트 글로벌 책임자인 앤디 피퍼Andy Piper는 "신뢰를 얻기는 어렵지만 잃기는 쉽습니다"라고 말합니다. 몇 년 전, 온라인 뉴스 및 소셜 네트워킹 서비스인 트위터는 개발자들에게 그닥 인기가 없었던 API 몇 가지에 변화를 주었습니다. 이 API들은 개발자 그룹의 신뢰를 잃으면 큰일 나는 종류의 비즈니스와는 거리가 멀었습니다. 그런데 전체적인 유저 기반에 더 좋은 영향을 주기 위해 변경을 하는 과정에서 기존에 제공되던 일부 특권이 사라진다면 어떻게 될까요? 앤디는 이 문제에 어떻게 접근했는지에 대해 다음과 같이 이야기했습니다.

"지난 몇 년 동안, 유저를 보호해야 할 필요성이 그 어느 때보다도 커졌습니다. 그래서 개발자가 기존에 할 수 있었던 일들에 제약을 두어야 하는 상황이 생겼습니다. 예를 들어, 여러 계정에 한 번에 포스팅할 수 있는 기능을 더 이상 지원 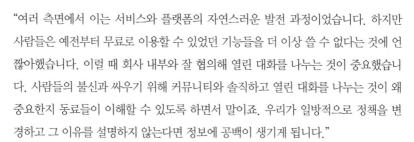 하지 않게 되었는데, 타 유저를 트롤링할 가능성 때문이었습니다."

"여러 측면에서 이는 서비스와 플랫폼의 자연스러운 발전 과정이었습니다. 하지만 사람들은 예전부터 무료로 이용할 수 있었던 기능들을 더 이상 쓸 수 없다는 것에 언짢아했습니다. 이럴 때 회사 내부와 잘 협의해 열린 대화를 나누는 것이 중요했습니다. 사람들의 불신과 싸우기 위해 커뮤니티와 솔직하고 열린 대화를 나누는 것이 왜 중요한지 동료들이 이해할 수 있도록 하면서 말이죠. 우리가 일방적으로 정책을 변경하고 그 이유를 설명하지 않는다면 정보에 공백이 생기게 됩니다."

"그래서 우리 팀은 지난 몇 년 동안 비행기를 타고 여러 지역에서 열리는 콘퍼런스에 참여하고 행사에서 발표를 하며 시간을 보냈습니다. 공개 포럼에서 사람들과 일대일로 솔직한 대화를 나눴고요. 겸손하고 정직하게 대하려 노력했고, 실수했을 때는 항상 미안하다고 말하고, 우리의 선택에 대한 커뮤니티의 반응에 공감했습니다. 커뮤니티와 관계를 맺는 법과 일관성 있는 메시지가 중요했고, 그만큼 커뮤니티에 감사하는 것이 더 중요하다는 점을 배웠습니다."

"커뮤니티가 우리 팀을 다시 신뢰하기 시작했다는 것을 보여주는 전통적인 '지표'는 없지만, 우리가 올바른 방향으로 가고 있다는 것을 말해주는 몇 가지 성공의 척도가 있습니다. 제가 트위터에 입사했을 당시 저는 회사에 대한 존경심이나 신뢰가 없었는데, 지금은 지지자가 되었습니다. 트위터 개발자 커뮤니티도 전 세계적으로 성장했고, 현재 6개 대륙에서 정기적인 모임이 이뤄지고 있습니다. 그리고 우리가 만든 포럼에도 커뮤니티 멤버들이 참여하고 있죠."

"요컨대 열정과 인내심을 갖고 진정성을 갖추면 개발자들의 참여를 이끌어낼 수 있고, 플랫폼에 대해 솔직하고 열린 대화를 나눌 수 있습니다. 사람들의 이야기를 듣고자 하는 여러분의 의지와 바람을 표현하고 행동으로 옮겨 실천하세요. 그러면 커뮤니티의 신뢰를 회복하고 좋은 관계를 다시 구축할 수 있는 기회를 얻을 수 있습니다."

---

프로덕트가 오픈소스인데 내부 엔지니어들만 기여하는 경우에도 신뢰에 문제가 생깁니다. 커뮤니티로부터 온 기여가 없는데 그들의 기여에 여러분이 감사하고 환영한다는 것을 어떻게 전할 수 있을까요? 많은 사람들이 후기가 별로 없는 식당에 가는 걸 망설이거나 이전 여행자들의 리뷰가 없는 에어비앤비 숙소를 예약하는 걸 망설이는 것처럼, 첫 번째 기여자를 찾기가 어려울 수 있습니다. 여기서 네트워크가 중요합니다. 여러분이 만들고 있는 프로덕트에 관심이 있는 커뮤니티 멤버를 알고 있나요? 초기 기여자를 유치하기 위해 그들의 네트워크를 어떻게 활용할 수 있을까요? 이미 여러분을 신뢰하고 있는 커뮤니티 멤버와 함께 시작한다면, 다른 관련 커뮤니티와도 신뢰를 쌓을 수 있을 겁니다.

현실적으로 신뢰를 쌓는 데는 시간이 많이 걸립니다. 많은 기업들이 개발자 커뮤니티와 관계를 쌓기 위해 데브렐을 시작하지만 이는 만능열쇠가 아닙니다. 신뢰를 쌓는 방법은 커뮤니티에 대해 알고, 팀의 목표를 만들고, 회사에 가치를 다시 돌려놓는 방법과 같습니다. 바로 개발자 오디언스의 트렌드에 대해 듣고, 관찰하고, 파악하는 것입니다. 주요 이해관계자들을 파악하고 핵심 문제 영역이 무엇인지 알아보세요. 그들을 알아가는 데 시간과 에너지를 투자한 후, 그 사람들에게 프로덕트뿐 아니라 다른 커뮤니티에 환원하는 데 도움이 될 방법을 인식시키기 시작하세요.

많은 기업들이 첫 두 단계를 건너뛰려고 해서 문제가 발생합니다. 하지만 이를 관계 형성이라는 관점에서 접근한다면, 왜 우리가 이러한 과정을 따라야 이점을 얻을 수 있는지 이해할 수 있을 것입니다. 여러분이 누군지도 모르는데 커뮤니티 멤버들에게 프로덕트에 먼저 관심을 가져달라고 설득하거나, 여러분이 진심으로 커뮤니티를 최우선으로 생각하고 있다는 것을 증명하기는 불가능한 일에 가깝습니다. 하지만 시간을 들여 투자한다면 커뮤니티 멤버들은 여러분의 호의에 기꺼이 보답할 것입니다.

# 퍼스널 브랜드 만들기

데브렐 전문가로서 퍼스널 브랜드는 회사 브랜드만큼 중요합니다. 이에 대해 기억해야 할 두 가지 중요한 점이 있습니다. 먼저 여러분은 회사를 대표하는 공식적인 얼굴이라는 점입니다. 여러분의 개인적인 견해는 회사의 의견을 반영합니다. 또 여러분이 가지고 있는 플랫폼을 활용해 회사가 커뮤니티를 위해 하고 있는 좋은 점들을 널리 알릴 수도 있습니다.

## 회사를 대표하게 되는 나의 의견

온라인이든 오프라인이든, 공개적인 환경에서 하는 모든 일은 여러분의 회사를 직접 반영하는 것이 될 수 있습니다. SNS 프로필에 '포스팅 내용은 제 개인적인 견해이며 회사를 대표하지 않습니다'라고 써두는 경우를 볼 수 있습니다. 그렇게 쓴 의도가 이해는 갑니다. 하지만 여러분이 회사를 공식적으로 대표하는 경우, 이 문구를 써둔다고 해서 나중에 SNS에 올린 내용으로 부적절한 일이 생겼을 때 면책 사유가 되거나 고용주가 여러분을 해고할 수 없다는 건 아닙니다. 여러분의 의견, 생각, 포스팅은 실제로 여러분의 회사를 반영할 수밖에 없습니다. 왜냐하면 2~3장에서 이야기했듯이 여러분은 회사와 커뮤니티를 잇는 다리 역할을 하기 때문입니다. 개인 SNS도 마음대로 못 하냐고 생각할지도 모르겠지만, 이것이 데브렐 전문가로서 우리가 살아가는 현실이며 받아들여야 할 부분입니다.

어떤 사람들은 계정을 2개 만들어서 이 문제를 해결하기도 합니다. 커뮤니티와 교류하고 회사의 게시물을 공유하거나 개발자 콘텐츠를 홍보하기 위해 사용하는 대외용 계정 하나, 가까운 친구나 가족들과 사용하는 비공개 계정 하나, 이런 식으로요. 또 어떤 사람들은 트위터를 대외용 SNS으로 사용하고 페이스북은 친구나 가족과 소통하는 SNS로 사용합니다. 이렇게 공과 사를 분리하기 위한 여러 노력들이 있지만, 업무용 계정에 쓰기 어려운 내용은 개인용 계정에도 쓰면 안 된다는 것이 제 생각입니다.

물론 저는 제 SNS에 개인적인 내용들도 모두 올리고 있습니다. 강아지 엠버와 파트너인 제레미의 사진, 커뮤니티와 관련된 이슈에 대한 메시지들, 저의 글쓰기 여정[1]을 제 SNS에서 보실 수 있습니다. 하지만 정치적 이슈나 개인적인 문제, 커뮤니티에 대한 좋지 않은 이야기 등은 올리지 않습니다. 만약 여러분이 커뮤니티 구축의 일환으로 콘퍼런스에서 발표하고, 대화에 참여하고, 커뮤니티에 더 깊게 관여하는 것 외에도 퍼스널 브랜드를 만들기 시작했다면 새로운 SNS를 사용하게 될 수도 있습니다. 저는 여러분이 그 SNS를 다양성과 포용력에 대해 이야기하고, 커뮤니티가 더 나아질 수 있도록 사람들의 의견과 목소리를 널리 전하는 용도로 활용하길 권합니다.

## 선한 영향력 전하기

커뮤니티 관리자로서 여러분이 맡은 일과 상관없는 상황을 해결해야 하는 경우도 있을 수 있습니다. 커뮤니티에서 여러분의 역할이 커지고 회사의 '얼굴'이 되면서 점차 어려운 상황을 헤쳐나가야 하는 일들이 생깁니다. 이렇게 공과 사의 경계에서 회사를 대표하는 사람이 되어가는데, 이는 특별하면서도 보람 있는 도전이 될 수 있습니다. 어떨 때는, 아주 열정적이지만 커뮤니티에 좋은 영향보다는 해를 끼치는 멤버를 다뤄야 하는 어려운 상황도 마주하게 될 수 있습니다. 또 회사의 커뮤니케이션 방식에 불만을 품은 개발자에게 직접 메시지를 보내야 할 수도 있습니다. 이 경우 소셜 미디어 담당자에게 해당 상황을 공유한 후 여러분이 개인적으로 이 일을 처리하게 되곤 하죠. 경쟁사와의 싸움을 내려놓고 업계의 문제를 해결하기 위해 사람들을 모으는 일을 하게 될 수도 있습니다.

---

1  이 책을 집필하는 과정에 대해서는 다음과 같이 포스팅했습니다.
   *https://twitter.com/i/moments/983238008429133825*

마찬가지로 커뮤니티 멤버의 영향력을 키울 수 있는 기회가 왔을 때, 여러분은 독창적인 아이디어를 내서 사람들의 주목이 더 필요한 것들로 이목을 돌려줄 수 있습니다. 회사의 게시물을 공유하거나, 지난 몇 달 동안 열심히 적극적으로 활동해준 커뮤니티 멤버에게 개인적으로 감사의 마음을 전할 수도 있고요. 새로운 커뮤니티 멤버를 알아보고 인사하거나 핵심 멤버들과 뉴비Newbie들을 서로 연결해 전문성을 키워줄 수도 있습니다.

3장에서 이야기한 것처럼, 개인적인 인맥을 활용해 사람들을 커뮤니티로 끌어들이는 여러분의 능력은 회사가 기울이고 있는 노력에 가치를 더하는 핵심이 될 수 있습니다. 그러니 개인 SNS 계정으로 특정 사람들하고만 교류하지 말고 회사 동료들과 다른 커뮤니티 멤버들을 서로 소개해주며 연결점을 만들어주세요. 그렇게 하지 않으면 나중에 여러분이 회사를 그만두게 될 경우, 커뮤니티 멤버와 프로덕트 간의 연결점이 사라지게 됩니다.

여기서 중요한 것은 균형입니다. 몇몇 데브렐 전문가는 개발자 커뮤니티에서 '인플루언서'로 활동하고 있는 이력 때문에 회사에 스카우트되기도 합니다. 이런 포지션도 가치 있는 자리이긴 합니다. 하지만 여러분의 네트워크를 그저 활용하기 좋은 인맥으로 보는 회사 사람들로부터 잘 지켜내는 동시에, 여러분이 계속해서 커뮤니티에서 활발하게 활동하며 커뮤니티 멤버들을 회사의 동료들과 연결해줄 수 있게 회사가 인정해줄지를 꼭 확인해야 합니다. 특히 회사가 인플루언서인 여러분을 지금 하고 있는 업무를 홍보할 수 있는 채널과 플랫폼으로 활용하려고 할 때 이 균형을 유지하기 어려울 수 있습니다. 회사의 의견에 맹목적으로 동의하기보다 커뮤니티에 좋은 콘텐츠를 계속해서 기여할 수 있는가를 확인해야 합니다.

적절한 균형을 유지하기 위해 여러분만의 주관을 갖는 것이 중요합니다. 회사 게시물을 그냥 공유하지 말고 코멘트와 함께 공유하는 것이 좋습니다. 공유한 내용이 어떤 측면에서 중요하고 커뮤니티에 도움이 될지, 이 글이 왜 인상 깊은지 적어보세요. 커뮤니티 멤버의 기여에 대한 내용이라면 그 멤버에 대한 소개를 적어도 좋고, 글 이면에 있는 비하인드 스토리 등을 알고 있다면 그 내용을 같이 적어주는 것이 훨씬 도움이 됩니다. 회사 콘텐츠에 여러분의 목소리를 더함으로써 회사의 메시지를 널리 전달할 수 있을 뿐만 아니라 신뢰도 높일 수 있습니다. 프로덕트가 여러분의 개인 프로젝트, 활용 사례, 해커톤 앱 등에 어떻게 영향을 미쳤는지 알아보세요. 온라인에서든 오프라인에서 직접 만나든, 커뮤니티와 함께 대화를 나누면 여러분이 하는 말들이 그냥 회사 업무 차원에서 형식적으로 하는 말들이 아니라 한 개인, 한 사람으로서 하는 이야기라는 것을 오디언스들도 알아줄 것입니다.

마케팅 팀이나 영업 팀에서 특정 영역의 커뮤니티에 대한 컨택 포인트를 요청하는 경우도 있을 텐데, 이런 요청을 어떻게 해야 할지 결정을 내려야 할 때도 있습니다. 4장과 6장에서 다룬 것처럼 컨택 포인트를 알려주고 '배턴 터치'를 하는 것이 적절한 상황도 있지만, 그렇게 하기보다 여러분이 직접 모든 관계를 챙기고 싶을 수도 있습니다. 이 두 결정 사이에서 무엇을 택할지는 다음과 같은 질문을 던지며 직감적으로 판단해보세요. 누가 그 요청을 했나요? 누구를 소개해달라고 했나요? 그 사람은 커뮤니티의 중요성을 잘 이해하고 있나요? 아니면 커뮤니티 멤버를 그저 계약을 체결하기 위한 비즈니스적 기회로만 바라보고 있나요?

컨택 포인트를 넘겨서 연결해주는 것이 회사와 커뮤니티 멤버 모두에게 좋은 기회라고 생각한다면, 커뮤니티 멤버에게 간단하게 이메일을 써서 소개하고 싶은 동료가 누구인지, 그 동료가 왜 소개받고 싶어 하는지를 설명해주세요. 여러분이 직접 챙기는 것이 좋겠다고 생각한다면, 먼저 그렇게 생각하는 배경이 마이크로 매니징하고 싶은 욕구나 약간의 가면증후군 때문인 것은 아닌지 잠시 고민해보세요(9장에서 다룬 가면증후군을 퇴치하는 방법을 참고하세요). 그래도 역시 이 관계를 직접 챙기는 게 맞다고 생각한다면(예를 들어, 그 커뮤니티 멤버가 중요하면서 동시에 굉장히 예민한 사람이라던가, 커뮤니티에서 큰 영향을 끼치는 사고 리더여서 관계를 망칠 위험을 감수하고 싶지 않은 경우) 먼저 소개를 요청한 이해관계자와 미팅 일정을 잡으세요. 공감하고 이해하려는 자세로 현재 상황에 대해 설명하면서 어떻게 도울 수 있는지 물어보세요. 커뮤니티 멤버를 소개해주기 전에 전체적인 상황을 이해하고 상대가 원하는 결과가 무엇인지 확인한 후 연결해주세요.

9장에서 사회적 자본을 다루는 것에 대해 얘기했던 것처럼, 누구를 서로 소개해준다는 큰 부탁을 들어주는 것이 과연 그럴 만한 가치가 있는지 확인하고 싶겠죠. 이러한 요청을 들어주는 것으로 비즈니스를 연결해 돈을 버는 것에는 한계가 있습니다. 이런 일이 계속 일어난다면 커뮤니티 멤버들은 여러분이 회사의 앞잡이이며 커뮤니티를 진심으로 여기지 않는다고 생각할 것입니다(항상 커뮤니티를 최우선으로 두는 것에 대해서는 7장을 참고하세요).

## 나만의 커뮤니티 키우기

커뮤니티를 키우는 것은 여러분과 회사 모두에 좋은 일입니다. 회사는 여러분을 채용함으로써 여러분의 네트워크까지 가져오게 되고, 이 네트워크를 활용해 회사를 홍보하는 것이 여러분의 역할 중 하나입니다. 최근에 출시한 프로덕트 또는 배운 점과 결이 맞는 콘퍼런스에서 발표를 하거나, 주변 친구들에게 새로운 기능을 테스트해달라고 요청하거나, 회사 소셜 미디어의 게시물을 공유하거나, 커뮤니티에서 활동하며 알게 된 사람들이나 장소들을 전략적으로 활용하는 능력 등은 여러분의 가치를 더 높여줍니다.

3장에서 이야기했듯이, 이를 위해서는 회사의 새로운 영역을 탐색하는 동시에 여러분만의 커뮤니티 연결성을 유지해야 합니다. 이전 회사의 커뮤니티뿐 아니라 콘퍼런스, 프로그래밍 언어, 네트워크 행사에 관련된 사람들과도 계속해서 관계를 유지해야 하죠. 이는 SNS에서 서로 팔로우 관계를 유지하는 것부터 다양한 슬랙 채널에서 느슨한 존재감을 유지하는 것, 커뮤니티 멤버들이 자주 참석하는 모임에 가는 것까지 모든 것을 의미할 수 있습니다.

저는 오라일리 미디어에 있는 동안 데브옵스와 웹 퍼포먼스 커뮤니티에서 활동했습니다. 또 메이커와 하드웨어 영역에도 손을 댔고 전국의 메이커 페어에 도움을 주기도 했습니다. 셰프가 데브옵스 분야에서 논리적인 발전을 이루고 있을 때 저는 웹 퍼포먼스 커뮤니티에서 계속해서 활동하며 가끔 샌프란시스코 HTML5 밋업에도 참여했습니다. 그리고 트위터로 알고 지내는 몇몇 저자들, 콘퍼런스 발표자들과 계속 교류했지요. 스파크포스트로 이직하면서 갑자기 이 인맥이 제 업무와 밀접한 연관성이 생겼습니다. API를 위한 클라이언트 라이브러리를 개선하고 프런트엔드 개발자 콘퍼런스에 자주 참여하게 되면서요. 메이커와 오픈소스 세상 간에도 점점 접점이 늘어나면서 새로운 오픈소스 프로젝트를 론칭하기 위한 피드백을 얻기 위해 몇 년 전 알고 지내던 사람들에게 다시 연락하는 계기가 되기도 했습니다. 6장의 인터뷰 사례에서 이야기했듯이 데브옵스가 다시 등장하게 되었을 때, 저는 오디언스들에게 더 나은 서비스를 제공하기 위해 가장 가까운 사람 몇 명을 불러서 이메일 서버를 관리하는 것에 대해 머리를 굴리기도 했습니다.

요즘 제 모든 사업은 인간관계에 기반을 두고 있습니다. 몇 년 전에 알게 된 사람들에게서 회사의 커뮤니티 전략을 개선하는 법에 대해 도움을 줄 수 있는지 물어보는 연락이 오곤 합니다. 커뮤니티 빌더인 친구들은 이 책과 뉴스레터[2]를 홍보하는 데 도움을 주고 있고, 뿐만 아니라 그들의 이야기를 기고해주기도 합니다. 또 데브옵스 쪽 사람들과는 CFP와 REdeploy[3]를 통해 다시 알고 지내게 되었습니다.

제가 아는 수십 명의 데브렐 전문가들은 공식적인 채용 공고에 지원해본 적 없이 그들이 그동안 쌓은 네트워크를 통해 이직을 했습니다. 커뮤니티에서 활발하게 활동하며 주요 인사들과 좋은 관계를 쌓고 있었기 때문입니다. 커뮤니티에서 자신의 가치를 쌓음으로써 이들은 사람들을 서로 소개해주고, 블로그 글 기고나 발표 등 새로운 기회를 커뮤니티 멤버들에게 주거나 업계를 위해 리소스를 제공하는 사람들의 목소리를 더 널리 퍼뜨리고, 이를 통해 회사에 자신의 가치를 적극적으로 증명했습니다.

2장에서 이야기했듯이, 회사가 커뮤니티에 제공하는 특정 리소스에서 한 단계 더 나아가 도움을 주고 교류를 한다면 여러분이 커뮤니티를 위해 최선을 다하고 있음을 보여줄 수 있습니다. 이는 여러분을 커뮤니티로부터 사랑받게 하고 회사에 대한 신뢰도 높여줍니다. 이러한 상호작용은 "나 거기서 일하는 사람 알아! 거기는 정말 좋은 회사야"라는 이야기에 불씨를 키워줍니다. 커뮤니티가 여러분의 프로덕트를 얼

---

2  매주 목요일에 발송하는 데브렐 위클리(DevRel Weekly)는 관련 기사, 채용 공고 및 행사를 소개하는 주간 뉴스레터로, 여러분의 기고로 큐레이팅하고 있습니다(*https://devrelweekly.com*).

3  REdeploy는 레질리언트 코드, 팀, 사람 간의 상호작용과 교차점을 탐구하는 콘퍼런스로, J. 폴 리드(J. Paul Reed)와 제가 공동으로 운영하고 있습니다. 첫 번째 콘퍼런스는 2018년 8월(*https://re-deploy.io*)에 개최했습니다.

마나 잘 알고 있는지와 상관없이, 여러분과의 상호작용을 바탕으로 프로덕트에도 좋은 인상을 갖게 되고, 때로는 무의식적으로 여러분뿐 아니라 여러분 회사에도 열렬한 지지자가 됩니다.

## 진정성 담기

이렇게 상호작용하고 깊은 관계를 형성할 때 가장 중요한 것은 바로 진정성입니다. 공개된 장소에서 말을 조심하라고 했던 처음의 조언과 상충되는 것처럼 보일 수 있지만, 저는 여전히 회사를 대표하면서도 진정성 있는 자기 자신이 될 수 있는 방법이 있다고 생각합니다.

### 자기 자신을 빛내기

트위터에서 활동하는 몇몇 기술 사고 리더들을 살펴보면 자기 자신의 모습을 보여주길 두려워하지 않습니다. 반려동물, 취미, 가족에 대해 이야기하기도 하고 무엇을 먹었는지, 지난 주말 어떤 개인 기록을 세웠는지, 어디로 휴가를 가는지 등에 대해서도 말합니다. 어떤 사람들은 열심히 GIF 짤[4]을 올리기도 하고, 비트모지의 달인이 된 사람도 있습니다. 하루 종일 속마음을 솔직하게 터놓고 이야기하는 사람도 있고, 보여주고 싶은 모습을 신중하게 포스팅하는 사람도 있습니다. 사람들이 여러분의 유머나 커뮤니케이션 방식을 좋아하는 한, 커뮤니티와 온라인상에서 교류하는 '올바른' 방법이나 '잘못된' 방법은 따로 없습니다.

여러분에게 영감을 주는 주제에 대해 공유하세요. 사람들에게 어떤 문제에 대한 의견을 물어보세요. 비슷한 주제에 관심이 있거나 글 내용이 도움이 될 것 같은 사람들을 태그해보세요. 마음에서 우러나오는 글을 쓰고 공유하며 진정성을 담으세요. 그러면 다른 사람들이 여러분의 진심을 알게 되고 그들 나름대로의 방식으로 보답하려 할 것입니다.

---

4  개러스 그리너웨이(Gareth Greenaway)는 GIF 짤 장인으로 솔트스택(Saltstack)의 소프트웨어 개발자입니다. 트위터는 @garethg

# 타오스의 왕관

퍼스널 브랜드를 구축하는 것은 때로 회사 브랜드를 구축하는 것과 직결되기도 합니다. 타오스Taos의 커뮤니티 매니저 줄리 건더슨Julie Gunderson이 바로 이러한 사례의 주인공인데요, 타오스는 애플리케이션 관리를 현대화할 수 있도록 통합적 솔루션을 제공하는 회사입니다.

"2015년에 사우스 캘리포니아 리눅스 엑스포SCaLE가 처음 열렸는데, 저는 이 행사에서 타오스를 다른 회사들과 차별화할 수 있는 무언가를 하고 싶었습니다. 브레인스토밍을 하면서 제가 이전에 참석한 행사들에서 다양성과 포용력에 대해 나눴던 많은 대화를 떠올렸는데, 이 또한 제가 열정을 가지고 있는 주제입니다. 이 열정으로부터 '데브옵스 프린세스DevOps Princess'에 대한 아이디어가 떠올랐고, SCaLE에서 '공주 왕관'을 나눠주면 좋겠다고 생각했습니다."

"콘퍼런스 행사장에 도착하자마자 저는 질 룰로Jill Rouleau를 우연히 만났는데, 질 룰로는 이 아이디어를 좋아했습니다. 왕관을 사러 가는 길에 차를 태워주겠다고까지 했죠. 우리는 왕관 30개를 사서 돌아왔고, 사람들에게 '데브옵스 프린세스'가 되는 것이 어떤 의미인지에 대해 이야기해주기 시작했습니다. '데브옵스 프린세스'는 다른 사람들을 진정으로 감싸고 지지하며, 이름에 '공주'라는 단어가 들어가지만 성별에 상관없이 누구나 세상을 더 좋게 만들기 위해 노력하는 사람이라는 것을요. 누구나 데브옵스 프린세스가 될 수 있습니다."

"왕관을 커뮤니티 멤버들에게 나눠주었더니 다들 머리에 이 왕관을 쓰고 돌아다니기 시작했고, 점점 입소문을 타기 시작했습니다. 여기에 더 불을 지핀 것은 한 강아지가 이 왕관을 쓰고 자신도 데브옵스 프린세스 마스코트가 될 수 있냐고 묻는 트윗이 올라오면서부터였습니다.[5] 얼마 지나지 않아 다른 커뮤니티 멤버들도 왕관에 대한 트

---

5 https://twitter.com/ember_dog/status/569246196759277569

윗을 올리기 시작했고[6] 그 트윗 수에 깜짝 놀란 제 팀장님이 저에게 전화를 하기까지 했습니다. 이 모든 게 다 제가 사온 30개의 왕관으로부터 시작된 일이죠."

"이 왕관은 제 퍼스널 브랜드뿐 아니라 회사 브랜드의 상징적인 존재가 되었습니다. 저는 이 경험을 바탕으로 이그나이트 벨로시티Ignite Velocity 발표장에서 '데브옵스 프린세스'가 된다는 것의 의미에 대해 강연을 하기도 했습니다. 타오스는 실리콘밸리에서 열린 데브옵스 데이를 후원하며 발표자들에게 한정판 왕관을 선물하기도 했습니다. 사람들은 행사장에서 저를 만날 때마다 왕관이 있는지 물어보기 시작했어요. 왕관을 타오스의 굿즈로 인식하기 시작했고, 제가 그 아이디어를 낸 사람이라는 것도 알려졌습니다. 타오스의 왕관은 다양성과 기술 산업에 대한 저의 열정에 대해 이야기할 수 있는 더 큰 기회들을 가져다주었고, 타오스에 많은 여성 리더들이 있다는 사실도 알릴 수 있었습니다."

"왕관은 제게 기회의 문을 열어주었습니다. 강연 후에는 IT 업계의 사고 리더들과 만날 수 있었고, 저의 전체적인 커리어 궤도를 커뮤니티 구축으로 피보팅할 수 있었습니다. 이 브랜드를 만들면서 저는 인지도가 높아졌고 사람들 사이에서 두각을 나타낼 수 있었습니다. 지금까지도 사람들은 행사에 왕관을 쓰고 와서 신이 난 표정으로 저에게 보여주곤 합니다."

"브랜드 인지도를 쌓으려면 커뮤니티가 필요합니다. 이번 사례도 다르지 않았습니다. 제 브랜드가 성공할 수 있었던 이유는 SCaLE 콘퍼런스에 참여했던 분들이 저를 지지해주고, 회사도 저를 믿고 리스크를 감수해주었고, 커뮤니티 멤버들이 트위터로 왕관에 대해 널리 알려줬기 때문입니다. 이 경험은 때론 리스크를 무릅쓰고 파격적인 아이디어를 추구할 가치가 있다는 것을 보여줬습니다. 그것이 퍼스널 브랜드뿐 아니라 회사 브랜드에 어떤 영향을 미칠지는 미지수이지만요."

---

6  *https://twitter.com/mary_grace/status/569316539989516289*를 참조하세요.
   전 아직 이 왕관을 가지고 있어요!

## 선 넘지 않기

10장에서는 퍼스널 브랜드와 회사 브랜드 간의 균형에 대해 많은 이야기를 나누었습니다. 유의할 점 한 가지만 더 말씀드릴게요. 지나치게 선을 넘지 않도록 조심하세요. 종교적·정치적 성향이 어떤지, 개인 프로젝트가 어떻게 진행되고 있는지, 오늘 먹은 음식이 무엇인지 등 사람들은 여러분이 누구인지 알고 싶어 하지만 여러분의 사생활과 관련된 지나친 공유는 퍼스널 브랜드에 영향을 줄 수 있고, 때로 그로 인한 문제가 회사로까지 이어질 수 있습니다.

줄곧 이야기했듯, 여러분의 견해는 여러분만의 것이 아닙니다. 회사를 공식적으로 대표하는 얼굴로서, 여러분이 온라인에서 공유하는 개인적인 이야기들로 인해 사람들이 회사를 나쁘게 보지 않도록 더욱 조심해야 합니다. 그래서 많은 사람들이 개인용 SNS 계정을 별도로 만들어 업무용 계정과 분리하고 있습니다.

전체 공개된 블로그 게시물, 콘퍼런스 발표, 소셜 미디어 게시물에는 모두 비용 편익 분석Cost-benefit Analysis이 적용될 수 있습니다. 예를 들어, 정치적 견해를 가지고 사회의 변화를 외치는 용도로 SNS를 사용한다면 여러분의 커리어 기회에 제한이 있을 수 있지만, 동시에 솔직하고 정직하게 의견을 피력한 것에 대한 공감과 존경을 보내는 사람들도 있을 겁니다.

마지막으로, 여러분이 관여한 무언가가 성공했을 때 적극적으로 공유해서 다른 사람들이 알고 칭찬해줄 수 있도록 하세요. 예정된 발표나 연설을 홍보하는 것도 좋지만, 사람들이 그 글을 보고 여러분이 얼마나 준비하고 노력했는지를 아는 것과 오만하다고 생각하게 되는 것은 한 끝 차이입니다. 저는 이런 홍보성 글을 올릴 때, 글에 대한 다른 사람들의 긍정적인 반응도 살짝 공유하곤 합니다. 제 관점과 다른 글일 경우에는 특히 더요. 이런 방식으로 커뮤니티의 목소리를 널리 전할 수 있을 뿐만 아니라 제 퍼스널 브랜드도 키울 수 있었습니다.

## 공감하는 법 연습하기

전 세계 커뮤니티 멤버들과 교류하기 시작한다면, 공감하는 법을 연습하는 것도 잊지 마세요. 어떤 사람에게 유용했던 해결책이 다른 사람에게도 잘 적용되리라는 법은 없습니다. 여러분과 회사가 한 일이나 발언에 대해 심술궂게 굴거나 진심으로 화를 내는 사람들을 마주치게 될 수도 있습니다.

이런 상황에 적절하게 대응하려면 공감하는 법을 연습하고, 반응하기 전에 먼저 잘 경청하고, 그들이 처한 상황과 그들이 어디서 왔는지를 완전히 이해하기 위해 최선을 다하는 자세가 중요합니다. 때로는 그저 화를 풀 수 있도록 해주는 것이 그들에게 필요한 전부일 수도 있습니다. 만약 누군가 상식적인 선을 넘어 좌절감에 대해 공개적으로 표출하고 있다면, 우선 잘 살펴보세요. 그 좌절감 이면에서 여러분에게 도움이 될 어떤 멋진 것을 발견할 수도 있습니다. 시간을 들여 경청하고 공감하며 친절하게 대응해준다면, 오히려 이런 사람들을 최고의 열정적인 지지자들로 만들 수도 있습니다.

## 가지고 있는 플랫폼 활용하기

여러분이 열정과 관심을 가지고 있는 주제를 다듬고, 업계의 새로운 트렌드를 탐색하고, 커뮤니티에 더 많은 투자를 하고 있다면 온라인이든 오프라인이든 여러분의 플랫폼에도 이러한 것들이 반영되어야 합니다. 기존 주제에 너무 갇힐 필요는 없습니다. 새로운 주제가 떠오르거나 커뮤니티의 새로운 문제 영역이 나타난 것 같다면 그것에 파고들어 적극적으로 관여하고, 영향력을 행사할 수 있는 일들을 시작하면 됩니다.

예를 들어, 제 경우 커뮤니티 구축과 데브렐이라는 주제 외에도 번아웃에 대해 자주 이야기합니다. 이는 커뮤니티 빌더와 개발자 모두에게 관련 있는 주제이며 IT 업계 전반에 만연한 이슈이기도 합니다. 인맥을 통해 프롬프트Prompt7라는 단체를 알게 되었는데, 이들은 기술 콘퍼런스와 밋업에서 정신 건강 문제에 대한 주제를 다루고 있었습니다. 이 단체를 통해 저는 번아웃에 대해 말할 더 많은 기회를 얻을 수 있었습니다.

여러분이 가지고 있는 플랫폼을 사용한다는 것은 예를 들어 다음과 같은 것들과 비슷할 수 있습니다. 관심이 있는 비기술 주제에 대해 콘퍼런스에서 발표하거나, 6장에서 제롬 페타조니가 도커에서 진행한 사례와 같이 소외된 계층에 워크숍 티켓을 지원하거나, 트위터에서 동일 임금 또는 성희롱 같은 어려운 주제에 대해 대화를 이끌어내고 활성화하는 것이죠. 선택한 플랫폼을 운영하는 여러분만의 방식은 업계 내 다른 곳들과 차별화할 수 있게 해줍니다. 그 방식을 통해 여러분은 어떤 회사의 디벨로퍼 애드보케이트가 될 수도, Go 커뮤니티와 같은 곳에 유용한 정보를 제공하는 사람이 될 수도, 오픈소스 프로젝트 지지자가 될 수도, 엔지니어링 팀을 위한 최신 생산성 툴에 대해 글을 쓰는 사람이 될 수도 있겠지요.

퍼스널 브랜딩에 대한 아자 해머리의 블로그 포스팅8 속 말대로 "우리는 의도하지 않았더라도 모두 퍼스널 브랜드를 만들어가고 있습니다." 데브렐이라는 일에 몸담고 있는 우리는 우리 자신과 커뮤니티, 회사의 발전을 위해 의도적으로 퍼스널 브랜드를 키워야 합니다. 지표를 테스트하거나 5장에서 말했던 '매장 안내도'를 그리고, 커뮤니티에 귀 기울이고, 피드백을 모으고, 새로운 시도를 하는 방식으로 여러분에게 맞는 방법을 찾아보세요. 여러분에게 잘 맞는 이야기를 찾아보세요. 진정성 있고, 있는 그대로의 여러분이 될 수 있을 것들을 찾아보세요.

---

7  http://mhprompt.org
8  https://www.thagomizer.com/blog/2017/11/30/personal-brand.html

# APPENDIX A 출장 보고서

출장 보고서(3, 4, 8장 참고)는 단순히 '효과적이었다', '시간 낭비였다'라고 쓰는 것이 아니라, 출장이 전반적으로 어떻게 진행되었는지를 확인하고 분석할 수 있게 써야 합니다. 구체적인 정보는 회사의 목표에 따라 다르겠지만, 모든 업계에 걸쳐 적용될 수 있는 항목으로 다음과 같은 것들이 있습니다.

- 참석자 유형
- 지리적 인구통계 데이터
- 개발자 유형(프런트엔드, 백엔드, 특정 언어에 대한 선호 등)
- 직책(매니저, 기여자, C레벨, 임원 등)
- 후원사 상호작용(사람들이 콘퍼런스장 내에서 충분한 시간을 보냈는가?)
- 세션, 키노트 등 발표의 퀄리티
- 세션과 트랙에서 다뤄진 전반적인 주요 주제
- 콘퍼런스에 대한 전반적인 인상

출장 보고서에는 투자한 것에 대한 정성적 분석뿐 아니라 얼마나 많은 배턴 터치(4, 5, 6, 8장 참고)를 했는지도 모두 포함합니다. 여러분이 간 지역, 참석한 행사, 행사와 그 가치에 대한 대략적인 요약, 다양한 대화를 통해 알게 된 요즘 인기 있는 주제의 리스트, 출장 중에 얻게 된 컨택 포인트 등도 써주세요. 보고서 끝에는 출장 중에 만난 사람들을 리스트업하고, 이들을 회사의 어느 팀(마케팅 팀, 영업 팀, 사업개발 팀, 제품 팀 등)과 연결해줄 수 있을지 적고, 왜 이들과 계속해서 관계를 이어가는 것이 좋을지에 대한 이유를 설명합니다. '이 사람은 ~라는 주제의 최고 전문가다', '이 사람은 향후 후원할 만한 좋은 밋업을 운영하고 있다' 등 다양한 이유가 있을 수 있습니다.

출장 보고서를 작성하면 다음과 같이 정성적인 근거들을 지표화하기가 쉽습니다.

> 지난 2주 동안 우리 커뮤니티에서 활동하고 있는 5명의 사고 리더들이 이 새로운 토픽에 대해 이야기하는 것을 들을 수 있었으며, 해당 주제에 대해 더 탐색해봐야 할 필요성이 있음

## 출장 보고서 예시

### 출장 보고서 제목

### 일시, 장소

### 참석 이유

참석한 행사와 출장이 특히 중요한 이유를 간략하게 요약합니다. 예를 들어, 제가 오라일리 미디어에 다니던 당시 미국 동부로 출장을 갔던 이유는 우리의 첫 콘퍼런스인 '벨로시티 뉴욕'을 준비하려는 목적이었습니다. 이 출장을 통해 쌓은 인맥은 추후 우리 콘퍼런스의 발표자, 프로그램 위원, 저자가 되기도 했습니다.

### 참관 내용 및 주요 주제

#### 주제 1

- 이 주제가 회사의 이니셔티브와 관련이 있는 이유
- X, Y, Z라는 목표를 향해 계속 나아갈 때 이 정보가 어떻게 유용하게 적용될 수 있는지?
- 행사장에서 관찰한 것이 이 지역에만 해당되는 것인지, 다른 곳에서도 일어나고 있는 일인지?
- 이와 관련해 커뮤니티 멤버들에게 던져볼 수 있는 질문들은 무엇인지?

#### 주제 2…

## 행사명

참석자 통계 및 행사에 대한 정보, 세부 일정을 적습니다.

- 행사가 어떻게 마무리되었는지?
- 가장 인기 있었던 세션은 무엇이었는지?
- 어떤 트랙들이 있었는지?

## 특이 사항

- 참석자들에게 어떤 점이 잘 전달되었는지?
- 향후 우리 회사의 콘퍼런스나 행사에 적용해볼 수 있을 이벤트는 무엇인지?

## 소셜 미디어 활용 방식

- 참석자들이 SNS에서 관련 내용을 활발하게 다뤘는지?
- 주로 사용된 해시태그는 무엇인지?
- SNS에서 인기 있는 주제는 무엇이었는지?

## 주목할 만한 사람/기업/프로젝트

### 이름(SNS 계정명), 직함, 소속 회사

- 이 사람들이 누구이며 왜 교류해야 하는지 그 중요성에 대한 설명
- 연결해주면 좋을 내부 직원들의 이름(해당할 경우에 작성)

### 회사명(SNS 계정명), 후원한 등급(알 수 있을 경우에 작성)

- 회사가 하는 일에 대한 대략적인 설명
- 추후 논의해보면 좋을 사항
- 파트너십 가능성
- 콘퍼런스 후원 가능성
- 잠재적 경쟁사일지 여부
- 연결해주면 좋을 내부 직원들의 이름(해당할 경우에 작성)

**프로젝트명(SNS 계정명), 해시태그**

- 누가 어떤 목적(집필, 툴, 커뮤니티 포럼 등)으로 시작한 프로젝트인지에 대한 대략적인 설명
- 어떤 점에서 중요하며 회사와 어떤 관련이 있는지?
- 연결해주면 좋을 내부 직원들의 이름(해당할 경우에 작성)

# 이벤트 스코어 카드

이벤트 스코어 카드(4, 8장 참고)는 출장 보고서와 함께 제출하면 좋습니다. 스파크 포스트의 데브렐 팀은 후원한 행사들의 결과를 측정하기 위해 이벤트 스코어 카드를 활용했었습니다. 후원한 행사에 대해 보통 '좋은 경험이었는가'라는 주관적인 느낌을 가지고 평가하곤 하는데, 이렇게 하면 다음 해에 후원할 때 객관적으로 회사에 도움이 되는 행사인지보다 주관적으로 편향된 기억에 따라 후원을 결정할 가능성이 높습니다.

이벤트 스코어 카드에 행사 경험이 좋았는지 '예/아니요'로 답하는 문항이 있긴 하지만, 그 외에도 행사에서 우리 회사 사람이 발표를 했는지, 부스에 얼마나 많은 사람들이 방문했는지, 우리 회사와 경쟁사에 대한 피드백은 얼마나 많았는지, 행사를 통해 형성한 파트너십 수가 몇 개인지에 대한 문항도 있습니다. 이렇게 정량화할 수 있는 데이터를 모으면 행사가 잘 진행되었는지에 대한 질문에 균형 있는 답을 하는 데 도움이 됩니다. 또한 데브렐 팀이 후원하는 모든 행사가 영업 기회를 만드는 목적으로만 진행되는 것이 아니며, 생성된 영업 기회 수만이 행사의 결과를 판단하는 데 사용되는 숫자가 아님을 사내에 확실하게 전달할 수 있습니다(자세한 내용은 8장 참고).

행사가 유독 잘 진행되었다고 느낀 적이 여러 번 있었는데, 이벤트 스코어 카드에 있는 수치를 살펴보면 막상 평범했던 때도 있었습니다. 자원봉사로만 운영되는 행사도 몇 개 있었는데, 운영은 까다로웠지만 잠재 고객 발굴과 관계 구축 측면에서 정말 중요한 역할을 해준 것으로 나타났습니다. 두 경우 모두 이벤트 스코어 카드를 작성함으로써 주관적 평가에서 한발 물러나 객관적인 관점으로 콘퍼런스를 평가할 수 있었습니다.

숫자를 기록하는 것뿐만 아니라 특정 항목마다 백분율 점수를 할당해서 관련 항목을 계속해서 트래킹하고 이벤트 전체 점수를 1~100으로 계산할 수 있습니다. 그러면 다음 해에 해당 행사를 후원할지 결정하는 데 도움이 됩니다.

여기서 중요한 점은, 모든 항목에 점수를 매기는 것은 아니며 일부 항목의 경우 0%로 점수가 매겨지는 경우도 있다는 것입니다. 규모가 큰 행사의 경우 참석자 수, 만들어진 영업 기회 수 같은 항목의 숫자가 당연히 높게 나오기 마련입니다. 그래서 영업 기회 수를 참석자 수로 나눈 값을 가지고 참석자 대비 효과를 측정하기도 했습니다.

각 문항은 '예/아니요' 또는 '높음/중간/낮음'로 채점합니다. '예/아니요' 문항이 더 객관적이긴 하지만 두 유형의 문항 모두 좋은 정보를 제공합니다. 각 카테고리별 합산 점수를 카테고리명 바로 밑에 쓰고, 답변 예시와 총 점수 결과를 그 다음에 기입합니다.

예를 들어, 영업 기회 수를 참석자 수로 나누고 '높음/중간/낮음'으로 점수를 매깁니다. 본 부록 끝의 링크에 나오는 이벤트 스코어 카드 예시에서 백분율 결과 값이 28.22%로 나온 것을 볼 수 있는데, 이는 부스에 있던 담당자가 콘퍼런스에 참석한 전체 인원 중 대략 28.22%를 상대했다는 것을 의미합니다. 저는 이벤트 스코어 카드에 요약된 백분율에 따라 25% 이상이면 높음, 10~25%면 중간, 10% 미만이면 낮은 것으로 점수를 매겼습니다. 여러분의 목표나 경험에 따라 이 비율은 달라질 수 있습니다. 다시 예시로 돌아가서 설명하면, 영업 기회/참석자는 배점이 최대 8점인데, 이 파라미터에 대해 높은 점수를 받은 행사로 나타나 8점 만점을 얻었습니다.

관계 구축에 관한 지표도 '높음/중간/낮음'이라는 점수 체계를 따르지만, 판단 방법은 조금 더 주관적입니다. 이건 의도한 거예요. 콘퍼런스 현장에 있는 동안 팀이 계속해서 연락을 취하면 좋을 인맥은 크게 두 가지 정도입니다. 연락하고자 하는 주요 회사의 CEO나 여러분이 주요 오디언스로 삼고 싶은 개발자 커뮤니티의 인플루언서 등이죠. 이들의 수는 많지 않지만 그 가치는 매우 높습니다. 컨택 포인트를 30개 얻어도 이 중 장기적으로 유용한 것은 3개 정도일 수 있습니다. 그리고 그 3개의 컨택 포인트가 향후 어떤 커뮤니티와 함께할 때 가시적인 영향을 낼 수 있습니다. 이 지표는 15점이 만점이고, 5점(낮음), 10점(중간), 15점(높음)으로 평가할 수 있습니다.

이벤트 스코어 카드 예시는 다음 사이트에서 확인할 수 있습니다.

- *http://bit.ly/event-scorecard*
- *www.marythengvall.com/devrelbook*

# 해커톤을 위한 1쪽짜리 유인물

8장에서 이야기했던 것처럼, 해커톤 참석자들에게 나눠줄 1쪽 분량의 간단한 문서를 만들어두면, 사람들이 해커톤에 참여하는 24~48시간 동안 API를 어떻게 활용하면 좋을지에 대해 유용한 정보를 제공할 수 있습니다.

이 유인물에는 API 사용 방법과 활용 사례에 대한 기본 정보가 있어야 합니다. 이상적으로는, 이러한 예제를 통해 해커톤 참석자가 API를 통합할 수 있는 혁신적인 방법을 모색할 수 있습니다.

스파크포스트에서는 이를 '해커톤 유인물'이라고 불렀습니다. 이 부록에 실은 것은 2016년 2분기에 사용했던 양식이라 오래되었거나 더 이상 유효하지 않은 정보들을 담고 있을 수 있지만, 어떻게 만들면 좋을지 개념을 잡기 위한 기본 템플릿으로 참고하기 바랍니다.

또한 해커톤 참여자들이 빠르게 시작하고 실행할 수 있는 시작 가이드[1]도 제공했는데, 이 시작 가이드는 해커톤처럼 시간 제약이 있는 행사에서는 필수 자료입니다. 사람들에게 샘플 앱 모음을 제공하거나 웹사이트에 있는 활용 사례들을 제공하는 것도 좋지만, 참석자들은 여러 후원사들을 옮겨다니며 정보를 얻기 때문에 인쇄물로 만들어 출력해주는 것이 도움이 됩니다.

해커톤에 출품할 프로젝트를 만들기 시작할 때 참조할 수 있는 1쪽짜리 가이드가 있으면 참여자들이 여러분의 API를 사용할 가능성이 더 높아집니다.

---

[1] https://www.sparkpost.com/docs/getting-started/getting-started-sparkpost

# SPARKPOST

# Build Something Awesome

### with Email Delivery and Analytics Made for Developers

Snapchat, Messenger, FaceTime, and Kik are all great, but **email is still the king of communication.** Email is universal, has zero barriers to adoption, and it's an open standard, no matter your users' platforms.

Whether it's automated emails to verify a password, personalized messages to your user list, or a sophisticated triggered onboarding program, SparkPost provides the tools necessary to track your users' reactions and to keep them engaged.

**HERE ARE A JUST FEW WAYS YOU CAN USE SPARKPOST IN YOUR APP:**

| **Transactional Emails** | **Inbound Relay** | **Data and Analytics** |
| --- | --- | --- |
| ✓ Sign-up Form | ✓ Auto-Replies | ✓ Email Delivery Reporting Dashboards |
| ✓ Password Recovery | ✓ Raffle | ✓ Drive Engagement |
| ✓ Notifications & Reminders | ✓ Voting System | ✓ Recipient List Maintenance |
| ✓ Purchase Receipts | ✓ Proxying | |
| | ✓ Double-Blind Messaging | |

## What will you build?

Let us know **@SparkPostDev** or **developers@sparkpost.com**

Find more information about how to use SparkPost, as well as today's challenges, prizes, judging criteria, and more at **developers.sparkpost.com/hackathons**

Need help? Join us in our #hackathons Slack channel: **slack.sparkpost.com**

# 개발자 리소스 카드

기술 콘퍼런스를 후원할 때, 개발자 전용 리소스 카드(8장 참고)가 있으면 좋습니다. 하지만 이때 사용되는 마케팅 용어나 영업 전략은 개발자들을 위한 방향성을 명확하게 하고 신중하게 써야 합니다. 이미 고객이 된 사람이든 단순히 탐색하려는 사람이든 상관없이 개발자에게 유용한 리소스를 만들어보세요.

먼저 한두 단락 정도의 설명을 적습니다. 이 제품이 왜 중요하고 어떤 관련이 있는지, 개발자 커뮤니티의 문제를 해결해줄 수 있는지 등에 대해 적으면 좋습니다. 그런 다음 개발자들이 웹사이트에서 이용할 수 있는 관련 리소스에 접근할 수 있도록 레퍼런스 리스트를 제공합니다. 깃허브 리포지터리부터 SNS나 개발자 포럼 링크까지, 개발자 오디언스에게 좋은 경험을 제공하기 위해 운영하는 모든 것을 소개할 수 있는 기회가 될 겁니다.

개발자 리소스 카드의 뒷면을 비워두면 콘퍼런스 현장에서 사람들이 카드에 자유롭게 메모를 할 수 있고, 행사가 끝난 뒤 카드를 버릴 확률을 크게 낮출 수 있습니다. 특정 리소스에 동그라미를 치거나, 연락처 정보를 뒷면에 적거나, 블로그 포스팅이나 문서를 찾을 수 있게 추가 링크나 정보를 적어주세요. 사람들의 리소스 카드에 메모를 해주는 데 투자한 30초 정도의 시간으로, 여러분은 개발자에게 도움이 될 리소스를 주기 위해 최선을 다한다는 것을 보여줄 수 있을 뿐만 아니라 수십 개의 다른 후원사들 중에서도 여러분과 나눈 교류를 개발자들이 더 또렷하게 기억하도록 할 수 있습니다.

여기에 제가 몇 년간 사용했던 개발자 리소스 카드 2장을 첨부합니다. 이 카드도 오래되었거나 더 이상 유효하지 않은 정보들을 담고 있을 수 있으니 기본 템플릿으로 참고하기 바랍니다.

# Chef Developer Resource Card

## CHEF

### Create a modern software factory with Chef.

Chef's comprehensive suite of automation products can manage it all--infrastructure, run-time environments, applications and even the DevOps workflow itself. With Chef, cross-team collaboration at scale becomes a reality. The most enduring and transformative companies use Chef to become fast, efficient, and innovative software-driven organizations.

chef.io

learn.chef.io

docs.chef.io

Email info@chef.io

Twitter @Chef

Download Chef
downloads.chef.io

Chef Training chef.io/training

YouTube youtube.com/getchef

Community Site
learn.chef.io/community

Community Slack
community-slack.chef.io

# SparkPost Developer Resource Card

## SPARKPOST

### Email. We've Got It Down.

You know your app needs to send email, but we know your secret (email's not something you want to have to deal with), so let us handle it for you.

SparkPost does what you need—triggered message generation, personalization, sending, webhooks and inbound relay, and performance tracking—with none of the baggage.

Send via REST API or SMTP, integrate in the languages you love with our client libraries, and benefit from comprehensive real-time analytics. Together, let's build something awesome.

**SparkPost Developer Hub:**
developers.sparkpost.com

**Community Slack Channel:**
slack.sparkpost.com

**Documentation and Help:**
support.sparkpost.com

**API Docs:**
developers.sparkpost.com/api

**Tools:**
sparkpo.st/devtools

**Client Libraries:**
github.com/SparkPost

**Stack Overflow:**
stackoverflow.com/tags/sparkpost

**Twitter:**
@sparkpost

**Email:**
developers@sparkpost.com

RESOURCES

# 행사 프로세스와 플레이북 예시

팀이 행사를 할 때마다 참고할 수 있는 플레이북을 만들면 콘퍼런스, 미팅, 해커톤 등 모든 상황에 대비하는 데 도움이 됩니다. 행사에서는 변동 사항이 정말 많기 때문에 팀에서 모두 대응하지 못할 수도 있습니다. 체크리스트를 만들어둔다면 행사 운영에 참여하는 사람들이 한 마음으로 움직일 수 있을 뿐만 아니라 모든 일이 제때 이루어질 수 있습니다.

협업 작업 목록[1]과 함께 사용되는 플레이북을 통해 사람들이 각자 행사에서 맡은 책임을 다할 수 있게 돕고 어떤 것이 끝났는지, 무엇을 다음에 해야 할지, 업무별 담당자는 누구인지 등에 대한 내용을 빠르게 업데이트해 최신 상태로 유지할 수 있습니다.

책에서 다룬 다른 내용들처럼, 이 플레이북도 여러분의 회사에 맞춰 커스터마이징해야 합니다. 예시에 적혀 있지만 여러분에게 필요 없는 내용 또는 여기에 포함되어 있지 않지만 꼭 추가해야 할 내용 등이 있을 수 있다는 점을 참고하세요.[2]

## 행사 프로세스 템플릿

이 문서에서는 행사 목표, 행사 선택, 행사 준비, 행사 실행 프로세스에 대해 간략히 설명합니다.

---

1 저는 아사나(Asana)를 주로 사용하며 트렐로, 에버노트, 지라를 사용하기도 합니다. 애자일하게 움직이기 위해 여러분에게 맞는 다른 툴들을 찾아보는 것도 좋습니다.

2 이 템플릿을 복사해 활용하세요. *http://bit.ly/event-process*

## 행사 목표

행사에는 콘퍼런스, 해커톤, 밋업이라는 세 가지 유형이 있습니다. 목표에는 이런 행사를 하는 전반적인 목표와 함께 행사 유형별 목표[3]가 있습니다. 여러분에게 브랜드 인지도 제고라는 목표가 있다면 다음과 같이 적어볼 수 있을 겁니다.

### 전체적인 목표(우선순위순)

- 개발자 및 API 커뮤니티에서의 브랜드 인지도 제고
- 제품에 대한 직접적인 피드백
- 개발자 및 API 커뮤니티에서 사고 리더로서 포지셔닝
- 영업 팀에 연결해줄 수 있는 잠재 고객 창출

### 콘퍼런스

- 참석자 1,000명당
    - 10개의 관계 구축

        (잠재적 파트너십, 피드백, 향후 영업 기회로 연결하기 위한 조치 필요)
    - 100개의 컨택 포인트 확보

        (명함, 참석자 이름표 스캔, 추첨 이벤트를 통한 수집 등)
    - 10개의 영업 기회를 영업 팀에 전달
- 소셜 미디어
    - 새로운 계정 팔로우 +40
    - 팔로워 수 +10

---

3  각 행사에 대해 설정하는 목표는 회사 전체의 목표에 따라 달라집니다. 회사 인지도를 높이기 위해 행사를 후원한다면 얼마나 많은 사람이 데모를 보거나 부스에서 소통했는가에 초점이 맞춰질 수 있습니다. 고객 커뮤니티를 구축하려 할 경우 추적하기 좋은 지표는 베타 테스트 프로그램에 가입한 사람 수가 될 수 있습니다. 팀의 올바른 목표를 설정하는 방법에 대한 자세한 내용은 4장의 리비박스를 참고하세요.

**해커톤**

- 참석자 1,000명당
    - 콘텐츠/편집과 관련한 5개의 액션 아이템
    - 3개 앱 또는 잠재적 파트너십 또는 영업 기회로 연결하는 데
      도움이 될 회사 3곳
    - 이력서 20개
    - 75개의 컨택 포인트(추첨 이벤트를 통해 수집)
- 소셜 미디어
    - 새로운 계정 팔로우 +20
    - 팔로워 수 +20

**밋업**

- 참석자 100명당
    - 2개의 관계 구축
      (잠재적 파트너십, 피드백, 향후 영업 기회로 연결하기 위한 조치 필요)
    - 20개의 컨택 포인트 확보(추첨 이벤트를 통해 수집)
- 소셜 미디어
    - 팔로워 수 +2

## 행사 선택

### 행사 파악하기(1~2분기 이내)

각 분기마다 후원하고 싶은 행사를 검토하는 것을 목표로 합니다. 후원할 만한 행사 범위를 좁히기 위해 다음과 같은 질문을 던져봅니다.

- 오디언스

  프런트엔드와 백엔드 중 어느 쪽 개발자를 대상으로 하나요? 겹치는 부분이 있나요? 회사의 프로덕트가 DevOps 커뮤니티를 위한 툴인가요?

- 프로그래밍 언어

  회사의 API는 어떤 언어로 만들어졌나요? 여러분의 고객이 가장 많이 사용하는 클라이언트 라이브러리 또는 SDK는 무엇인가요?

- 지리적 위치

  웹사이트 트래픽이 가장 많이 나오는 곳은 어느 지역인가요? 고객들은 어느 지역에 기반을 두고 있나요? 어떤 새로운 지역으로 확장하고 싶나요?

- 행사 규모

  피드백을 받거나 인지도를 높이거나 커뮤니티와 교류할 곳을 찾고 있나요? 목표마다 제각기 다른 규모의 행사가 적합할 수 있습니다.[4]

### 행사 조사하기(1~2분기 이내)

- 행사 주최자에게 연락해 후원에 대한 정보 얻기
- 적절한 후원 플랜 결정하기
  - 해커톤 필요 사항(예산 규모)[5]
    - 행사장에 둘 테이블

---

4 더 자세한 사항은 8장을 참고하세요.

5 보통 해커톤에서는 채용 기회보다 데모에 더 신경을 씁니다. 다만, 학생들은 채용 담당자가 있든 없든 상관없이 부스를 통해 이력서를 제출하곤 합니다. 채용 패키지를 빼는 대신 위 리스트에 있는 필요 사항을 받을 수 있을지 주최측과 협상해볼 수 있습니다.

- 로고를 프린트한 티셔츠
- 데모/테크 토크(옵션)
  - 콘퍼런스 필요 사항(예산 규모)
    - 행사장에 둘 테이블(협상 가능하지만 어려울 수 있음)[6]
  - 밋업 필요 사항(예산 규모)
    - 라이트닝 토크
    - 밋업 전후 참석자들과의 교류 기회

## 행사 승인받기(늦어도 행사 8주 전)

- 이해관계자[7]에게 메일 보내기
  - 행사에 대한 기본 정보
    - 행사 일시 및 장소
    - 행사 연혁
    - 예상되는 참석자 수
  - 행사에 관심을 가져야 할 이유
  - 후원 플랜/패키지에 대한 정보
    - 비용
    - 후원사 혜택
  - 행사에 참여할 직원 수[8]
    - 해커톤

      해커톤 길이에 따라 기술 인력 3명 이상(24시간짜리 해커톤의 경우 보통 3명이 돌아가면서 진행, 36시간짜리 해커톤은 3~4명 필요, 48시간짜리 해

---

6  콘퍼런스를 후원할 때 가장 중요한 사항이기도 합니다. 부스나 테이블이 없는 행사를 후원하면 참석자들을 만날 수 있는 장소가 없어 어려운 상황에 처할 수 있습니다. 8장에서 이야기했듯이 부스가 없더라도 현장에 직접 참여해 커뮤니티 멤버들을 만날 수 있는 방법도 있습니다.

7  행사 후원에 대한 결정을 내리는 사람들. 행사 예산을 가지고 있는 마케팅 팀이나 행사에 대해 결정할 부서장 또는 행사에 대해 알아야 할 동료들도 여기에 포함될 수 있습니다.

8  자세한 내용은 8장을 참고하세요.

커톤은 4~5명 필요)

- 콘퍼런스

  3~5명(예: 데브렐 팀, 엔지니어, 테크니컬 어카운트 매니저, 솔루션 엔지니어, 사업개발/영업 팀 등)

- 밋업

  1~2명(데브렐 팀 2명 혹은 데브렐 팀 1명+엔지니어 1명)

- 이해관계자의 승인이 완료되면 행사 주최자에게 이메일을 보내 후원 패키지 확인하기
- 인보이스를 회계 담당자 쪽 이메일로 보내면서 이해관계자의 승인 메일을 참조용으로 첨부하기
- 공유 폴더를 생성하고 인보이스 및 계약서 업로드하기
- 내부 공유용으로 행사 후원에 대한 스프레드시트를 만들어 업데이트[9]하기
  - 가능하면 연도별 행사 탭을 만들어 후원 정보 입력하기
  - 해당 내용을 복사해 분기별 탭 만들기
  - 행사에 대한 탭을 만들어 비용과 컨택 포인트 정리하기
    - 탭명: 행사(월/일)
    - 탭을 시간순으로 배치
  - 목표 지표들 추가하기
- 협업 작업 목록 만들기[10]
  - 목록명: 작업 목록 행사명-장소(월/일)
- 회사가 참석하는 행사 목록에 추가하기

---

9  이 네 단계는 링크 속 템플릿과 관련이 있습니다. *http://bit.ly/sponsorship-spreadsheet*

10 저는 아사나(Asana)를 주로 사용하며 트렐로, 에버노트, 지라를 사용하기도 합니다. 애자일하게 움직이기 위해 여러분에게 맞는 다른 툴들을 찾아보는 것도 좋습니다. 가장 좋은 방법은 매번 복사해서 쓸 수 있는 기본 템플릿을 갖추는 것입니다. 그러면 매번 새로 만들 필요 없이 날짜만 바꾸고 담당자가 누구인지만 업데이트하면 됩니다.

## 트래킹 링크 및 할인 코드(행사 6~8주 전)

- 팀원에게 아래와 같이 행사에 필요한 트래킹 링크 및 할인 코드 생성 요청하기
  - 행사별 홍보 자료 링크
  - 가입 유입 경로를 추적하기 위한 할인 코드 및 트래킹 링크
  - 트래킹 링크는 행사로부터 유입된 컨택 포인트와 이메일에 대해 후속 조치를 취하기 위해 사용

## 기타 사항(행사 6~8주 전)

- 아래와 같은 기타 사항 확정하기
  - 부스
    - 부스에 필요한 물건들(테이블보, 모니터, 노트북, 멀티탭, 배너 등)
  - 굿즈
    - 현재 어떤 종류의 굿즈들을 가지고 있는지?
    - 참석자 수를 고려했을 때 몇 개 정도 가져가면 좋을지?
      '굿즈 바구니' 계산기를 사용하면 참석자 수에 따라 행사별로 할당할 굿즈 수를 파악할 수 있어 의사결정을 하는 데 도움이 됩니다.[11]
    - 행사에 사용할 수량이 충분한지 굿즈 재고 확인 및 재고 현황을 정리한 스프레드시트에 사용할 것들 표시하기
    - 행사에 필요한 물품들을 리스트업했다면 행사 당일 가져가야 할 것들을 바로 알 수 있도록 작업 목록에 메모하기
- 기념품 및 경품
  - 행사 참석자들에게 가장 적절한 것은 무엇일지?
    (예: IoT 디바이스, 전자 해킹 키트, 상품권 등)

---

11 '굿즈 바구니' 템플릿은 다음 링크를 참고합니다. *http://bit.ly/swag-buckets*

- 경품 추첨 방식을 정하고 비용을 행사 스프레드시트에 업데이트하기
- 행사장에 미리 보내야 할 품목을 목록에 추가하기
- 필요한 경우 굿즈 주문하기
- 아래의 디자인에 필요한 이미지 전달하기
  - 블로그 포스팅, 소셜 미디어 게시 글
  - 콘퍼런스 광고(후원사 혜택에 포함되어 있는 경우도 있음)
  - 부스 디자인(후원사 혜택에 포함되어 있는 경우도 있음)
  - 기념품 제공에 대해 알릴 수 있는 배너 등

## 소셜 미디어

- 소셜 미디어 담당자가 관련된 게시물을 작성할 수 있도록 행사에 대한 아래의 정보를 정리해 전달하기(행사 6주 전)
  - 행사에 사용할 해시태그
  - 행사가 열리는 장소 및 일시
  - 후원 등급
  - (해당하는 경우) 연사로 참석하는 회사 직원 및 관련된 세션
  - 행사 일정표
  - 추첨 및 사은품 증정 이벤트 안내
  - 행사에 참석하는 회사 직원
- (해당하는 경우) 사전 행사에 대한 안내를 블로그 포스팅으로 게시(행사 2주 전)
- 페이스북, 트위터 등
  - 행사 계정 및 해시태그를 팔로우하고, 공유하거나 해당 콘텐츠에 댓글 남기기
  - 적절한 해시태그를 사용해 행사 전 여러 예약 포스팅 작성해두기
    - 후원에 대해 홍보하고 회사에서 누가 참석하는지 언급하기
    - 관련된 커뮤니티 멤버 소환하기
    - 콘퍼런스에 대한 전반적인 홍보

- 행사가 진행되는 동안 게시물 업로드 계획 잡아두기
  - 경품 안내
  - 부스에 방문해달라는 포스팅
  - 발표 세션에 대한 리마인드

## 운영 준비

- 필요한 경우 출장 예약하기(행사 6주 전)
- 부스 관련 용품 및 굿즈 배송하기(행사 3주 전)
  - 굿즈 확보하기
  - 행사 스프레드시트에 배송 비용 추가하기
- 부스 교대 근무 일정 만들기(행사 2주 전)
- 콘퍼런스를 담당하거나 참석할 팀을 만나 프로세스와 요청 사항에 대해 설명하기(행사 1주 전)[12]

## 커뮤니티 멤버와 커뮤니케이션하기

- 행사 전 메일 발송(최소 행사 한 달 전)
  - 행사에 앞서 콘퍼런스 및 발표 세션에 대한 정보를 회사 뉴스레터에 포함해 발송하거나 관련 있는 고객들에게 알리기
- 행사 후 메일 발송(행사 2주 전 준비, 행사 종료 1주 후 발송)
  - 부스 방문자들에게 감사 메일 보내기
  - 부스에서 틀었던 데모 링크 포함하기
  - (해당하는 경우) 발표 세션에서 다룬 발표 자료와 영상 콘텐츠 등 첨부하기
  - 계정 가입 및 커뮤니티 가입 버튼을 넣고 트래킹 링크 심기

---

12 기본적인 정보가 모두 포함된 이메일을 발송한 후, 미팅을 잡아 질의 응답 시간을 갖습니다. 고객과의 접점이 많을수록 팀이 준비해야 할 것도 많아집니다. 이메일 템플릿 예시는 다음 링크를 참고하세요.
*http://bit.ly/booth-staff-email*

## 네트워킹 계획 세우기

- 후원사 및 발표자 리스트 살펴보기(행사 한 달 전)
  - 영업 팀과 협력해 어떤 후원사가 잠재 고객이 될 수 있을지 알아보세요. 가능하면 현장에서 만나 직접 인사를 나누는 것이 좋습니다. 관계를 구축함으로써 향후 영업 팀에 전달할 좋은 기회를 얻을 수도 있습니다.
  - 발표자로 참석한 커뮤니티 멤버나 고객을 메모하세요. 행사 기간 동안 이들과 연락하고 가능하면 함께 대화를 나누세요. 여러분이 그들을 지지하고 있다는 것을 보여주고 직접 만남으로써 커뮤니티 유대감을 깊게 다질 수 있습니다.
- 커뮤니티 저녁 식사 또는 밋업 계획하기
  - 여러분이 저녁 식사 비용을 모두 지원하든 그렇지 않든, 행사장 밖에서 커뮤니티 멤버들을 만나 함께 시간을 보낼 수 있는 좋은 기회입니다.

# 행사 실행

행사에는 해커톤, 콘퍼런스, 밋업이라는 세 가지 유형이 있습니다. 행사별 플레이북을 통해 행사 당일 챙겨야 할 체크리스트를 확인할 수 있습니다.

## 대규모 행사를 위한 플레이북(해커톤 및 콘퍼런스)

### ■ 현장 도착

행사 첫날 오전 또는 행사 일정에 따라 전날 오후나 저녁에 팀 전체와 만나 목표를 확인하고 콘퍼런스 계획에 대해 이야기합니다.

- 부스에서 일할 직원들은 이 미팅에 반드시 참여해야 합니다. 관련된 사람들이 참석할 수 있도록 미팅 전에 캘린더에 추가해두세요.
- 미팅에서 다룰 내용은 다음과 같습니다.
  - 발표, 워크숍, 데모 등이 예정되어있는지. 만약 그렇다면 몇 시에 어디에서 얼마나 많은 사람이 누구를 도와주면 될지.
  - 어떤 굿즈를 얼마나 빨리 나눠줄지. (예: 티셔츠는 1일 차, 양말은 2일 차 등. 수량이 한정되어 있다면 일차별로 나눠서 제공하는 것이 좋습니다)
  - 사람들을 대할 때마다 말할 안내용 대사와 사람들이 자주 묻는 질문에 대해서 숙지하고 있는지.
  - 눈여겨볼 만한 후원사나 파트너를 숙지하고 있는지. 이 내용은 특히 해커톤에서 중요합니다. 어떤 API가 우리 회사와 함께 사용될 수 있을지 등을 알아두세요.
  - 우리 커뮤니티 멤버가 발표하거나 참석하는지.
  - 행사 기간 중 팀원들이 할 일
    - 각자 부스를 맡을 시간 정하기(사전에 공유되어야 함)
    - 명함을 받거나 콘퍼런스 네임태그 바코드 스캐너를 활용하거나 직접 연락처를 받아 적으면서 컨택 포인트 수집

- 행사에 참석할 특정 타깃, 파트너, 초대 손님 등이 있다면 사전에 공유
- 부스에 있는 동안 커뮤니티에 집중하며 교류하고, 대화하고, 사람들을 끌어모읍니다. 부스에서는 가능하면 일을 하거나 전화를 받으러 자리를 뜨거나 하는 일이 없도록 하세요.
- 드레스코드
- 긴급한 사항을 제외하고 행사장에 있는 동안 다른 업무는 하지 않는 것이 좋습니다. 이에 대해서 사전에 매니저와 의논하고, 일을 처리할 수 있는 방안에 대해 이야기해둘 필요가 있습니다.
- 휴식 시간
  - 콘퍼런스의 경우: 콘퍼런스가 일반적인 근무일보다 더 오래 진행된다면, 휴식을 위해 최소 하루 정도는 개인 시간을 갖는 것이 좋습니다.
  - 해커톤의 경우: 2~3시간마다 서로 다른 직원이 교대 근무 하는 것이 좋지만, 그럴 여력이 되지 않는다면 하루 이상의 휴식 시간을 갖고 회복하는 것이 좋습니다. 주말에 개최될 경우 적어도 하루 이상의 휴식 시간이 필요합니다.
- 행사 장소를 잘 살펴보세요. 엑스포 홀의 위치가 어디인지, 부스는 어디에 있는지, 집이나 호텔까지 얼마나 걸리는지, 등록 상황은 어떤지, 발표자로 참여한다면 발표 장소는 어디인지 등.
- 체크인하고 등록자 뱃지 받기

## 2 셋업하기

### [테크니컬 셋업]

- 행사 현장에서 가입을 유도할 것이라면, 참석자가 계정을 만들 수 있도록 IP 주소를 화이트리스트에 추가해두세요.
  - 행사장 위치에서 IP 주소[13]를 찾은 후, 트래킹을 위해 IP 주소를 기록해두세요.

---

13  구글에서 'What is my IP address?'라고 검색하거나 다음 링크를 통해 확인할 수 있습니다.
   *https://whatismyipaddress.com*

- 행사가 끝나면 화이트리스트에서 IP 주소를 삭제합니다.
- 모니터와 노트북에 맞는 케이블, 코드, 전원 어댑터와 기타 장비들(예: 바코드 스캔 장비, 아이패드 등)이 모두 갖춰져 있는지 확인합니다.
  - 노트북
  - 모니터 전원 케이블
  - 연결 케이블
  - (필요한 경우) 아이패드 충전기
- 노트북을 모니터에 연결하고, 모든 연결과 케이블을 점검하여 기능이 제대로 작동하는지 확인합니다.
- 와이파이 ID와 비밀번호는 무엇인지, 후원사를 위한 별도의 와이파이가 따로 있는지 확인하세요.
- 발표를 한다면 발표장에 어떤 장비가 준비되어 있는지, 무엇을 가져가야 하는지 확인하세요.

## [부스 설치]

- 부스 영역을 파악하고, 굿즈를 전시하고 보관할 장소를 정하세요.
- 설치를 마친 후 보안에 대해 물어보고 굿즈를 그대로 둘지 아니면 다음 날 아침 일찍 도착해서 배치할지 결정하세요.
- 현수막이나 입간판을 제일 먼저 설치합니다. 조립하는 데 가장 많은 공간이 필요하기 때문입니다.
- 필요한 경우 컨택 포인트 수집 시스템을 확보합니다. 컨택 포인트 데이터를 수집하는 방법과 행사 후 다운로드하는 법, 충전 케이블 등을 확인합니다.
- 굿즈는 행사 기간 동안 바로 꺼내주기 좋게 잘 정리해둡니다.
- 노트북에 다음 사이트들을 열어둡니다.
  - 개발자 사이트
  - 깃허브, 깃랩 레파지토리
  - 유저 인터페이스 또는 대시보드

- ○ 고객 페이지
- ○ 가격 정책 페이지
- ○ 콘퍼런스 주제와 관련된 링크들

  (예: 콘퍼런스 주제에 적용할 수 있는 특정 툴 등)

- 크롬 익스텐션 중 'Keep Awake'(*https://chrome.google.com/webstore/ detail/keep-awake/bijihlabcfdnabacffofojgmehjdielb*)와 'Revolver- Tabs'(*https://chrome.google.com/webstore/detail/revolver-tabs/dlknoo ajieciikpedpldejhhijacnbda?hl=ko*)를 다운로드해둡니다. 이렇게 하면 탭을 회전할 수 있을 뿐만 아니라 컴퓨터가 절전 모드로 전환되는 것을 방지할 수 있습니다.
- 모두 준비가 완료되었다면 부스 앞에서 단체 사진을 찍어 소셜 미디어에 콘퍼런스 해시태그와 함께 게시하세요. 여러분이 가져온 굿즈도 찍어서 올리면 좋습니다.
- 매일 밤 노트북, 경품, 장비들을 안전한 곳에 보관해 다른 사람이 쉽게 가져갈 수 없도록 하세요. 안전한 보관 장소가 없다면 집이나 호텔 방으로 가지고 돌아가는 것이 좋습니다.

## 3 행사 중

- 행사 시작 20~30분 전에 도착해 노트북을 설치하고 굿즈와 기념품을 올려두세요.
- 노트북이 잘 연결되어 있고 켜져 있는지, 탭이 잘 회전하고 절전 모드 방지 기능이 작동하는지 확인합니다.
- 굿즈를 항상 비축해두세요.
- 커뮤니티 사람들을 환영하고 대화를 나누세요.
- 현장에 있는 동안 (특히 발표를 할 경우) SNS에 행사 사진을 업로드하고 콘퍼런스 해시태그도 잊지 마세요.

- 대화 내용과 컨택 포인트를 모두 문서화하세요. 콘퍼런스에서 사용할 수 있는 스캐너가 있다면 사람들이 부스를 떠나기 전에 배지를 스캔하세요. 배지가 없다면 명함을 달라고 하거나 행사 후 자료를 보낼 수 있는 이메일을 적어두세요.
- 휴식을 취하세요! 세션 중간에 여유가 있으니 행사장을 돌아다니고, 바람을 쐬고, 커피도 마시고, 간식도 먹고, 세션도 듣고, 이메일을 확인하는 등의 시간을 가지세요.

## ▌4▐ 테크 토크(해커톤)

- 테크 토크에서 발표를 하는 경우, 주최 측에 연락해서 발표 차례가 오면 5분 또는 10분 전에 미리 알려달라고 요청하세요.
- 예정된 시간 15분 전에 테크 토크 룸에 도착해서 노트북 등을 세팅하세요. 이전 발표자가 발표를 마치자마자 시작할 수 있게 하는 것이 좋습니다.
- 1~2명의 팀원이 동행해서 질문에 답하고 발표장을 둘러보며 보조하는 것이 좋습니다.
- 여러분이 테크 토크를 하는 동안, 팀원들은 다시 부스로 가서 질문 받을 준비를 합니다. 여러분도 테크 토크를 마치자마자 부스로 돌아갈 수 있도록 하세요.

## ▌5▐ 철수하기

- 물건들을 박스에 포장합니다. 박스 수는 적을수록 좋습니다. 부스와 배너를 분해해서 조심스럽게 넣습니다.
- 물건을 택배나 퀵으로 보낼 경우, 박스에 이전에 붙여둔 송장이 붙어 있지는 않은지 체크하세요.
- 행사의 후원 관리자와 상의하여 현장에서 물건을 바로 보낼지 아니면 잠시 물건을 맡겨둘 장소가 있는지 알아보세요. 보관 장소가 없다면 퀵이나 택배로 보내는 것이 좋습니다.

## 밋업을 위한 플레이북

### **1** 사전 행사

슬라이드, 광고, 기타 준비 사항

- 밋업 시작 전 참석자들에게 여러분을 짧게 소개할 시간이 있다면 간단하고, 재밌고, 이미지 위주로 만들어진 슬라이드를 준비해보세요. 여러분이 누구인지, 왜 밋업에 왔는지, 왜 후원을 결정하게 되었는지 등에 대해 이야기해도 좋습니다.
- 참가자들의 정보를 수집하기 위해 경품 추첨 이벤트를 열거나, 기념품을 제공하거나, 할인 코드 및 트래킹 링크를 활용하세요.

### **2** 현장 도착

- 15~20분 정도 일찍 도착해 배너를 설치하고, 스티커와 리소스 카드를 나눠주고, 밋업 운영진들을 만나며 시간을 보냅니다.
- 팀원들도 함께 참석한다면, 일찍 도착해서 밋업 분위기를 살펴보고 참여 목표와 행사를 통해 기대하는 사항을 검토하게 합니다.

### **3** 행사 중

- 모든 세팅이 끝나면, 밋업 사진을 찍어 SNS에 해시태그와 함께 업로드합니다. 여러분이 가져온 굿즈도 함께 찍어 보여주세요.
- 사람들과 인사하고 대화를 나누세요.
- 현장에 있는 동안 (특히 발표를 할 경우) SNS에 행사 사진을 업로드하고 밋업 해시태그도 잊지 마세요.
- 대화 내용과 컨택 포인트를 모두 문서화하세요. 명함을 달라고 하거나 이메일 주소를 물어보세요. 대화한 후 여러분이 무슨 말을 했는지 까먹지 않게 메모해 두세요.

## 4 행사 정리 및 돌아보기

- 배너를 분해해서 조심스럽게 포장합니다.

- 밋업에서 만난 사람들과 소개해주기로 한 사람을 연결해주거나 이메일을 보내며 교류를 유지합니다.

- 밋업 SNS 계정, 관련 해시태그, 밋업 운영진 SNS 계정 등에 올라온 내용들을 살펴보고 관련된 사람들을 팔로우하세요. 대화를 나누고, 행사에 참여하는 동안 올리지 못했던 사진들을 업로드하세요.

# 행사 실행 결과 정리하기

- (해당하는 경우) 블로그 포스팅하기(행사 1주 후)

  배운 내용을 복습하고, 팀원 또는 커뮤니티 멤버가 이야기를 나눈 토론 주제에 대해 다루고, 행사장에서 있었던 하이라이트를 정리합니다.

- 팀과 함께 회고하기(1주 후)
  - 무엇이 잘 되었는지
  - 더 개선할 점은 없을지
  - 예상했던 것과 실제 현장 상황 비교
  - 밋업에 다시 참여할지 여부
- 회고를 바탕으로 이벤트 스코어 카드(부록 B) 작성하기
- 행사 스프레드시트에 최종 행사 비용과 확보한 컨택 포인트 수 업데이트하기

  해커톤 현장에서 가입한 계정을 알고 있는 경우, 해당 계정 수도 입력하세요

- 행사장에서 만난 사람들에게 이메일 보내기
- 웹사이트 업데이트 및 밋업 관련 공지 내리기
- 화이트리스트에서 IP 주소 제거하기
- 행사장에서 찍은 사진을 내부에 공유하기

## 국내 데브렐은 어떨까요?

조은옥(옮긴이)

## 떠오르는 데브렐

몇 년 전까지만 해도 국내에서 데브렐은 매우 생소한 분야였습니다. 제가 데브렐 업무를 시작한 2017년에는 '데브렐'이라는 단어조차 없었습니다. 그래서 명함을 만들 때 제 업무와 직함을 무엇이라 불러야 할지 매니저와 함께 고민하며 여러 단어를 조합해보기도 했습니다. 그러다가 당시 재직 중이던 IBM의 미국 본사 위키까지 샅샅이 뒤지게 되었고 마침내 '디벨로퍼 인게이지먼트 매니저Developer Engagement Manager'라는 이름을 지었습니다. 새로운 개념의 일이다 보니 제 일을 소개할 땐 많은 설명이 필요했고, 상대방이 이해하려면 적어도 10분 이상이 걸렸습니다.[1] '내가 다음 직장을 찾을 때, 과연 이 일을 하는 기업을 찾을 수 있을까?'라는 걱정이 들 정도로 굉장히 유니크하고 잘 찾아볼 수 없는 직무였죠. 데브렐의 개념이 일찍 자리 잡은 미국 등에 본사를 둔 외국계 IT 기업들에서나 저와 비슷한 일을 하는 분들을 겨우 만날 수 있었습니다.

그랬던 것이, 최근 1~2년 사이 국내에서도 '데브렐' 팀을 만들어 운영하고 데브렐 담당자를 채용하는 기업들이 생기기 시작했습니다. 네이버, 카카오와 같이 큰 IT 기업뿐만 아니라 작은 스타트업들, 심지어 제조업 기반인 기아자동차까지. 국내 기업들이 데브렐에 관심을 갖고 뛰어드는 이유는 무엇일까요? 바로 개발자가 '킹메이커'가 된 시대이기 때문입니다.

스티븐 오그래디Stephen O'Grady가 쓴 『새로운 킹메이커: 개발자는 어떻게 세상을 지

---

1   데브렐을 시작했을 때의 고군분투기를 마이크로소프트웨어 397호 '러닝커브' 편에 〈공부하는 개발자를 위해〉라는 이름으로 기고했습니다. 개발 백그라운드가 없던 제가 개발자 커뮤니티와 소통하기 위해 어떤 노력을 했는지와 함께 당시 팀의 데브렐 활동도 자연스럽게 소개했습니다.

배하게 됐나The New Kingmakers: How Developers Conquered the World』의 제목과 내용처럼, 개발자는 회사의 핵심 역량이자 주요 의사결정 영향력자로 자리 잡았습니다. 개발자가 선호하고 익숙해하며 자주 사용하는 기술이 시장의 표준이 되기 때문에, 기술 프로덕트를 가진 회사들은 C레벨과 임원을 대상으로 영업하던 전과 달리 개발자를 공략하기 시작했습니다. 또, 혁신적인 기술로 무장해 트렌드를 이끌며 세상을 움직이는 기업들을 살펴보면 개발자 중심의 문화를 가진 곳이 많습니다. '디지털 트랜스포메이션'이라는 키워드가 떠오르면서 실력 있는 개발자를 많이 확보하는 것이 기업 역량을 강화하고 경쟁력을 갖추는 데 필수적인 시대가 온 것입니다.

이처럼 중요한 존재로 떠오른 개발자를 대상으로 한 더 적절하고 전문적인 커뮤니케이션 전략이 필요해졌고, 최근 몇 년간 국내에서 데브렐이 활발해지기 시작했습니다.

## 데브렐이란?

이 책을 통해 커뮤니티란 무엇이며 데브렐이 기업에 왜 중요한지 알 수 있었을 겁니다. 저자 메리 셍발이 '커뮤니티'에 대해 정의하고 이야기를 시작했듯이, 저도 국내 데브렐에 대해 본격적으로 이야기하기 전에 '데브렐'부터 정의해볼까 합니다. 데브렐은 지금도 회사마다 다양한 목적과 형태를 띠고 다이내믹하게 움직이는 분야다 보니 섣부르게 정의하기가 조심스럽지만, 제가 생각하는 데브렐은 다음과 같습니다.

> **기업과 개발자의 관계를 만들고 유지하며,
> 장기적으로 회사가 기술적 우위를 점할 수 있도록 기반과 생태계를 만드는 분야**

'기업과 개발자의 관계를 만들고 유지'해야 하는 이유는 앞서 잠깐 소개했습니다. 개발자라는 존재가 중요하게 떠오르면서 이들과의 관계를 더 전문적으로 형성해야 할 필요가 생긴 것이죠. 기업이 특정 대상과의 관계를 관리하는 일은 아주 오래 전부터 있었던 전통적인 분야입니다. 그중 가장 큰 개념은 PRPublic Relations로, 이는 기업과 대중, 주요 이해관계자 간의 관계를 형성하는 활동입니다. PR 다음으로 여러분에게 익숙할 IR Investor Relations은 기업과 주주 간 관계에 초점을 맞춥니다. 마찬가지로 데브렐Developer Relations은 개발자와의 관계에 집중합니다. 그래서 요즘은 PR이나 IR처럼 'DR'로 줄여 부르기도 합니다. 즉, 빠른 이해를 위해 간단히 설명하자면 데브렐은 '개발자 오디언스를 주 대상으로 하는 PR 활동'이라고도 할 수 있습니다.

앞의 정의에서 '기술적 우위'란 회사별로 데브렐의 목적을 어떻게 보느냐에 따라 달라질 수 있습니다. 예를 들어, 자사의 프로덕트 성능 또는 시장점유율을 높이는 것일 수도 있고, 회사의 전체적인 기술력을 높이는 것일 수도 있습니다. 그리고 책에서 살펴봤듯이 데브렐은 이러한 목표들을 '장기적'인 관점으로 접근해 달성할 수 있는 '기반'을 다지고, 업계를 단순히 경쟁해야 할 시장으로 여기지 않고 다양한 플레이어들과 상생하는 '생태계'로 바라봅니다.

위와 같은 정의에 따라 데브렐은 복합적인 역할을 수행할 수밖에 없습니다. 제가 데브렐 일을 하며 직접 경험하거나 간접 체험한 업무들을 정리해 발표한 적이 있었는데(그림 F-1), 당연히 이 모든 일을 혼자 또는 데브렐 한 팀이 해낼 수 없기 때문에 관련된 여러 팀과의 협업이 꼭 필요합니다.

그림 F-1 데브렐은 다양한 영역을 아우르며 개발자와 관계를 만들어갑니다.

## 데브렐의 양상

이렇게 다양한 일들 중 어느 쪽에 좀 더 특화된 데브렐 활동을 할지는 회사마다 조금씩 다를 수 있습니다. 데브렐의 양상은 회사가 개발자를 어떤 대상으로 보느냐에 따라 크게 두 가지 관점으로 나뉩니다.

> **(1) 개발자가 고객인 경우**
> **(2) 개발자가 핵심 인재 및 채용의 대상인 경우**

(1)은 개발자의 업무를 더 쉽게 해주는 프로덕트 등을 다루는 기업이, (2)는 기술 경쟁력을 확보해 서비스 및 프로덕트를 구현하고 싶은 기업이 주로 해당합니다. 보통 (1)에 해당하는 기업은 (2)에도 자연스럽게 해당합니다.

위 두 가지 관점에 따라 데브렐의 주 목표와 활동 양상이 달라집니다. (1)의 경우 마케팅적 목표에 가까운 활동과 프로덕트 중심의 브랜딩이 활발하며 (2)의 경우 HR적 목표에 가까운 활동과 기술 조직 중심의 브랜딩이 활발해지는 경향이 있습니다. 이와 관련해 이노베이션 아카데미의 이민석 학장님의 블로그 글을 통해 더 살펴보겠습니다.

> 모든 회사에서 소프트웨어 개발자는 가장 소중한 인력임에 틀림 없다. 제품뿐만 아니라 회사의 가치가 그 회사의 소프트웨어 역량에 의해 좌우되기 때문이다. …(중략)… 매출을 만들어내는 제품에 따라 데브렐 운영 전략, 활동 내용은 다를 수 있다. …(중략)… 데브렐의 최종 목표는 밖으로는 자기 제품을 더 많이 사게 하는 것이고, 안으로는 더 좋은 제품을 만들기 위한 훌륭한 개발자를 잘 뽑는 회사가 되도록 하는 것이다.

기업이 개발자를 바라보는 관점 외에도, 회사가 다루는 프로덕트의 성격에 따라서도 나눠볼 수 있는데요. 다시 이민석 학장님의 글을 인용해보면 다음과 같은 경우가 있습니다.

(a) 제품 안에 소프트웨어가 들어 있는 경우(가전, 자동차, …, 만질 수 있는 물건)

(b) 제품 자체가 소프트웨어인 경우(게임, 앱, SaaS형 솔루션, 패키지 소프트웨어)

(c) 제품이 다른 소프트웨어나 제품의 일부인 경우(프레임워크, 라이브러리, …)

(d) 제품이 어떤 서비스인데, 소프트웨어가 없으면 안 되는 경우

　　(거래, 중계, 예약, …)

(e) 제품이 소프트웨어 개발 노동 시간인 경우(SI)

데브렐을 고려하는 여러분의 회사가 프로덕트 중심의 회사라면 (a)~(e) 중 어느 경우에 해당하는지 살펴보세요. (b),(c)에 해당한다면 개발자는 우리 회사 프로덕트를 '사용하는 사람'이어서 '(1) 개발자가 고객'일 것이고, (a), (d), (e)에 해당한다면 개발자는 프로덕트를 '만들어줄 사람'이어서 '(2) 개발자가 핵심 인재 및 채용의 대상'일 것입니다.

기업의 매출을 끌어오는 것은 프로덕트이므로 위와 같이 프로덕트 중심으로 본다면, 우리 회사의 데브렐은 어떤 활동에 초점을 맞춰야 할지, 어떤 측면의 비즈니스 가치를 가져와야 할지를 생각하는 데 도움이 될 것입니다. 이 책의 본문 내용도 되새기면서요.

## 데브렐 담당자를 만나다

이 책의 본문을 통해 미국의 여러 데브렐 사례를 살펴봤습니다. 그렇다면 우리나라의 데브렐은 어떨까요? 이번엔 국내 데브렐 담당자들의 이야기를 인터뷰를 통해 들어보겠습니다.

다양한 환경의 조직과 관점에 따른 경험을 참고하실 수 있도록, 다음과 같은 기업의 담당자를 섭외하여 인터뷰했습니다.

– 외국계 IT 기업의 한국 지사: 한국마이크로소프트

– 국내 IT 기업: 라인, 우아한형제들, SK텔레콤

이 책 전반에 걸쳐 등장한 중요한 키워드들을 인터뷰에서도 다시 만날 수 있었습니다. 바로 '진정성 있는 소통', '기여와 공헌', '환원', '성장'입니다.

우리나라 기업들은 왜, 무엇을 위해 데브렐을 하고 있을까요? 데브렐 담당자들은 위세 가지 키워드들을 어떻게 실현하고 있을까요? 지금부터 만나보겠습니다.

## 개발자와의 진정성 있는 소통: 최영락(한국마이크로소프트)

마이크로소프트에는 재미있는 철학이 있습니다. 바로 '모든 직원은 데브렐에 참여 할 수 있다'인데요. 예전에는 '테크 에반젤리스트'라는 기술 전문가가 새롭게 발전하는 특정 기술을 빠르게 습득해 개발자와 소통하는 역할을 전담했다면, 이제는 마이크로소프트의 모든 직원이 각자의 역량을 바탕으로 개발자와 교류할 수 있다는 의미라고 합니다. 그중에서도 특히 개발자 생태계를 위해 마이크로소프트 안팎으로 뛰며 활동하는 분이 있습니다. 한국마이크로소프트 디벨로퍼 프로덕트 마케팅 매니저 최영락(aka. 이안) 님을 만나 진정성 있는 소통의 중요성에 대해 들어보았습니다.

### Q 이안 님이 하시는 일을 간단히 소개해주세요.

안녕하세요, 한국마이크로소프트에서 디벨로퍼 프로덕트 마케팅 매니저를 맡고 있는 최영락(이안)입니다. 마이크로소프트는 클라우드 서비스 애저$^{Azure}$와 국내 개발자 생태계가 함께 성장하자는 목표하에 여러 커뮤니티 및 기업 담당자 분들과 소통하며 다양한 활동을 펼치고 있는데요, 그중에서 저는 개발자를 위한 마이크로소프트 프로덕트들의 전략을 고민하며 개발자 생태계 측면의 마케팅을 실행하고 있습니다.

### Q 이안 님 외에도 한국마이크로소프트에서 데브렐을 하는 사람들은 어떻게 구성되어 있나요? 어떤 팀과 협업하는지도 궁금합니다.

마이크로소프트에는 전 세계 여러 지사에 데브렐을 위해 활동하는 분들이 많이 있습니다. 한국에는 다음과 같이 세 파트의 직원이 있습니다.

- **디벨로퍼 애드보커시**

  커뮤니티 사람들이 어떤 것에 관심을 갖고 있는지 살펴보고, 개발자들을 위한
  콘텐츠를 만들며 활동합니다.

- **커뮤니티 프로그램 매니저**

  마이크로소프트 커뮤니티 프로그램인 MVP$^{\text{Most Valuable Professional}}$와 RD$^{\text{Regional}}$
  $^{\text{Director}}$ 프로그램 운영을 담당하며 커뮤니티 리더십을 가진 분들을 지원합니다.

- **프로덕트 마케팅 매니저**

  제가 맡은 일로, 프로덕트의 특징과 개발에 대한 이해를 바탕으로 개발자를 위
  한 전략과 마케팅을 고민합니다.

본사 및 해외 지사에서 일하는 분들과도 소통하면서, 보다 나은 데브렐 전략을 공유
하고 발전시키려 열심히 노력하고 있습니다.

타 부서와도 활발하게 협업하고 있는데, 주로 저는 개발자 커뮤니티와 회사를 연결
하는 다리 역할을 하고 있습니다. 데브렐 일을 하다 보면 여러 개발자 커뮤니티와 행
사에서 발표 기회를 많이 얻는데, 제가 직접 발표하기도 하지만 아무래도 모든 분야
를 다 잘 알 수는 없죠. 그래서 마이크로소프트 내부 개발자 또는 전문가 분들 중에
서 지식과 경험을 나누고자 하는 분들을 찾아 연사로 설 수 있도록 도와드리고 있습
니다. 또 프로덕트에 대해 다른 개발자들의 피드백을 받을 수 있도록 연결하기도 합
니다.

**Q 마이크로소프트는 개발자 대상 프로그램을 활발하게 운영하고 있는데, MVP 외
에 어떤 것들이 있나요?**

마이크로소프트는 여러 커뮤니티와 개발자 그룹을 통해 의견을 듣고 서로 도울 수
있는 프로그램들을 운영하고 있습니다. 이런 프로그램들을 통해 커뮤니티와의 협업
도 활발하죠.

- **Microsoft MVP**$^{\text{Most Valuable Professional}}$

  마이크로소프트 외부에 계신 분들로, 자신의 지식을 커뮤니티에서 열정적으로
  공유하는 기술 전문가를 말합니다. 기술적 능력을 가지고 자발적으로 다른 개

발자와 유저들을 돕는 뛰어난 커뮤니티 리더 분들이시죠. 이 분들께 감사의 마음을 표현하고자 MVP로 선정해 상을 수여하고 활동을 지원하고 있습니다. 마이크로소프트 프로덕트를 먼저 이용해보고 테스트할 수 있는 혜택이 주어지고, 프로덕트 팀에 직접 피드백을 제공하며 소통하는 활동도 합니다(*https://mvp.microsoft.com*).

- **마이크로소프트 런 스튜던트 앰배서더**Microsoft Learn Student Ambassador(MLSA)

마이크로소프트는 학생 개발자에 대해서도 신경을 많이 쓰고 있습니다. MLSA로 선정된 학생들은 마이크로소프트의 리소스를 활용해 주변의 다른 친구들에게 온라인으로 코딩 기술을 배우는 데 도움을 주는 활동을 합니다. 또 마이크로소프트의 직원들과 소통하며 역량을 키우고, 차별화된 이력을 쌓으며 성장할 수 있도록 지원하고 있습니다(*https://studentambassadors.microsoft.com*).

- **리저널 디렉터**Regional Director

이 그룹은 기업 내에서 주요 의사결정에 영향을 미치는 CPO, CXO, CTO 등으로 구성되어 있습니다. 마이크로소프트의 기술과 프로덕트를 사용하는 기업 고객과 임원진의 목소리를 더 듣기 위한 커뮤니티라고 할 수 있죠. MVP와 마찬가지로 커뮤니티 리더십을 갖고 마이크로소프트의 기술을 알리며 피드백을 주고, 때로는 마이크로소프트의 기술에 대한 자문과 리더십 방향까지도 논의하는 커뮤니티입니다(*https://rd.microsoft.com*).

이런 커뮤니티 프로그램들을 통해 마이크로소프트는 프로덕트에 대한 피드백을 받고, 개발자 생태계에 기여하고 있습니다.

**Q 데브렐 업무에서 가장 중요하다고 생각하는 것은 무엇인가요?**

많은 회사들이 하는 실수가 있는데요, 개발자에게 직접 프로덕트를 팔려는 마음으로 영업하면 실패할 수밖에 없습니다. 일방적으로 프로덕트가 좋다고 이야기해서도 안 되죠. 우리 회사의 프로덕트가 개발자들에게 도움을 주고 잘 쓰일 수 있으려면 개발자와 적극적으로 소통해야 합니다.

어떤 어려움을 겪고 있는지, 불편함은 없는지, 가지고 있는 고민은 무엇인지 함께 나누는 것이 중요합니다. 그렇게 대화를 하다가 그 문제를 해결할 수 있는 기술이나 우리 회사 프로덕트를 같이 살펴보는 거죠. 그 과정에서 새로운 기술을 배우고 익힐 수도 있고, 그러다 보면 개발자 개인의 스킬이나 커리어 면에도 도움을 드릴 수 있어 뿌듯합니다.

저는 '마이크로소프트'라는 회사의 직원이기 전에 데브렐을 하는 사람으로서 커뮤니티 및 여러 기업의 개발자들과 지속적으로 소통하고, 그분들이 겪는 어려움이 무엇인지 보다 더 명확하게 이해하고, 어떤 식으로 도움을 드릴 수 있을지에 대해 항상 고민합니다. 단순히 그분들의 이야기를 듣는 것에 그치는 게 아니라 기업 내부에 개발자들의 목소리를 잘 전달하고, 더 신경 써야 할 부분을 찾아 개선할 수 있도록 노력하고 있어요. 이를 통해 회사가 영업과 마케팅의 방향을 설정할 때 기술과 개발을 중심으로 나아갈 수 있도록 돕는 것도 중요한 역할이라 생각합니다.

그래서 개발자들에게 좋은 생태계가 만들어질 수 있도록 더 정확한 정보와 방향을 드리려 노력하고, 도움이 될 수 있는 콘텐츠를 제공하고 피드백을 듣습니다. 개발자 커뮤니티에서 새로운 기술을 배우며 기존 기술은 어떻게 활용하면 좋을지 고민하고, 그렇게 시도해본 것들을 토대로 여러 기업의 좋은 사례도 함께 공유합니다. 이런 과정에서 마이크로소프트의 좋은 점과 개선할 점도 발견할 수 있는 거죠.

### ▣ 실제로도 다양한 기술 및 개발자 커뮤니티에서 활동하고 계시는데요.

네, 커뮤니티를 정말 좋아합니다. 대학생 때부터 커뮤니티 활동을 했는데, 서울에 자리를 잡고 본격적으로 시작한 것은 2014년이에요. 오픈소스를 직접 만드는 '오픈스택 커뮤니티'에 가입했는데, 어느 순간 스터디에도 참여하고 운영진도 하다가 대표도 맡았습니다.

오픈스택 커뮤니티를 하면서 얻은 가장 소중한 경험은 기술을 중심으로 장벽 없이 소통할 수 있다는 것이었어요. 회사의 직급을 떠나, 글로벌하게 커뮤니케이션할 수 있었던 것이 정말 값진 경험이었습니다.

오픈스택 국제화 팀 리더를 맡으며 문서 번역을 했는데 독일, 중국, 일본, 프랑스 등 다양한 국가의 사람들과 함께 번역하며 당시 번역 플랫폼이 가지고 있던 이슈를 제기하고 개선해나가기도 했어요. 단순히 번역에서 그치는 것이 아니라, 번역된 언어가 실제로 소프트웨어에 어떻게 반영되었는지를 볼 수 있었던 프로젝트였습니다. 이 경험을 발판으로 글로벌 콘퍼런스에서 발표할 기회도 자연스럽게 얻을 수 있었고, 나중에 제 커리어를 글로벌하게 가져갈 수 있었습니다.

오픈스택 커뮤니티 활동 중에, 모바일 크로스 플랫폼 앱 개발 툴을 만드는 퓨즈툴스 코리아의 세일즈 엔지니어로 들어갔어요. 국내 퓨즈툴스 사용자 커뮤니티에서 발표도 많이 하고 지속적으로 교류하는 일을 했습니다. 커뮤니티에서 활동하는 구성원 입장과 커뮤니티를 지원하고 도움을 주고자 하는 기업 입장을 둘 다 경험해볼 수 있었던 소중한 기회였습니다.

그 밖에도 지금은 '메타 개발자 서클'로 이름이 바뀐, '페이스북 개발자 서클'에 참여하면서 페이스북 기술과 함께 국내외에서 활발하게 활동하는 개발자들과 만날 수 있었고요. 이렇게 여러 개발자 커뮤니티와 함께한 경력이 후에 마이크로소프트에 입사할 때 도움이 되었습니다.

### ❓ 데브렐 담당자로서 이안 님의 목표가 무엇인지 궁금합니다.

첫 번째는 개발자들에게 더 가까이 다가가는 것입니다. 요즘은 코로나 때문에 온라인으로만 만날 수 있어 아쉽지만, 온라인의 장점을 살려 더 많은 커뮤니티에 다가가기 위해 노력하고 있습니다. 유튜브 채널인 '마이크로소프트 디벨로퍼 코리아 Microsoft Developer Korea'[2] 영상에 출연할 분을 섭외하기도 하고, 매달 뉴스레터[3]도 큐레이션하고 있고요.

두 번째는 오픈소스를 사용하는 개발자들과 더 소통하는 것입니다. 지금의 마이크로소프트는 오픈소스를 사랑하는 분들과 애저Azure라는 클라우드 기술을 통해 여러 프로그래밍 언어를 가지고 다양한 것을 할 수 있도록 돕는 회사입니다. 하지만 대다수 개발자들은 여전히 마이크로소프트 하면 윈도우가 먼저 생각나고, 닷넷 프로그래밍

---

2  https://www.youtube.com/c/MicrosoftDeveloperKorea
3  https://aka.ms/devKR

언어가 생각나는 것 또한 현실이죠. 닷넷이 완전한 크로스플랫폼으로 발전해가며, 다양한 프로그래밍 언어를 사용하는 많은 개발자 분들과 소통하는 공간이 바로 오픈소스라고 생각합니다. 그래서 오픈소스와 관련한 부분에 집중하고 싶습니다.

그리고 실제로 개발을 하다 보면 여전히 팀 간의 장벽이나 사일로가 생기는 경우가 많습니다. 개발자-기획자 또는 개발자-운영자 간에, AI 쪽에서는 개발자-엔지니어 간에 벽이 생기곤 하죠. 오픈소스를 사용하는 분들과 소통하며 데브옵스 문화를 통해 개발자 간 장벽을 없애고, 나아가 기업의 생산성에도 기여할 수 있으면 좋겠네요.

세 번째로는 개발자들의 스킬업과 커리어 발전에 도움을 드리고 싶습니다. 개발자들이 마이크로소프트의 프로덕트를 쓰는 데 그치지 않고 이를 통해 관련 기술을 습득하고 배우시는 데 도움이 되고 싶어요. 그러면 그분들이 소속된 회사도 발전할 수 있고요. 마이크로소프트, 개발자, 개발자가 속한 기업이 함께 성장할 수 있는 모델을 추구하고 싶습니다.

이런 목표를 가지고 프로덕트 마케팅 매니저로서 데브렐을 위해 노력하고 있습니다. 개발 경력에 비해 마케팅 경력은 짧지만 많은 동료들의 격려 속에서 즐겁게 일하고 있습니다. 그리고 개발도 손에서 놓지 않고 있어요. 시간이 날 때마다 '마이크로소프트 런Microsoft Learn'이라는 무료 온라인 콘텐츠를 들으며 트로피와 배지를 따면서요.[4] 명확한 목표와 진정성을 갖고 계속 노력하다 보면 저도, 그리고 마이크로소프트와 개발자 생태계도 함께 더 발전할 거라 생각합니다.

---

4  https://docs.microsoft.com/ko-kr/users/ianchoi

# 기술 커뮤니티를 향한 기여와 공헌: 박민우(라인)

 글로벌 메신저를 시작으로 커머스, 게임, 핀테크 등 다양한 도메인 서비스를 하고 있는 라인. 대규모의 유저 기반으로 서비스를 운영하는 기술력과 노하우를 기술 블로그와 유튜브 '라인개발실록'을 통해 나누는 한편, 오픈소스에도 기여하고 있습니다.

라인의 경험을 들을 수 있는 자리에서 꼭 만날 수 있는 분이 있는데요, 바로 라인의 테크니컬 에반젤리스트 박민우 님입니다. 많은 국내 기업들이 데브렐을 개발자 채용 브랜딩을 위한 목적으로 시작하는 경우가 많지만, 이보다 더 중요한 것이 있다는 민우 님. 과연 어떤 것일지 인터뷰를 통해 알아봅니다.

## Q 라인의 데브렐 팀이 궁금합니다. 팀이 어떻게 구성되어 있나요?

라인 데브렐 팀은 외부 개발자 커뮤니티와 관련된 일과 더불어 사내 커뮤니케이션을 위한 여러 일들을 하고 있습니다. 라인의 개발 조직에 필요한 일들을 지원하고 있어요. 사내 타운홀을 열기도 하고, 개발자 문화의 정착을 위한 사내 활동들을 전개하고 있습니다. 다른 회사에서는 기술전략 팀 또는 기술운영 팀이라고도 하는데, 그런 팀에서 담당하는 일도 하고 있다고 보시면 될 것 같아요.

팀에는 사내외 기술 커뮤니케이션을 담당하는 분들 외에도, 사내 기술 교육 담당자와 기술 조직을 운영하기 위한 스태프 역할을 해주시는 분이 있습니다. 오픈소스 매니저도 있어서 라인의 오픈소스 문화를 만드는 일을 하고 계십니다.

## Q 어떤 팀과 자주 협업하나요?

PR 팀, 마케팅 팀, HR 팀, 전사교육 팀과 자주 함께합니다. 대외에 공개되는 자료들이 외부에 공개하기에 정확한 정보인지 PR 팀과 협업하고 있어요. 콘퍼런스인 '라인 디벨로퍼 데이'와 같은 큰 행사를 진행하려면 마케팅 노하우가 필요한데, 이런 점은 마케팅 팀의 도움을 받고 있습니다. 홍보를 위해 소셜 미디어 광고를 집행하거나 굿즈 제작을 함께하고 있어요. 브랜딩 아이덴티티에 대한 자문과 가이드라인도 제공해주시는데, 저희가 운영하는 유튜브 채널 '라인개발실록'의 이름도 마케팅 팀에서 지어주셨습니다.

라인이 개발자 채용을 활발하게 하는 만큼 HR 팀과도 자주 일합니다. 앞서 팀에 사내 기술 교육 담당자가 있다고 했는데, 그래서 전사교육 팀과도 협업하고 있습니다. 사내의 여러 교육 중에서 기술 관련 교육일 경우 저희 팀이 도움을 드리고 있죠.

### Q 데브렐 팀에서 민우 님은 어떤 일을 하고 계시나요?

테크니컬 에반젤리스트이자 팀장 역할을 맡고 있습니다. 에반젤리스트로서 라인의 기술 조직에 대해 회사 밖에 있는 많은 분들께 소개하고 있어요. 기술 커뮤니티와 커뮤니케이션하며 후원하기도 하고, 발표를 하기도 하고요. 대학교에 가서 라인이 어떤 개발을 하고 있고, 어떤 문화를 가지고 있는지 기술 팀의 입장에서 더 자세히 이야기를 풀기도 합니다. 채용 팀이 회사 소개를 가장 잘하시지만, 개발조직 소속인 저희 팀이 기술적 측면으로 더 깊은 이야기를 전달해드릴 수 있죠. 그 밖에 콘퍼런스 등 기술 행사가 있을 때 홍보하기도 하고요.

기술 블로그와 페이스북, 유튜브 콘텐츠도 관리하고 있습니다. 사내에서 콘텐츠를 발굴하기도 하고, 어떻게 하면 커뮤니티에 우리 콘텐츠가 더 잘 퍼질 수 있을까 고민하기도 합니다. 이렇게 말하고 보니 정말 여러 일을 하고 있네요(웃음).

### Q 라인이 데브렐을 하는 이유는 무엇인가요?

라인은 어떻게 하면 외부 개발자들에게 노하우와 경험을 공유하고 기술 커뮤니티에 기여할 수 있을까라는 고민을 많이 하고 있어요. 왜냐하면 라인은 이제 커뮤니티에 기여할 수 있는 수준과 규모를 갖춘 조직이 되었기 때문입니다. 또한 개발조직이 아주 커진 만큼, 라인의 엔지니어링 문화를 정착시키기 위한 활동도 꾸준히 해나가고 있습니다.

국내에서 데브렐 팀을 이 정도 규모로 운영하기는 사실 쉽지 않아요. 기술적 수준도 그렇지만, 기술 커뮤니티에 대한 기여와 책임의식을 가지고 있지 않으면 어렵죠. 리딩 컴퍼니로서, 우리가 가진 노하우를 국내의 기술 커뮤니티에 공유해 모두에게 경험을 나눠주는 것이 사회적 책임이라고 생각하고 있습니다. 그래서 CTO님의 강력한 지원하에 데브렐 팀이 여러 활동을 펼치고 있어요.

물론, 데브렐을 하는 이유에는 개발자 채용이라는 목표도 있습니다. 하지만 채용 브랜딩보다는 공헌하고자 하는 마음이 더 우선해야 한다고 생각합니다. 그러면 브랜딩은 자연스럽게 따라올 거고요. 이러한 진심이 커뮤니티에 전달되어서 개발자들이 라인을 선택하는 데 도움이 될 수 있으면 좋겠습니다.

### Q 기술 커뮤니티에 기여하는 것과 관련한 라인의 방향성은 무엇인가요?

라인은 2억에 가까운 MAU를 가지고 있는 회사예요. 그래서 타사에는 잘 없는 엣지 케이스들도 가지고 있죠. 예를 들어, 똑같이 오픈소스나 쿠버네티스를 써도 라인 정도 되는 대규모 서비스에서 사용하면 굉장히 다양하고 유니크한 케이스가 생기곤 합니다. 그래서 이런 경험들을 위주로 공유하고 있습니다. 라인에서만 할 수 있는 콘텐츠죠.

저희처럼 큰 회사뿐만 아니라 작은 회사에도 이런 경험과 노하우가 도움이 될 수 있어요. 지금은 작은 규모의 서비스나 스타트업이 언젠가는 성장해서 대규모 유저와 트래픽을 마주하게 될 수도 있잖아요. 그때 저희가 먼저 문제를 경험하고 풀어나갔던 해결 과정들을 참고하며 잘 헤쳐나가실 수 있으면 좋겠어요. 지금 저희의 고군분투기가 미래에 크게 성장할 누군가에게 도움이 되길 바랍니다.

### Q 앞서 데브렐 팀 운영에 CTO의 강력한 지원이 있다고 말씀하셨어요.

라인의 데브렐 팀은 기술 조직에서도 CTO 직속 팀입니다. 데브렐 팀에는 CTO 등 리더급의 지원과 이해가 꼭 필요합니다.

데브렐의 성과 측정은 항상 쉽지 않고 자주 다뤄지는 이슈입니다. 마케팅적으로 보면 브랜딩에 가깝고, 사회 공헌 같은 측면도 있고요. 브랜드 마케팅이라고 하면 퍼포먼스 마케팅과 달리 측정이 즉각적으로 이뤄지기 어려워서 간접적으로 영향을 추정할 수밖에 없다는 한계가 있습니다.

그래서 데브렐 팀에는 기술 임원들의 방향성과 의지가 정말 중요합니다. 개발자 문화나 외부 기술 커뮤니케이션이라는 것은 단기적인 관점으로 접근하기 어렵습니다. 그래서 성과가 눈에 보이지 않더라도 이를 이해하고 지원해주며 이끌고 갈 수 있는 리더가 필요합니다. 물론 성과 측정은 당연히 중요합니다. 그래서 다양한 지표를 통해서 꾸준히 성과를 보여드리려고 노력하고 있습니다. 직접 측정 지표를 만들기도 합니다.

### ◪ 개발 콘텐츠를 만들고 관리한다고 하셨는데, 라인이 '라인개발실록' 유튜브 채널을 재밌게 운영하고 있는 것이 인상적입니다.

'사람'에 대한 이야기를 전달하고 싶다는 기본적인 방향성 아래 운영하고 있습니다. '라인에 이런 사람들이 있어요'라는 것을 생동감 있게 보여주기 위한 채널이에요. 기술과 라인에 관련된 주제들을 다루고 있습니다.

예전에는 대개 글을 통해 콘텐츠를 접했는데, 최근에는 영상을 통해 자료를 접하고 있는 제 모습을 보고 영상과 유튜브 콘텐츠의 중요성을 느꼈어요. 그래서 유튜브 채널을 개설하게 되었습니다. 기업에서 유튜브를 하기 위해서는 PR과 마케팅은 물론, 사내 기술 조직들의 지원이 많이 필요합니다. 다양한 팀들의 지원하에 지금까지 올 수 있었습니다.

콘텐츠 소재 발굴에는 데브렐 팀이 함께 브레인스토밍을 합니다. 어떤 영상이 좋을지 아이디어를 내고 함께 촬영도 합니다. 기술 콘텐츠도 있지만, 캐주얼한 소재들도 다루고 있어요. 가장 높은 조회 수를 기록한 영상은 개발자 키보드 리뷰 콘텐츠였어요. 사람들이 모두 재택근무 중이라 회사에 사람들이 없어서 사무실을 돌아다니며 개발자 키보드들을 가볍게 찍은 영상인데 폭발적인 인기를 끌어서 놀랐습니다.

### ◪ 라인에는 여러 글로벌 지사가 있는데, 데브렐 측면에서도 글로벌하게 협업하고 있나요?

네. 라인 개발자들은 여러 국가와 도시에 흩어져 있지만 기본적으로 같은 개발 문화를 공유합니다. 각 국가의 상황은 다르지만 비슷한 프로세스와 기조를 가지고 있어요. 라인의 개발 문화를 계속 알리고 만들어나가기 위해 각국에 있는 데브렐 분들과 협업하고 있습니다.

한국, 일본, 대만, 태국 지사는 정기적으로 미팅을 하고 있어요. 기술 교육, 콘텐츠 번역, 오픈소스 활동에 대해 공유하고 있습니다. 그중 가장 긴밀하게 협업하고 있는 지사는 일본 지사입니다. 특히 '라인 디벨로퍼 데이'는 일본 지사가 키를 잡고 있어요. 코로나 발생 전엔 오프라인 행사도 도쿄에서 개최했고요. 여기에 국내 개발자들이 연사로 많이 참여하고 있어서 국내 데브렐 팀에서 연사를 추천하고 서포트합니다. 국내에 행사를 홍보하는 일도 저희 팀 일이고요.

## 🅠 민우 님의 데브렐 커리어가 궁금합니다.

컴퓨터공학을 전공하고 8년 이상 풀타임 개발자로 일했습니다. 여러 회사와 직무를 경험했어요. KTH 기술전략 팀에서 지금의 데브렐과 비슷한 일을 했었는데, 외부 개발자를 위한 콘텐츠를 만들고 사내 개발 조직을 위한 다양한 활동을 했습니다. 그러다가 솔루션 엔지니어로 이직했어요. 클라이언트와 대면해 기술 프로덕트에 대한 설명과 컨설팅을 하는 일이었는데, 마케팅 솔루션 관련 프로덕트를 가진 광고 회사이다 보니 마케팅 도메인에 대한 지식도 얻을 수 있었습니다. 그다음은 미국 회사의 디벨로퍼 마케팅 팀에서 기술 프로덕트를 알리는 일을 했고, 그다음에 라인으로 이직했습니다.

지금 돌아보니 데브렐로 자연스럽게 이어지는 이력을 쌓고 있었네요. 개발 백그라운드를 가지고 마케팅 역량을 한 스푼 담은 커리어랄까요. 라인의 데브렐에는 이런 분들이 많습니다. 자격 요건에 '소프트웨어 개발을 좋아하고 개발 경험이 있으신 분'을 넣고 있는데, 내부에서도 이런 니즈가 많습니다.

## 🅠 데브렐 담당자로서 민우 님의 방향성은 무엇인가요?

제 링크드인에 소개 글을 '비즈니스를 좋아하는 소프트웨어 엔지니어'라고 써놓았는데요. 소프트웨어 엔지니어라는 정체성을 바탕으로 비즈니스에 도움이 되는 것이라면 무엇이든 관심을 가졌습니다. 앞으로는 더더욱 비즈니스와 개발의 중간 지대에 있는 역할이 많이 필요해질 거라 생각합니다. 그리고 그 중간 지대가 저의 방향성이지 않을까 싶어요.

옛날에는 직업의 분화가 많이 이뤄지지 않습니다. 하지만 소프트웨어 산업이 발전하면서 DevOps, DBA, SRE, 테크니컬 라이터, 데브렐 등 직무에 대한 세분화가 필요해졌고 실제로 각 직무들이 전문성을 가지며 커지고 있다는 걸 느낍니다.

그럼에도 불구하고 데브렐 담당자로서의 프로페셔널리티, 즉 전문성을 어떻게 가져가야 할까라는 고민은 꾸준히 할 수밖에 없는 것 같아요. '개발자도 아니고, 그렇다고 마케터도 아니고, 그럼 지원 스태프인가? 그것도 아니고.' 이런 정체성 고민도 생깁니다. 아마 저는 개발자로 돌아가지 못할 거예요. 하지만 기술과 소프트웨어 회사가 복잡해지면서 제가 지금 하고 있는 데브렐이 더욱 의미 있는 직무가 될 거라 생각합니다.

## 개발자 생태계로 환원: 문수민(우아한형제들)

국내 배달 앱 1등을 넘어 글로벌 푸드테크 기업으로서 '문 앞으로 배달되는 일상의 행복'을 기술로 만들어가고 있는 우아한형제들. 우아한형제들은 콘퍼런스의 키노트를 통해 회사와 서비스의 성장이 개인과 조직의 성장으로 이어지지 않는다면 한계가 있을 수밖에 없다고 이야기하며 내부 개발자의 성장에 관심을 쏟고 있다고 했습니다. 또한 이에 그치지 않고 개발자 양성과 교육에도 힘쓰고 있습니다.

우아한형제들이 내부 개발자의 성장을 장려하고 외부 개발자를 키우는 이유는 무엇일까요? 우아한형제들 DR 팀의 문수민 님을 만나 그 이유를 들어봅니다.

### ◨ 우아한형제들의 데브렐 활동은 어떻게 구성되어 있나요?

우아한형제들 DR 팀은 세 가지 필러pillar를 가지고 있습니다. 팀이 이 목표를 공유하는 한편, 각 필러를 하나씩 맡아 집중적으로 수행하고 있습니다.

- 내부 구성원 소통

  기술 조직 내 커뮤니케이션과 정보 공유가 활발하게 이뤄질 수 있도록 돕고 있습니다. 개발자 타운홀을 운영하기도 하고, 새로 입사한 개발자의 온보딩을 돕습니다. 다 함께 즐길 수 있는 해커톤을 개최해 팀워크를 다지는 한편 서비스뿐만 아니라 사내 시스템을 위한 좋은 아이디어를 발굴하기도 합니다.

- 기술 조직 브랜딩

  우아한형제들의 기술 조직을 알리고 영향력을 높이기 위해 외부 개발자 또는 우아한형제들 기술 조직에 관심 있는 분들과 커뮤니케이션하고 있습니다. 콘퍼런스인 우아콘, 매월 진행되는 우아한테크세미나 등의 개발자 행사를 개최하거나 기술 커뮤니티를 후원하고 기술 블로그, 페이스북, 뉴스레터, '우아한Tech' 유튜브 채널 등을 통해 기술과 개발 이야기를 전하고 있습니다.

- 교육을 통한 성장

  개발자로서 커리어 성장을 이룰 수 있도록, 채용 연계형 교육 프로그램과 사내외 개발자가 함께하는 스터디를 운영하고 있습니다. 신입을 대상으로 하는 '우아한테크캠프', 경력 개발자를 대상으로 하는 '우아한테크캠프PRO'가 있고, '우아한스터디'를 통해 우아한형제들 개발자와 바깥의 개발자들이 함께 교류하고 경험을 나눌 수 있도록 지원하고 있습니다.

## Q 어떤 팀과 협업하고 있나요?

기술 조직 내 개발 그룹뿐만 아니라 여러 팀과 넓게 교류하고 있습니다. 기술 조직에 대한 내용을 다루고 싶거나 개발자 콘텐츠를 필요로 하는 부서와 도움을 주고받으며 협업하고 있습니다.

'배달의민족' 유튜브 채널과 '배민다움' 기업 블로그를 운영하고 있는 기업브랜딩 팀과 콘텐츠 면에서 협업하기도 하고, 개발자 채용과 관련해서는 테크HR채용 팀과 협업하고 있습니다. 디자인 팀과 함께 콘퍼런스의 로고나 룩앤필을 정하기도 하고, 사내 구성원을 대상으로 교육을 하거나 정보를 공유할 때는 전사교육 팀과 피플 팀을 만나 논의합니다. 우아한테크코스를 운영하는 테크코스교육개발 팀과도 개발자 교육과 관련해 함께하고 있고요.

또 우아한형제들은 개발자들의 대외 활동을 적극 장려하고 있어요. 우아한형제들 구성원으로서 개발자 행사 또는 커뮤니티에서 발표하거나 강의를 하실 때 PR 팀이 커뮤니케이션 가이드를 드리고 있고, 필요한 경우엔 내용과 메시지를 검토해주시기도 합니다.

### Q 개발자의 대외 활동을 장려한다는 것이 인상 깊은데요.

이건 우아한형제들 데브렐이 지향하는 방향과도 관련이 있습니다. 보통 개발자의 외부 활동을 제한하거나, 활동을 하더라도 거기서 발생한 수익을 가져가지 못하게 하는 경우가 많죠. 하지만 우아한형제들은 개발자들의 발표, 강연, 인터뷰 등 대외 활동을 장려하고 때로는 그런 기회와 연결해드리기도 합니다. 구성원들이 바깥에 이야기를 공유하는 것이 우아한형제들 기술 조직에 대한 이해와 인지도를 높이는 데 도움이 된다고 여기기 때문이에요.

이야기를 회사가 하는 것보다 개발자들의 목소리로 직접 전달할 때 더 진정성 있게 와닿고, 결국 이런 것들이 긍정적인 브랜딩으로 이어진다고 생각합니다. 그래서 정제된 이야기든 아니든 상관없이 개발자들이 잘 이야기할 수 있도록, 외부 활동을 안전하고 자신 있게 할 수 있도록 도와드리고 있습니다.

### Q 우아한형제들이 데브렐을 하는 이유는 무엇인가요?

대표이신 김범준 님이 자주 하시는 이야기가 있어요. 개발자 생태계에 기여하는 것이 곧 우아한형제들이 성장하는 토대를 만든다는 것입니다.

우아한형제들이 크게 성장할 수 있었던 건 아직 우아한형제들이 작은 스타트업이었던 시절, 다른 회사에서 경력을 쌓고 온 개발자들이 들어와 활약해주셨기 때문입니다. 그러면 우리는 계속해서 경력 개발자들을 채용만 하면 되는 것일까, 그건 아니라고 생각해요. 우리가 초기에 경력 개발자들 덕분에 성장했듯이, 우아한형제들의 개발자들도 스타트업 등으로 이직해 더 많이 활약하고 나아가 IT 산업이 발전하는 데 기여했으면 합니다. 그분들의 빈자리는 신입 개발자를 키우는 코스를 만들어 채우고요.

요즘 많은 기업에서 개발자 채용난을 겪고 있어요. 우리나라의 전체적인 개발자 풀이 그만큼 작습니다. 큰 기업도 개발자 구하기가 어려운데 작은 기업들은 오죽하겠어요. 그래서 우아한형제들은 개발자 생태계와 풀이 질적·양적으로 성장하는 데 기여하고 있습니다. 경험과 노하우를 적극적으로 나누고, 개발자 교육을 통한 사회 공헌에 힘쓰고 있죠. 내부 개발자뿐 아니라 외부 개발자들도 함께 성장할 수 있는 프로그램들을 만들어 운영하고 있습니다. 그것이 우아한형제들이 받은 것을 사회에 환원하는 한편, 궁극적으로 우리가 성장하는 데도 도움이 되는 길이라 생각하기 때문입니다.

이외에도 데브렐은 사내 개발자 커뮤니케이션의 윤활유 역할을 하고 있어요. 서비스가 확장될수록 개발 조직이 커질 수밖에 없고, 그러다 보면 조직 간 소통이 단절되기 쉬운데요. 사내 여러 조직의 원활한 커뮤니케이션을 돕고 이를 통해 내부 조직력이 견고해지면, 외부에 우리의 기술 조직을 소개할 때도 더 단단하게 잘 전달된다고 생각합니다. 이런 것들이 기술 조직 브랜딩으로도 연결되고요.

### Q 딜리버리 히어로와 인수합병이 진행된 후, 글로벌한 협업도 하고 있나요?

네, 진행하고 있습니다. 배달의민족 베트남 오피스에도 데브렐 담당자가 있고 팀 규모를 키우려 하고 있어요. 서로 정기적으로 인사이트를 공유하고 있습니다. 그래서 우아콘 2021 때는 베트남 배민 이야기를 담기도 했어요. 딜리버리 히어로에 테크 아카데미 운영을 위한 노하우를 공유하기도 하고, 딜리버리 히어로의 여러 회사들 중 CTO 산하의 조직들을 가지고 있는 곳들과 교류하는 자리를 만들려 하고 있습니다.

딜리버리 히어로에 속한 여러 나라의 회사가 개발자 간 연결 고리를 만드는 일에 많은 관심을 갖고 있는데요, 그중에서도 데브렐을 가장 먼저 시작해서 활발하게 운영하고 있는 게 우아한형제들입니다. 그래서 1:1 멘토링, 코드 리뷰, 과제 평가 등의 과정도 소개하고, 우아한테크캠프나 여러 활동 노하우를 공유하고 있어요. 앞으로 함께 시너지를 낼 수 있는 부분이 있지 않을까 기대하고 있습니다.

**Q 수민 님은 개발자 출신이 아니라고 들었습니다. 어떻게 데브렐 커리어를 시작하셨나요?**

대학교 재학 중, 방학 동안 이커머스 회사에서 CTO의 막내 비서 3개월 계약직을 했던 게 데브렐 커리어의 시작이었어요. 처음에는 비서 일이 많았는데, 정규직 전환 후 CTO 스태프 팀이 생기면서 기술 조직을 서포트하는 일들을 하기 시작했습니다. 해커톤을 개최하거나 타운홀을 운영하는 등등요. 당시에는 데브렐이라는 개념이 없어서 누구를 지정해 시키기 애매한 잡무를 도맡아 하는 느낌이었어요(웃음). 이 경험을 토대로 우아한형제들 DR 팀으로 오게 되었습니다.

제가 데브렐이라는 직무가 있다는 것을 알고 목표 삼아 준비했던 건 아니에요. 일을 하다 보니 이쪽 업무를 하고 있었고, 데브렐이라는 개념이 생겼을 때 비로소 데브렐 담당자가 되었죠.

**Q 데브렐 커리어를 가져가기 위해 앞으로 바람이 있다면요?**

제 커리어도, 우아한형제들의 데브렐도, 더 나아가 데브렐이라는 분야도 좀 더 명확한 방향으로 정의될 수 있으면 좋겠어요. 우아한형제들에서 이직을 제안받았을 때, 그때 처음 데브렐이라는 단어를 알고 검색했던 기억이 납니다. 그리고 이 일을 시작한 뒤에는 많은 사람들에게 데브렐이 무엇인지, 왜 하는지 긴 설명을 해야 했어요. 하지만 이제는 데브렐에 대해 아는 사람들이 많이 생겼고, 링크드인이나 페이스북을 통해 데브렐을 하고 싶다는 메시지를 받기도 합니다.

데브렐이라는 분야가 널리 알려지고 좀 더 명확해져서, 나중에는 고등학생들에게 "데브렐을 하려면 무엇을 공부해야 하나요?", "어떤 학과를 가는 게 유리한가요?"라는 질문을 저희도 받고 싶네요(웃음). 그러면 데브렐 초창기를 경험했다는 것이 더욱 뿌듯할 것 같습니다.

기업들이 데브렐을 시도했다가 제대로 이해하지 못해 실패하는 경우를 종종 보고 있어요. 더 많은 기업이 데브렐의 필요성을 알고, 이에 대해 공감하는 윗분들이 더 많아지고, 더 많은 성공 사례가 생겨 새롭게 발전해나갈 수 있으면 좋겠습니다.

## 공유를 통한 성장: 김상기(SK텔레콤)

'사람을 향합니다'라는 슬로건처럼, 더 나은 세상을 위해 기술이 사람을 향할 수 있도록 'AI & 디지털 인프라 서비스컴퍼니'를 지향하는 SK텔레콤. 그 가운데서도 개발자를 향하고 있는 분이 있습니다. 바로 Tech HR 팀에서 데브렐을 하고 있는 김상기 님입니다. 개발자들을 위한 지식의 바다 '데보션DEVOCEAN'[5]을 통해 SK텔레콤, 더 나아가 SK그룹, 그보다 더 넓게 외부 개발자들과 경험을 공유하고 함께 성장하기 위한 발판을 만들어가고 있다는 상기 님의 이야기를 들어봅니다.

### Q SK텔레콤의 데브렐은 어떤 조직에 속해 있나요?

Tech HR 팀 산하에서 개발자의 성장과 업무 편의를 지원하고 있습니다. 저희 팀은 활동을 외부와 내부로 나눠 펼치고 있습니다. 먼저 SK텔레콤의 기술 블로그인 '데보션'을 기반으로 외부에 SK의 개발 문화를 홍보하는 활동이 있는데, 제가 콘텐츠 기획과 블로그 관리를 맡고 있고 웹디자이너와 기획자가 함께하고 있습니다.

또 내부 개발자의 성장을 지원하는 역할을 담당하시는 분이 3명 정도 계시는데요, 인재들을 위한 리텐션을 고민하기도 하고, 구성원들의 목소리를 듣는 설문조사를 주기적으로 하고 있습니다. 기술적 활동을 하는 데 힘들거나 필요한 것들에 대한 의견을 받아서 개선하고 있어요. 디바이스 교체 주기 앞당기기, 개발자들의 행정 업무 줄이기, 도서 구매 절차 간소화하기 등 제도와 프로세스를 관련 부서와 협업해서 고치기도 합니다.

'PR', 'IR', 'HR' 등 회사에는 커다란 'R'이 있는데 그중에서 저희는 'DR'을 하고 있는 거죠(웃음). Tech HR 팀에서 DR 활동이 잘되어서, DR로만 하나의 팀을 구성하는 게 목표입니다,

---

5 *https://devocean.sk.com*

## Q 데브렐 담당자로서 상기 님은 어떤 일을 하고 계시나요?

크게 세 가지 업무를 하고 있어요. 먼저 저는 개발자 출신으로, SKT 내부 개발자 커뮤니티인 'T허브'를 운영하고 있습니다. 내부 개발자들이 함께 대화하고 공부한 것을 공유하는 등 소통하는 커뮤니티예요.

이 안에는 SK텔레콤 내에서 자발적으로 활동하고자 하는 80명의 '전문가'가 있습니다. 1년에 한 번씩 활동을 점검해서 연임을 결정하고 있습니다. 활동 자격을 유지하려면 분기에 블로그 글 3건을 쓰고 데보션 테크 세미나에서 1년에 한 번 발표를 해야 해요. 월마다 포인트 제도를 운영해서, 우수 활동자에게는 도서 상품권을 제공하고 있습니다. 또 오라일리 북스, 유데미, 인프런 등 강의를 무료로 들을 수 있도록 혜택을 드리고 있어요. 저는 이 80명의 전문가와 함께 1:1 커피챗을 가지며 교류하고 있습니다. 발표와 블로그 글 주제에 대해서 이야기를 나누기도 하고요.

두 번째로는 데보션 테크 세미나를 운영하고 있습니다. 원래는 내부 구성원들만 대상으로 했던 것인데, 2021년부터는 외부 개발자들에게도 오픈해 진행하고 있습니다.

세 번째로 데보션 사이트 운영도 전담하고 있습니다. 사이트의 유지보수와 DB 관리를 하고 있고, 큰 기능의 개선 사항들을 모아서 1년에 한 번 정도 프로젝트를 진행하고 있습니다. 올해는 데보션 앱 개발과 함께, 앞에서 말한 T허브를 '데보션 인사이트'로 바꾸고 데보션 사이트와 통합하는 작업을 진행할 예정이에요. 이를 위한 웹앱 개발에 있어 PM 역할을 맡고 있습니다.

## Q '데보션'을 바탕으로 한 활동이 정말 많은 것 같은데요, 더 자세하게 소개해주세요.

데보션은 간단히 이야기하면 SK텔레콤의 기술 블로그예요. 데보션이라는 이름은 개발Dev과 바다Ocean의 합성어인데, 개발자들에게 영감의 바다가 되자는 뜻을 담고 있습니다.

데보션 플랫폼을 통해 이루려는 가치가 세 가지 있어요. 기술 공유의 문화를 만들고,

데보션 안에서 기술을 나누며 서로 배우고, 이렇게 만들어진 또 다른 기술이 결국 사람을 이롭게 할 수 있도록 하자는 것입니다. SK텔레콤에서 만드는 소프트웨어 중에는 사람을 돕기 위한 것들이 많이 있어요. '누구케어콜'처럼 인공지능 기반의 돌봄 서비스도 있고 그 외에도 정말 다양한 솔루션들이 있죠.

지금은 SK텔레콤의 내부 개발자들만 글을 올릴 수 있지만 외부 개발자들도 글을 공유하고 싶은 경우 투고해주시거나 블로그 링크를 전해주시면 대신 게재해드리고 있습니다. '외부 블로그(퍼온 글)' 메뉴를 통해서 소개하고 있어요. 타 기술 블로그 사이트들은 많으면 하루에 2~3건 정도 새 글을 업로드하는데, 데보션은 하루에 하나씩 올리고 있어요. 그만큼 콘텐츠 업데이트를 중요하게 생각하고 있습니다. SK텔레콤 내부 개발자의 글, SK그룹의 기술 소식뿐만 아니라 SK 바깥에 있는 많은 외부 개발자들의 글을 나누고 있습니다.

매월 데보션 뉴스레터를 통해 인기 글과 추천 콘텐츠를 공유하고 있습니다. 연말에는 가장 조회 수가 높았던 글에 대한 어워드를 선정해보기도 하고요. 더 많은 개발자들의 이야기를 전해드릴 수 있으면 좋겠습니다.

### Q 데보션에 접속해보니 단순한 기술 블로그는 아닌 것 같네요.

네, 데보션은 블로그 기능이 메인이지만 이외에도 다양한 콘텐츠와 기능이 있습니다. 그리고 올해엔 데보션을 앱으로도 만들어 확장할 예정입니다. 최근엔 영상 콘텐츠도 많이 업로드하고 있는데요, 기술 트렌드 관련 영상이나 테크 세미나 영상, SK그룹에서 열고 있는 콘퍼런스인 ICT Summit 영상, 개발자들이 스스로 찍은 오픈 강의 영상 등이 있습니다.

전문가 메뉴로 들어가면 SK텔레콤에서 일하는 개발자들을 소개하고 있습니다. 각 개발자가 어떤 글을 썼고, 어떤 기술 스택을 가지고 있는지 모아서 볼 수 있고 원하는 전문가에게 질문을 남길 수도 있어요.

또 오픈소스 관련 콘텐츠를 별도의 서브메뉴로 만들어 정리하고 있습니다. SK텔레콤은 오픈소스 개발자를 지향하고 있어서, 본인이 만든 것을 외부에도 공개할 수 있도록 회사 차원에서 독려하고 있습니다. 다 함께 잘될 수 있도록, 오픈소스 기여 문화를 데보션을 통해 실천하고 있습니다.

데보션 마일리지라는 재밌는 기능이 있는데요, 출석 체크를 하거나 퀴즈 작성, 블로그 글 작성 시 포인트를 지급하고 있습니다. 이 마일리지는 굿즈, 상품권, 기프티콘 등으로 교환할 수 있어요. 외부 개발자들도 참여해 마일리지를 쌓을 수 있습니다. 그 밖에 내 기술 블로그 자랑하기, 작년도 콘퍼런스 다시 보고 후기 남기기 등 좋은 콘텐츠를 발굴하고 공유할 수 있는 이벤트를 진행하기도 하고, 개발자 행사 정보를 공유하기도 합니다.

### Q SK텔레콤이 데브렐을 하는 이유는 무엇인가요?

데브렐은 기술 조직, 개발 문화를 홍보하는 것뿐만 아니라 회사에도 실질적인 기여를 해야 한다고 생각합니다. 그래서 좋은 인재를 영입하는 데 도움을 주고 있습니다. 데보션을 통해 인재 DB를 꾸준히 확보하고 있어요. 신규 입사자가 100명 들어왔다면, 그중 10명이라도 데보션을 통해서 들어왔으면 하는 바람이 있습니다. 그런 KPI를 가지고 있기도 하고요.

외국계 회사의 데브렐은 보통 프로덕트를 중심으로 하고 있어서 프로덕트를 이용하는 개발자들의 피드백을 받는 데 집중합니다. 반면 한국계 데브렐은 회사 내부의 개발자들을 중심으로 하는 편입니다. 그래서 내부 구성원들의 피드백을 받고, 이들을 대외적으로 알리려고 하죠. 아, 물론 데보션에도 '테크 스페이스Tech Space'라고 해서 SK텔레콤의 누구NUGU 등 기술 프로덕트를 소개하는 공간이 있습니다. 한번 살펴보시면 좋을 것 같아요.

### Q 데브렐을 하고 있는 상기 님의 목표와 커리어 방향은 무엇인가요?

제 목표는 '사람'에 집중하는 것입니다. 저는 소프트웨어공학 전공자예요. 건축공학에서 보면, 기초부터 잘 설계해 무너지지 않는 고층 건물을 만들잖아요. 소프트웨어공학에서는 건축공학처럼 더 큰 체계를 만들기 위한 프로세스를 만드는 일을 배워요. 졸업한 후에 방산 업체에서 일을 했는데, 이쪽에서는 10년을 연구해서 하나의 기술을 만듭니다. 그래서 체계적인 과정이 필요하죠.

하지만 그런 프로세스에 앞서 결국 이런 일들을 해내는 것은 사람들이고, 좋은 인재가 없으면 일을 해내기가 어려웠습니다. 그래서 지금은 사람에 집중하고 있습니다. Tech HR 팀의 일원으로서 사람들에게 좋은 환경을 조성해주고 자발적으로 일할 수 있는 구조를 만들고 싶어요. 구성원도 회사도 성장할 수 있게 하고, 이러한 성장을 바탕으로 좋은 프로덕트를 만들어 세상을 이롭게 하는 선순환 구조를 만드는 일을 하고 싶습니다.

그 일의 시작이 데보션이라 생각해요. 그리고 점점 더 범위를 키워갈 수 있지 않을까 생각합니다. 데보션을 잘 가꾸어 SK텔레콤에 도움을 주고, SK그룹에도 보탬이 되고, 나아가 나라에도 기여할 수 있다면 좋겠습니다. 그때까지 제 일을 열심히 확장해 나가고 싶습니다.

데브렐이 새로운 분야이기 때문이기도 하지만, 이런 커리어를 가진 사람들이 많지 않습니다. 개발로 좋은 프로덕트를 만드는 것도 좋지만, 개발을 잘할 수 있도록 도와주는 사람도 꼭 있어야 합니다. 그런 면에서 제가 하는 일이 회사의 성과에도 연결될 것이라 생각합니다.

커리어에는 정답이 없고 길은 자신이 만들어가는 거예요. 내가 만들어놓은 길을 누군가 따라온다면 그게 또 답으로 가는 길이 된다고 생각하고요. 누군가 해봤던 일을 하는 것도 아니고 제가 하는 일이 정답인 것도 아니지만, 누군가에게 도움이 되는 의미 있는 일을 하고 있어 뿌듯합니다.

# 찾아보기

# 찾아보기

# 찾아보기